ていることを感じま
考える方は教科書タ
いたいという方は持
いたいという方は講

ストのいいとこ取
とができ、さまざ
力を満遍なく身
で教材として使

は韓国の教育出
ンライン教育
シリーズでも
応えるものに
に海外の韓国
「中級2」「上
ることがで

たな事項の
う。

紅

비상 한국어

キム・ミスク
パク・ソヨン 著

佐々木 正徳
朴 永奎 監修

Jリサーチ出版

visang

はじめに

昨今の書店を見てみると、韓国語学習者のニーズが多様化し
す。言語の仕組みをしっかり理解し総合的な実力をつけたいと
イプの本を求めるでしょうし、とりあえず韓国人の友だちと話し
ち運びのしやすい会話練習本を、文化や社会について原文で知り
読テキストを求めることでしょう。

本書「STEP☆UP 韓国語」シリーズは、そうした既存のテキス
りを目指したものです。教科書のように体系的に学習を進めること
まなパターンの練習問題を解くことで会話力や読解力といった語学
につけることができます。しかも自習が可能です。もちろん、授業
用しても大きな効果を発揮するでしょう。

本書の出版元である「ビサン・エデュケーション（비상교육）」は
版社の一つで、小・中・高校向けの教科書制作や、学習塾を通じたオ
を行っている企業です。教科書作成の経験は「STEP☆UP 韓国語」
随所に生かされており、初学者から上級者に至るまで各層のニーズに
なっています。また、オンライン教材もあわせて活用することで、特
語学習者に有用な作りになっています。「初級１」「初級２」「中級１」「
級」と順に学習していくことで、着実に実力がついていくことを実感す
きるでしょう。

「中級１」では、「初級１」「初級２」で身につけた内容をもとに、新
習得や応用練習をしていくことで、韓国語の実践力を高めていきましょう

本書の特長

１．TOPIKとの対応

各テキストはTOPIKのレベルと対応しています。つまり、「初級１」が
級２」が２級、「中級１」が３級、「中級２」が４級、「上級」が５級以上で
学の場合、自身のレベル把握が困難なことが課題の一つですが、本書で韓国
熟していくことで、TOPIK受験前から自身の大まかな実力が把握可能です。
１」を終えた後は、TOPIK Ⅱの３級に合格できるようになっているはずで
会をつくって、チャレンジしてみましょう。

２．体系的な課構成

各課では何らかのテーマに基づいて各技能の向上を図ります。状況別の学習を行うことで、特定の場面で使う単語や表現を集中的に学ぶことができ、同じ状況に置かれた際にすぐに応用可能な語学力が身に付きます。学習を進めていくと、初級の段階でも意外と意思疎通ができることに気付くはずです。どこでどう使うか、常にイメージしながら学習していきましょう。

また、各課は「文法」「リーディング練習」「やってみよう（アクティビティ、発展学習）」「今日の日記」「理解度チェック（学習成果の確認）」の順に構成されているため、特定の能力の学習を重点的に行うことも可能ですし、特定分野の復習も容易です。課の最後には、自身の学習成果を確認するセクションがあります。そこで十分に理解していないことが分かれば、先を急がずページを戻り、再度学習するようにしましょう。「急がば回れ」です。

３．言語情報だけに頼らない説明

人間の記憶は五感と密接な関わりがあります。文字や音だけでは頭に入ってこない単語も、絵や音と組み合わせると覚えやすいといった経験は誰しもあることでしょう。本テキストはイラストや写真、図、音声をふんだんに用いることで、知識の定着をアシストしています。また、イラストや写真を「見るだけ」ではなく、必ず声に出して実際に「発音」しながら、単語を覚えていきましょう。発音変化の規則を自然と身につけることができます。

４．オンライン教材の活用

本書はオンラインを活用していることも大きな特長です。各課のコミュニケーション練習では実際の会話の雰囲気を感じ取ることができるように、動画コンテンツが用意されています。役になりきってシャドーイング（聞こえたとおりに続けて発音する練習方法）することで、抑揚や間といった細かな部分まで学習することが可能でしょう。

また、AI音声認識機能で自身の発音をチェックすることができます。AIなので自身のペースでいくらでも練習を積み重ねることができます。口の形や音の強弱に気をつけて、納得のいくまで練習してみてください。

これらは従来、独学では身につけることが困難なものでした。韓国で語学留学をしなくてはかなわなかった学習が、いまは日本にいながらできるようになったのです。ぜひ活用し、目標を達成してください。

佐々木正徳　朴永奎

この本の使い方

1 「国際通用韓国語標準教育課程」に従い、日常生活に密接したテーマのみならず、比較的抽象的なテーマでもコミュニケーションができるよう内容を構成しました。これを通じて学習者たちのコミュニケーション能力を向上させることを目標にしています。

2 この本で学習する文法内容は、韓国語能力試験（TOPIK）と国立国語院で提示した中級文法項目を中心に選定しました。一部の課では、表現や用法が類似する文法をまとめて掲載することで、二つの文法を比較しながら学習できるようにしました。

3 学習者のスピーキング能力を向上させるために、さまざまな状況の会話を提示しています。各課はそれぞれ一つの大きなテーマに沿っていますが、取り組む内容を多様に構成し、学習者が興味を持って学習できるようにしました

初級 おさらい

- さまざまな形式の問題に取り組むことで「初級1」と「初級2」で学んだ語彙と文法を復習してください。

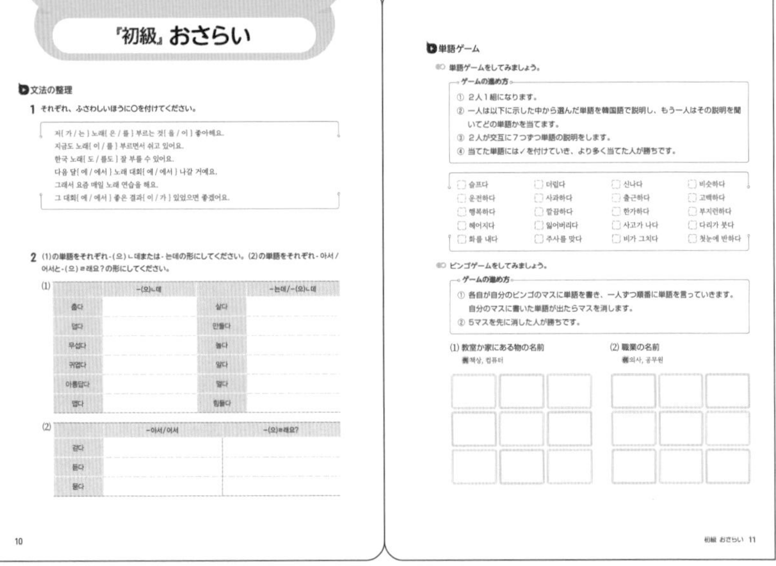

『初級』おさらい

文法の整理

1 それぞれ、ふさわしいほうに○を付けてください。

저[가 / 는] 노래[은 / 를] 부르는 것[을 / 이] 좋아해요.
지금도 노래[이 / 를] 부르면서 쉬고 있어요.
한국 노래[도 / 를도] 잘 부를 수 있어요.
다음 달[에 / 에서] 노래 대회[에 / 에서] 나갈 거예요.
그래서 요즘 매일 노래 연습을 해요.
그 대회[에 / 에서] 좋은 결과[이 / 가] 있었으면 좋겠어요.

2 (1)の単語をそれぞれ-(으)ㄴ데または-는데の形にしてください。(2)の単語をそれぞれ-아서/어서と-(으)ㄹ래요?の形にしてください。

(1)

	-(으)ㄴ데		-는데/-(으)ㄴ데
춥다		살다	
덥다		만들다	
무섭다		놀다	
귀엽다		알다	
아름답다		멀다	
맵다		힘들다	

(2)

	-아서/어서	-(으)ㄹ래요?
걷다		
듣다		
묻다		

10

単語ゲーム

単語ゲームをしてみましょう。

ゲームの進め方
① 2人1組になります。
② 一人は以下に示した中から選んだ単語を韓国語で説明し、もう一人はその説明を聞いてどの単語かを当てます。
③ 2人が交互に7つずつ単語の説明をします。
④ 当てた単語には✓を付けていき、より多く当てた人が勝ちです。

슬프다	더럽다	신나다	비슷하다
운전하다	사과하다	출근하다	고백하다
행복하다	깔끔하다	한가하다	부지런하다
헤어지다	잃어버리다	사고가 나다	다리가 붓다
화를 내다	주사를 맞다	비가 그치다	첫눈에 반하다

ビンゴゲームをしてみましょう。

ゲームの進め方
① 各自が自分のビンゴのマスに単語を書き、一人ずつ順番に単語を言っていきます。自分のマスに書いた単語が出たらマスを消します。
② 5マスを先に消した人が勝ちです。

(1) 教室か家にある物の名前
例 책상, 컴퓨터

(2) 職業の名前
例 의사, 공무원

初級 おさらい 11

導入

各課のテーマと関連する内容の音声を聞いて質問に答え、学習する内容を把握しましょう。

文法

各課の重要文法を多様な会話と練習問題を通して学びましょう。

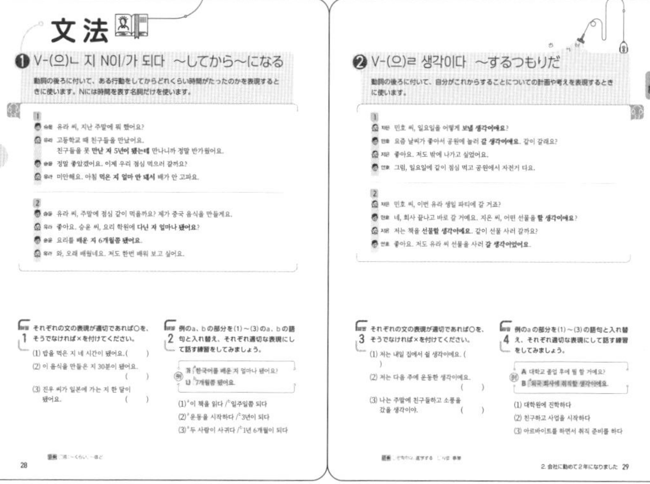

リーディング練習

文を読み、この文をもとにしたさまざまな問題に取り組みながら、文法と新しい表現を学びましょう。

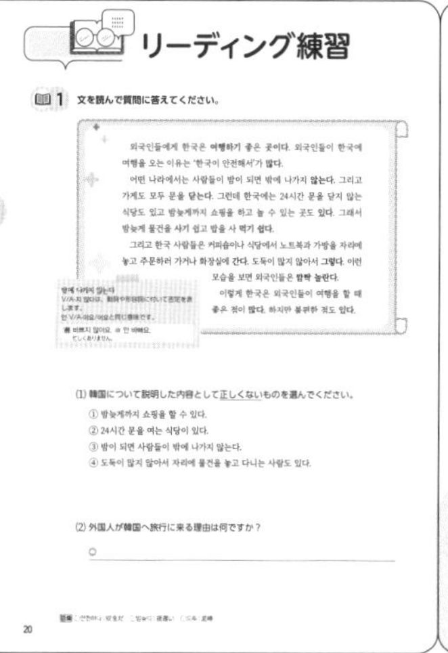

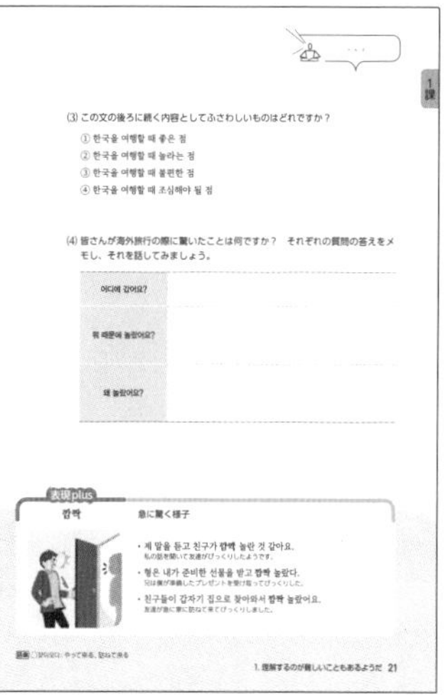

この本の使い方

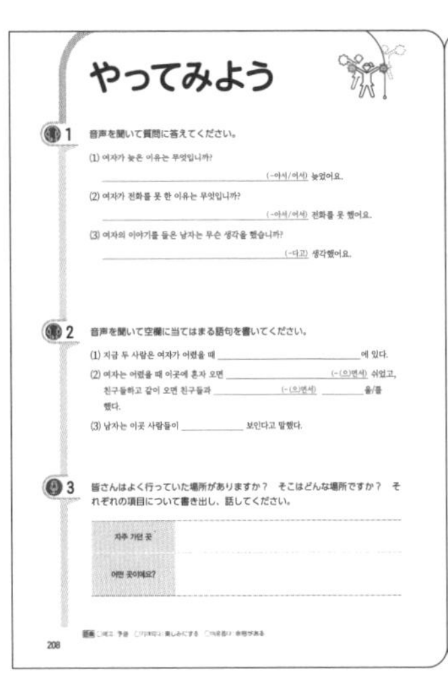

やってみよう

その課で学習した語彙と文法を活用して韓国語を読み、書き、聞き、話してみましょう。

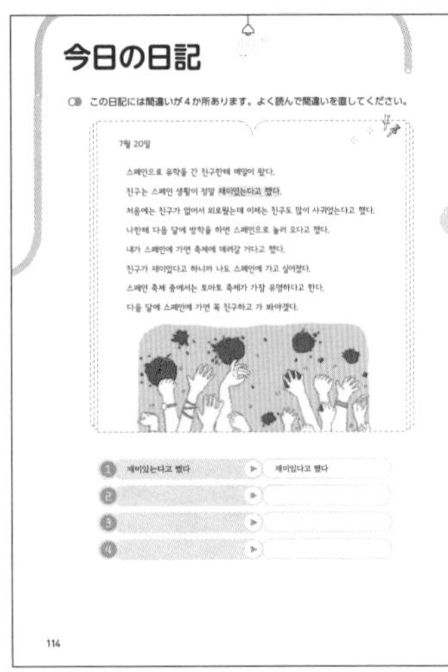

今日の日記

日記を読みながら、その課で学んだ文法をどれだけ理解しているか確認してください。

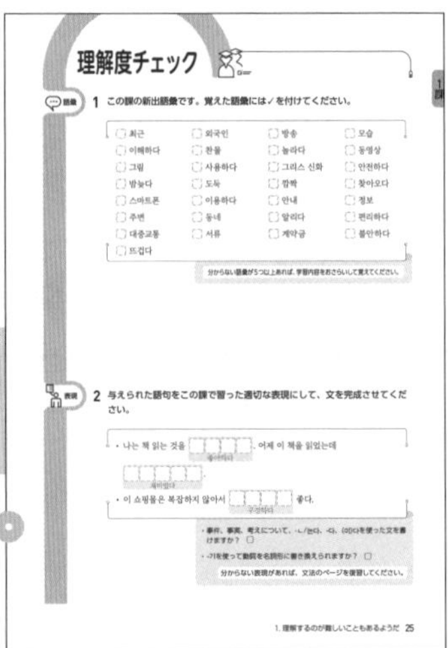

理解度チェック

その課で学習した内容を正確に理解しているか確認しましょう。

復習1
復習2

復習 1

명동에
갈 생각이에요 明洞に行くつもりです

- 明洞に行ってみたことがありますか?
- 明洞で何ができますか?

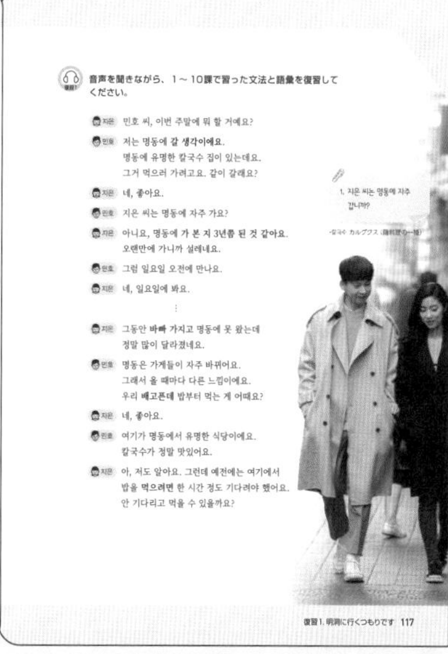
音声を聞きながら、1～10課で習った文法と語彙を復習してください。

지은 민호 씨, 이번 주말에 뭐 할 거예요?
민호 저는 명동에 **갈 생각이에요**.
명동에 유명한 칼국수 집이 있는데요.
그거 먹으러 가려고요. 같이 갈래요?
지은 네, 좋아요.
민호 지은 씨는 명동에 자주 가요?
지은 아니요, 명동에 **가 본 지** 3년쯤 **된 것 같아요**.
오랜만에 가니까 설레네요.
민호 그럼 일요일 오전에 만나요.
지은 네, 일요일에 봐요.

⋮

지은 그동안 **바빠 가지고** 명동에 못 왔는데
정말 많이 달라졌네요.
민호 명동은 가게들이 자주 바뀌어요.
그래서 올 때마다 다른 느낌이에요.
우리 **배고픈데** 밥부터 먹는 게 어때요?
지은 네, 좋아요.
민호 여기가 명동에서 유명한 식당이에요.
칼국수가 정말 맛있어요.
지은 아, 저도 알아요. 그런데 예전에는 여기에서
밥을 **먹으려면** 한 시간 정도 기다려야 했어요.
안 기다리고 먹을 수 있을까요?

1. 지은 씨는 명동에 자주 갑니까?

復習 1. 明洞に行くつもりです 117

会話の音声を聞いて、1～10課、11～20課で学習した語彙と文法を確認しましょう。

音声ダウンロードのご案内

STEP 1 **商品ページにアクセス！　方法は次の３通り！**

- QRコードを読み取ってアクセス。
- https://www.jresearch.co.jp/book/b641782.html を入力してアクセス。
- Ｊリサーチ出版のホームページ（https://www.jresearch.co. jp/）にアクセスして、「キーワード」に書籍名を入れて検索。

STEP 2 **ページ内にある「音声ダウンロード」ボタンをクリック！**

STEP 3 **ユーザー名「1001」、パスワード「26141」を入力！**

STEP 4 **音声の利用方法は2通り！ 学習スタイルに合わせた方法でお聴きください！**

- 「音声ファイル一括ダウンロード」より、ファイルをダウンロードして聴く。
- 「▶」ボタンを押して、その場で再生して聴く。

※ダウンロードした音声ファイルは、パソコン・スマートフォンなどでお聴きいただくことができます。一括ダウンロードの音声ファイルは.zip形式で圧縮してあります。解凍してご利用ください。ファイルの解凍が上手く出来ない場合は、直接の音声再生も可能です。

音声ダウンロードについてのお問い合わせ先：
toiawase@jresearch.co.jp
（受付時間：平日9時～18時）

無料 オンライン学習サポートを活用しよう

本書では、テキスト学習を発展させ、より楽しくアクティブに、また学習効果を一層高めるために、以下の二つのオンライン学習サポートを用意しています。

①会話モデルの映像が見られる

（➡「初級1」「初級2」）

各課冒頭の会話の場面が、映像をともなって再現されます。どのような表情、口の動きで発話されているのか、言葉のニュアンスとともに確認しながら学習することができます。シャドーイングの練習に使うのも効果的です。

各課の「スピーキング練習」でトライ！

②AI音声認識機能を使って発音チェックができる（➡各レベル共通）

AI音声認識機能を利用した「AI SPEAK」で韓国語の発音チェックができます。自分の発音はどれくらい通じるのか、客観的な判定を通して確認することができます。何度かトライしながら、「通じる音」にブラッシュアップしていきましょう。

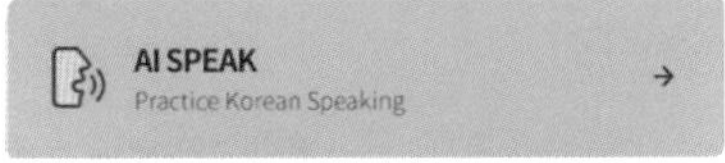

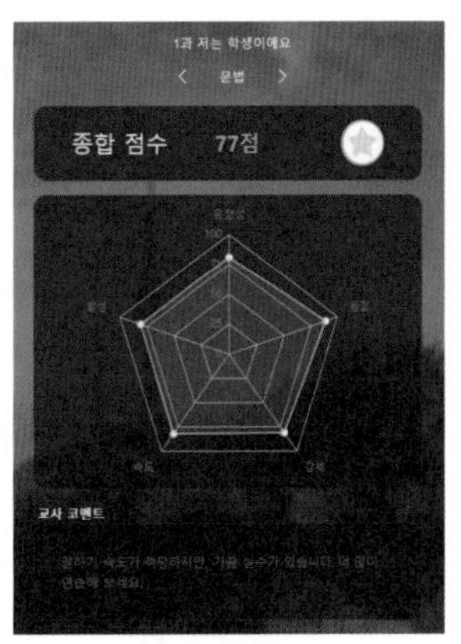

判定結果は図でひとめでわかる

★これらオンライン学習サポートは、「STEP☆UP韓国語」の特典サービス専用サイトから利用することができます。専用サイトへは、右のQRコードからアクセスしてください。

オンライン学習サポートについての問い合わせ先 toiawase@jresearch.co.jp（受付時間：平日9時～18時）

中級1 目次・学習内容

文法	学習目標
「初級1」「初級2」の文法	「初級1」「初級2」で学んだ内容を復習し読み書きができる
❶～する、～い、～だ ❷～すること	・事件、事実、考えについて、-ㄴ/는다、-다、(이)다を使った文が書ける ・-기を使って動詞を名詞形に書き換えられる
❶～してから…になる ❷～するつもりだ	・-(으)ㄴ 지 ~이/가 되다を使ってあることをしてからどれくらい時間がたったか話せる ・-(으)ㄹ 생각이다を使って今後の計画を話せる
❶～して、から、～ので ❷～するおかげで、～したおかげで、～のおかげで	・-아/어 가지고を使って物事の理由や原因、順番について話せる ・- (으)ㄴ/는 덕분에、덕분에を使って他者の手助けで良い結果を得たことを表現できる
❶～するほうだ、～なほうだ ❷～ので、～から	・-는 편이다、-(으)ㄴ 편이다を使って事実や状況がどちらのほうに近いか表現できる ・-는데、-(으)ㄴ데、인데を使ってある事柄についての理由や根拠を話せる
❶～してから、～し終えて ❷～したらすぐに、～するやいなや	・-고 나서や-자마자を使って、ある出来事が起こる順序を表現できる
❶～していて、～する途中に ❷～することができる、～仕方が分かる	・-다가を使ってある行動や状況が転換されることを表現できる ・-(으)ㄹ 줄 알다を使ってある事柄をする能力があるかないかを表現できる
❶～している ❷～しておく	・-아/어 있다や-아/어 놓다を使って、ある状態がずっと維持されていることを表現できる
❶～しようとするなら、～するには ❷～してこそ、～（で）こそ	・-(으)려면を使って、ある行動をする意図があることを仮定して話せる ・-아야/어야を使って、ある事柄が起こり得るための条件を話せる
❶～しなくては ❷～しそうだ、～するところだ	・-아야겠다/어야겠다を使って、あることをしようとする意志を表現できる ・-(으)ㄹ 뻔하다を使って、あることが起こりそうだった状況を表現できる
❶～するという、～するそうだ、～だという、～だそうだ、～という ❷～しろという、～するなという	・他者から聞いた内容を伝えたり引用したりする表現ができる
1~10課の文法	1~10課の学習内容を復習し、聞き取って話すことができる

中級1 目次・学習内容

文法	学習目標
❶～するんですよ、～なんですよ ❷～することはしますが、～ではありますが	・-거든요を使って、前で述べた内容に対する理由や原因、事実などを表現できる ・-기는 하지만を使って、相手の言葉を認めながらも別の考えや意見を提示することができる
❶～しようという、～するのはやめようという ❷～するのかという、～なのかという	・勧誘や提案、質問の内容を伝えることができる
❶～するために、～のために ❷～するように	・-기 위해서、을/를 위해서、-게を使って目的や意図を表現できる
❶～するのか知っている／知らない、 ～なのか知っている／知らない ❷～するそうです、～だそうです	・-는지 알다/모르다、-(으)ㄴ지 알다/모르다を使って、ある事実を知っているか尋ねたり答えたりできる ・-ㄴ/는대요、-대요、(이)래요を使って、聞いた話を他者に伝えられる
❶～するみたいだ、～みたいだ、 ～(な)ようだ ❷～するかと思って、～(である)かと思って	・-나 보다、-(으)ㄴ가 보다を使ってある状況から推測を表せる ・-(으)ㄹ까 봐(서)を使って心配な状況を推測して表現できる
❶～しても、～ても ❷～するのに、～のに	・-아도/어도を使って、前節の内容が後節の内容と関係ないことを表現できる ・-는데도、-(으)ㄴ데도を使って、前節の内容と関係なく後節の状況が起こることを表現できる
❶～するじゃないですか、～じゃないですか ❷～すると思わなかった／思った、 ～(だ)と思わなかった／思った	・-잖아요、(이)잖아요を使って、すでに知っている事柄を確認することができる ・-(으)ㄴ/는/(으)ㄹ 줄 몰랐다/알았다、인 줄 몰랐다/알았다を使って、すでに知っていたり考えていたりしたことと違うということを表せる
❶～するだけでなく、～(な)だけでなく ❷～するうえに、～したうえに、～(な)うえに	・前節の内容に別の内容を加える表現ができる
❶～するようにさせる、～させる ❷～していた…	・-게 하다を使って、ある事柄をさせることを表せる ・-던を使って、まだ終わっていない事柄や過去に頻繁にしていた事柄について表現できる
❶～すればよかった、～したらよかった ❷～すべきだったのに、～すればよかったのに、 ～であるべきだったのに、～だったらよかったのに	・-(으)ㄹ걸 그랬다や-았어야/었어야 했는데を使って、後悔していることを表せる
11~20課の文法	**11~20課の学習内容を復習し、聞き取って話すことができる**

『初級』おさらい

文法の整理

1 それぞれ、ふさわしいほうに○を付けてください。

저{ 가 / 는 } 노래{ 은 / 를 } 부르는 것{ 을 / 이 } 좋아해요.
지금도 노래{ 이 / 를 } 부르면서 쉬고 있어요.
한국 노래{ 도 / 를도 } 잘 부를 수 있어요.
다음 달{ 에 / 에서 } 노래 대회{ 에 / 에서 } 나갈 거예요.
그래서 요즘 매일 노래 연습을 해요.
그 대회{ 에 / 에서 } 좋은 결과{ 이 / 가 } 있었으면 좋겠어요.

2 (1)の単語をそれぞれ -(으)ㄴ데または -는데の形にしてください。(2)の単語をそれぞれ -아서 / 어서と -(으)ㄹ래요?の形にしてください。

(1)

	-(으)ㄴ데		-는데/-(으)ㄴ데
춥다		살다	
덥다		만들다	
무섭다		놀다	
귀엽다		알다	
아름답다		멀다	
맵다		힘들다	

(2)

	-아서/어서	-(으)ㄹ래요?
걷다		
듣다		
묻다		

単語ゲーム

単語ゲームをしてみましょう。

ゲームの進め方

① 2人1組になります。
② 一人は以下に示した中から選んだ単語を韓国語で説明し、もう一人はその説明を聞いてどの単語かを当てます。
③ 2人が交互に7つずつ単語の説明をします。
④ 当てた単語には✓を付けていき、より多く当てた人が勝ちです。

□ 슬프다	□ 더럽다	□ 신나다	□ 비슷하다
□ 운전하다	□ 사과하다	□ 출근하다	□ 고백하다
□ 행복하다	□ 깔끔하다	□ 한가하다	□ 부지런하다
□ 헤어지다	□ 잃어버리다	□ 사고가 나다	□ 다리가 붓다
□ 화를 내다	□ 주사를 맞다	□ 비가 그치다	□ 첫눈에 반하다

ビンゴゲームをしてみましょう。

ゲームの進め方

① 各自が自分のビンゴのマスに単語を書き、一人ずつ順番に単語を言っていきます。自分のマスに書いた単語が出たらマスを消します。
② 5マスを先に消した人が勝ちです。

(1) 教室か家にある物の名前

例 책상, 컴퓨터

(2) 職業の名前

例 의사, 공무원

スピーキング練習

以下に示した中から選んだ文法表現を使って、自由に話してください。

❶ -고 싶다	❷ -아서 / 어서	❸ -겠-
❹ -(으)ㄹ 수 있다	❺ -아 / 어 보다	❻ -(으)니까
❼ -고 있다	❽ -기 전에	❾ -(으)ㄴ
❿ -는	⓫ -(으)ㄴ 적이 있다 / 없다	⓬ -(으)ㄹ
⓭ -아도 / 어도 되다	⓮ -았을 / 었을 때	⓯ -는데 / -(으)ㄴ데

(1) 以下を参考にして、自己紹介をしてください。

안녕하세요. 저는 캐서린이에요. 한국에서 **유학하고 있어요**.
한국에 처음 **왔을 때** 기분이 정말 좋았어요.
지금 한국어를 공부하고 **있는데** 좀 어려워요.
하지만 **재미있어서** 매일 열심히 **공부하고 있어요**.
고향에 **돌아가기 전에** 한국 친구를 많이 **사귀고 싶어요**.

(2) 以下を参考にして、これまでの人生で最も記憶に残っている出来事を話してください。

저는 제주도 여행이 가장 기억에 남아요.
이때 처음 혼자 여행을 갔어요. 그 전까지는 혼자 **여행해 본 적이 없었어요**.
그래서 많이 **긴장했는데 가 보니까** 재미있었어요.
좋은 사람들도 많이 만나고, 제가 **가 보고 싶은** 곳에도 갔어요.
혼자 **하는** 여행도 정말 즐거웠어요.

以下に示した中から選んだ文法表現を使って、自由に話してください。

❶ -(으)러	❷ -(으)ㄹ 거예요	❸ -지만
❹ -(으)ㄹ 때	❺ -(으)려고요	❻ -게
❼ -(으)ㄴ 후에	❽ -거나	❾ -기로 하다
❿ -(으)ㄴ / (으)ㄹ 것 같다	⓫ -았으면 / 었으면 좋겠다	⓬ -(으)면서
⓭ -아하다 / 어하다	⓮ -아지다 / 어지다	⓯ -아 / 어 보이다

(1) 以下を参考にして、自分の趣味を紹介してください。

저는 한국 노래를 **좋아해요**. 그래서 매일 한국 노래를 들어요.
노래를 **들으면서** 공부를 **하거나** 운동을 해요.
저는 외국어를 배우는 것도 **좋아해서** 여러 나라의 말을 배웠어요.
한국어 공부는 **어렵지만** 재미있어요.
앞으로 더 열심히 **공부할 거예요**.

(2) 以下を参考にして、親しい友達を紹介してください。

저는 초등학교 때 친구 윤오랑 가장 친합니다.
윤오는 잘 웃고 성격이 활발해요. 그래서 항상 **행복해 보여요**.
처음에는 안 친했는데 같이 테니스를 **치러 다니면서 친해졌어요**.
윤오는 제가 **힘들거나 우울할 때** 항상 저를 **만나러** 와요.
정말 고마운 친구예요. 저도 앞으로 윤오한테 더 **잘하려고요**.

スピーキングゲーム

ゲームをしながら「初級1」と「初級2」で学んだ内容を使って話してみましょう。

ゲームの進め方

① サイコロを振って、出た目の数だけ進んでください。

② 進んだマスに書いてある質問に答えてください。質問に正しく答えられたらそのマスにとどまれます。答えられなければ元の場所に戻ってください。

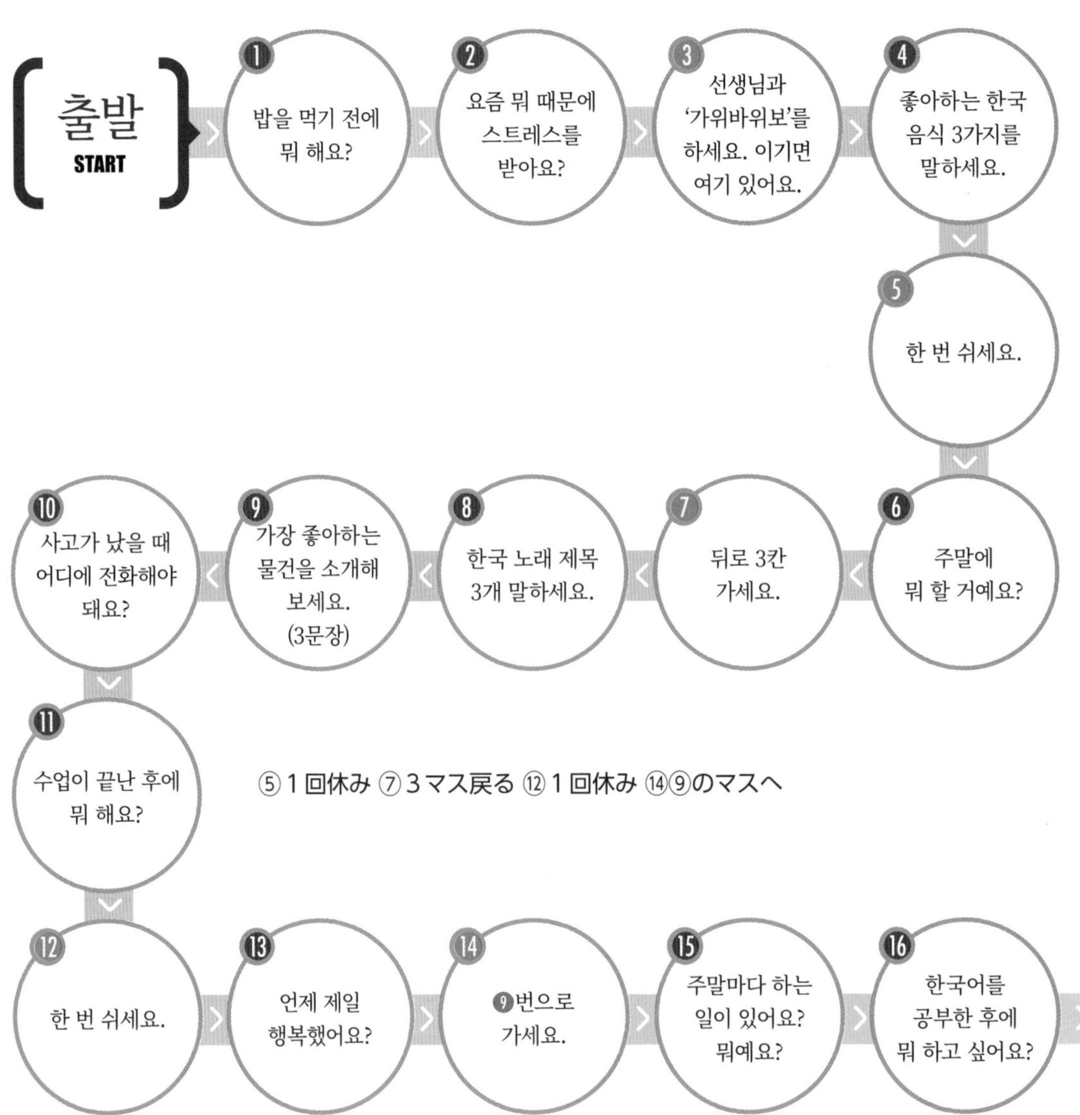

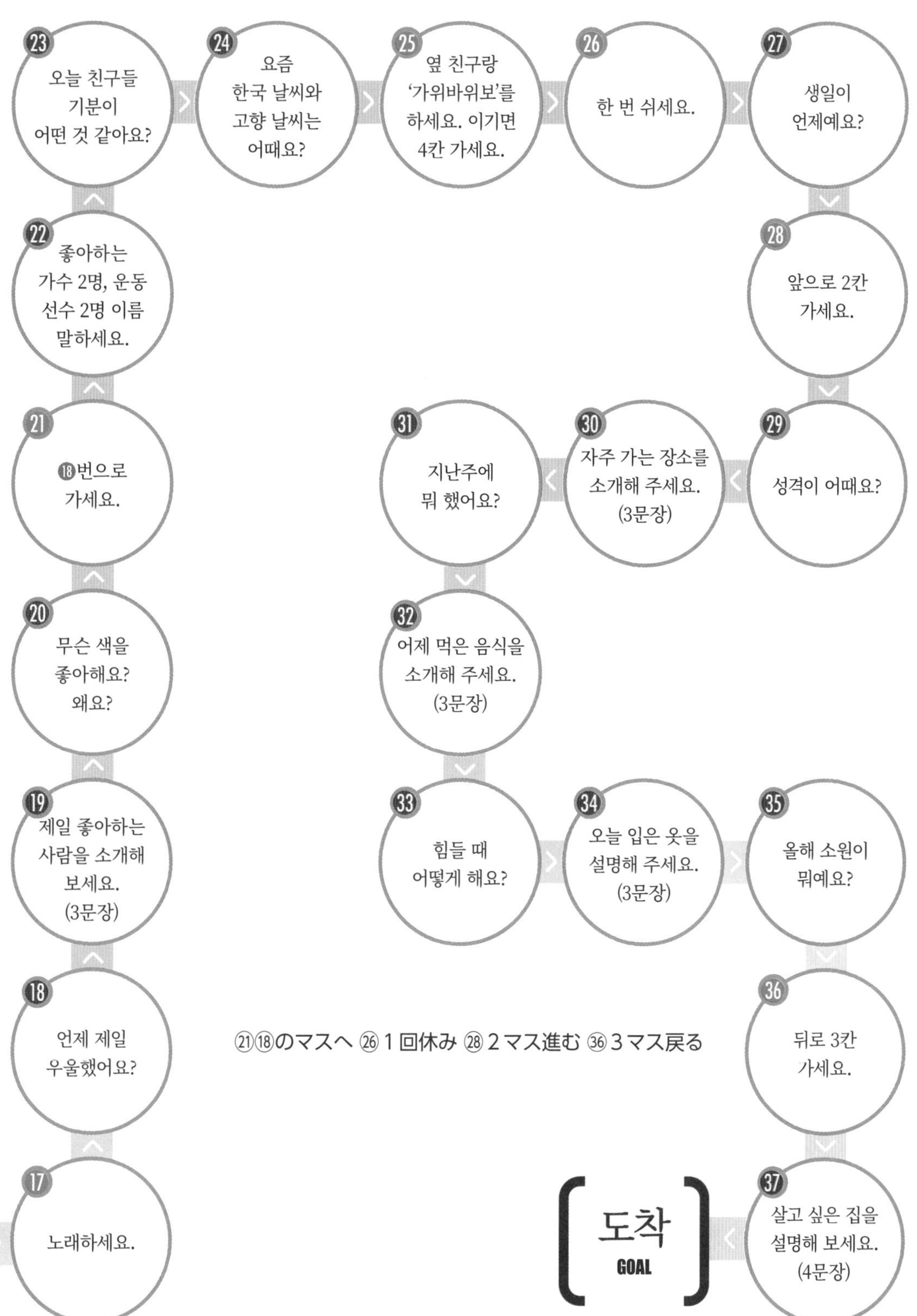
17 노래하세요.
18 언제 제일 우울했어요?
19 제일 좋아하는 사람을 소개해 보세요. (3문장)
20 무슨 색을 좋아해요? 왜요?
21 ⑱번으로 가세요.
22 좋아하는 가수 2명, 운동 선수 2명 이름 말하세요.
23 오늘 친구들 기분이 어떤 것 같아요?
24 요즘 한국 날씨와 고향 날씨는 어때요?
25 옆 친구랑 '가위바위보'를 하세요. 이기면 4칸 가세요.
26 한 번 쉬세요.
27 생일이 언제예요?
28 앞으로 2칸 가세요.
29 성격이 어때요?
30 자주 가는 장소를 소개해 주세요. (3문장)
31 지난주에 뭐 했어요?
32 어제 먹은 음식을 소개해 주세요. (3문장)
33 힘들 때 어떻게 해요?
34 오늘 입은 옷을 설명해 주세요. (3문장)
35 올해 소원이 뭐예요?
36 뒤로 3칸 가세요.
37 살고 싶은 집을 설명해 보세요. (4문장)
도착
GOAL
㉑⑱のマスへ ㉖1回休み ㉘2マス進む ㊱3マス戻る

1

이해하기 어려운 것도 있는 것 같다

理解するのが難しいこともあるようだ

学習目標

・事件、事実、考えについて、-ㄴ/는다、-다、(이)다を使った文が書ける
・-기を使って動詞を名詞形に書き換えられる

文法

・~する、~い、~だ
・~すること

ミノさんの日記の内容を聞いて答えてください。

1 放送で、中国の人は何を見て驚きましたか？

2 皆さんが理解するのが難しい韓国の文化はありますか？

文法

❶ V-ㄴ/는다, A-다, N(이)다　～する、～い、～だ

一般的に、事件や事実、現在の考えを文章で書く場合は、V/A-아요/어요、N예요/이에요ではなくV-ㄴ/는다、A-다、N(이)다を使います。過去のことを書くときは-았/었다、これからのことは-(으)ㄹ 것이다を使います。

1 승윤　요즘 날씨가 너무 **춥다.** 그래서 밖에서 운동을 할 수 **없다.** 친구가 인터넷 동영상을 보면서 운동하는 방법을 **가르쳐 줬다.** 사람들한테 인기가 많은 **동영상이었다.** 그래서 어제 나도 한번 해 봤는데 땀도 많이 나고 **재미있었다.**

2 유라　내 취미는 **요리다.** 그래서 요즘은 음식 만드는 방법을 소개하는 텔레비전 방송을 많이 **본다.** 어제는 텔레비전에 태국 음식이 **나왔다.** 정말 맛있어 **보였다.** 이번 주말에 친구를 집에 초대해서 태국 음식을 만들어서 **먹을 것이다.** 친구가 좋아했으면 **좋겠다.**

参考 一般的に文章では저は나、제は내と書きます

練習 1　それぞれの文の表現が適切であれば○を、そうでなければ×を付けてください。

(1) 제 친구는 외국 회사에 다닌다. (　　)

(2) 요즘은 가족들이 많이 보고 싶은다. (　　)

(3) 나는 내년에 고향으로 돌아갈 것이다. (　　)

練習 2　例を参考にして、それぞれの文を書き換えてください。

例　저는 기분이 안 좋을 때 음악을 들어요.
→나는 기분이 안 좋을 때 음악을 듣는다.

(1) 민호는 그림을 잘 그려요.

(2) 저는 지난 주말에 새 휴대 전화를 샀어요.

(3) 토요일에는 사람이 많아서 마트가 복잡해요.

語彙 □동영상：動画　□그림：絵

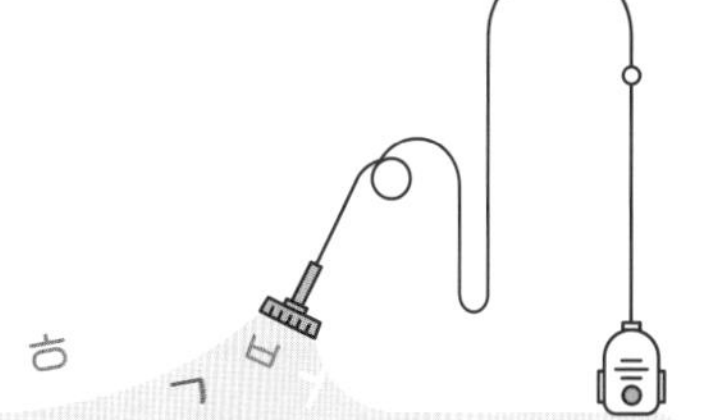

❷ V-기 ～すること

動詞を名詞形にするときに使います。後ろには主に좋다、나쁘다、쉽다、어렵다などの形容詞が使われることが多いです。会話では-기の後ろに助詞'가'を入れて-기가の形で使う場合もあります。

1-3

1

지은 민호 씨, 노트북을 바꿨네요?

민호 네, 지난번 노트북은 들고 **다니기** 무거워서요.

지은 아, 그래요? 이 노트북은 **사용하기** 좋아요?

민호 네, 작고 가벼워서 좋아요.

2

승윤 그리스 신화를 지금 읽고 있는데 주인공도 많고 내용도 복잡해서 **읽기** 힘드네요.

민호 저는 고등학교 때 읽어 봤어요. 이 책은 그림이 없어서 **이해하기** 좀 어려울 것 같아요.

승윤 **이해하기** 쉬운 책이 있어요?

민호 네, 제가 가르쳐 드릴게요. 잠시만 기다리세요.

練習 3 それぞれの文が正しければ○を、間違っていれば×を付けてください。

(1) 밤에 혼자 집에 갔기 무서웠다. (　　)

(2) 그 영화관은 영화를 봐기 좋다. (　　)

(3) 서울에서 마음에 드는 집을 구하기 어렵다. (　　)

練習 4 例のaの部分を参考にして(1)～(3)をふさわしい表現に変え、それぞれ話す練習をしてみましょう。

例
A 왜 이사했어요?
B [a] 집이 멀어서 학교에 다니기 불편해서요.

(1) 집이 너무 커서 청소하다

(2) 집이 좁아서 친구하고 살다

(3) 아파트라서 강아지를 키우다

語彙 □사용하다：使用する　□그리스 신화：ギリシャ神話

リーディング練習

1 文を読んで質問に答えてください。

외국인들에게 한국은 **여행하기** 좋은 **곳이다.** 외국인들이 한국에 여행을 오는 이유는 '한국이 안전해서'가 **많다.**

어떤 나라에서는 사람들이 밤이 되면 밖에 나가지 **않는다.** 그리고 가게도 모두 문을 **닫는다.** 그런데 한국에는 24시간 문을 닫지 않는 식당도 있고 밤늦게까지 쇼핑을 하고 놀 수 있는 곳도 **있다.** 그래서 밤늦게 물건을 **사기** 쉽고 밥을 사 **먹기 쉽다.**

그리고 한국 사람들은 커피숍이나 식당에서 노트북과 가방을 자리에 놓고 주문하러 가거나 화장실에 **간다.** 도둑이 많지 않아서 **그렇다.** 이런 모습을 보면 외국인들은 **깜짝 놀란다.**

이렇게 한국은 외국인들이 여행을 할 때 좋은 점이 **많다.** 하지만 불편한 점도 **있다.**

밖에 나가지 않는다
V/A-지 않다は、動詞や形容詞に付いて否定を表します。
안 V/A-아요/어요と同じ意味です。

例 바쁘지 않아요. = 안 바빠요.
忙しくありません。

(1) 韓国について説明した内容として<u>正しくない</u>ものを選んでください。

① 밤늦게까지 쇼핑을 할 수 있다.
② 24시간 문을 여는 식당이 있다.
③ 밤이 되면 사람들이 밖에 나가지 않는다.
④ 도둑이 많지 않아서 자리에 물건을 놓고 다니는 사람도 있다.

(2) 外国人が韓国へ旅行に来る理由は何ですか？

 ______________________________

語彙 □안전하다：安全だ □밤늦다：夜遅い □도둑：泥棒

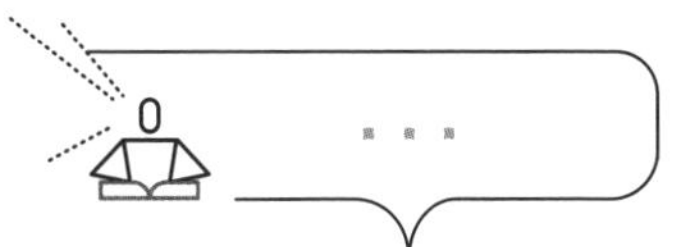

⑶ この文の後ろに続く内容としてふさわしいものはどれですか？

① 한국을 여행할 때 좋은 점
② 한국을 여행할 때 놀라는 점
③ 한국을 여행할 때 불편한 점
④ 한국을 여행할 때 조심해야 될 점

⑷ 皆さんが海外旅行の際に驚いたことは何ですか？　それぞれの質問の答えをメモし、それを話してみましょう。

어디에 갔어요?	
뭐 때문에 놀랐어요?	
왜 놀랐어요?	

表現plus

깜짝　急に驚く様子

- 제 말을 듣고 친구가 **깜짝** 놀란 것 같아요.
  私の話を聞いて友達がびっくりしたようです。
- 형은 내가 준비한 선물을 받고 **깜짝** 놀랐다.
  兄は僕が準備したプレゼントを受け取ってびっくりした。
- 친구들이 갑자기 집으로 찾아와서 **깜짝** 놀랐어요.
  友達が急に家に訪ねて来てびっくりしました。

語彙 □찾아오다：やって来る、訪ねて来る

やってみよう

1 音声を聞いて質問に答えてください。

(1) 여자는 한국에 와서 처음에 왜 버스를 안 탔습니까?

(2) 남자는 왜 버스를 잘 안 탑니까?

(3) 버스를 탈 때 스마트폰을 이용하면 뭐가 좋습니까?

2 音声を聞いて、内容と合っていれば○を、違っていれば×を付けてください。

(1) 서울시에서는 외국인들에게 여행 안내 책을 준다. (　　)

(2) 이 책에는 병원과 약국에서 사용하는 한국어 표현이 있다. (　　)

(3) 한국은 동네마다 쓰레기를 버리는 날짜가 다르다. (　　)

3 質問に答えてください。

(1) 그래프를 보고 외국인들이 한국 생활에서 편리하게 느끼는 것이 무엇인지 말해 보세요.

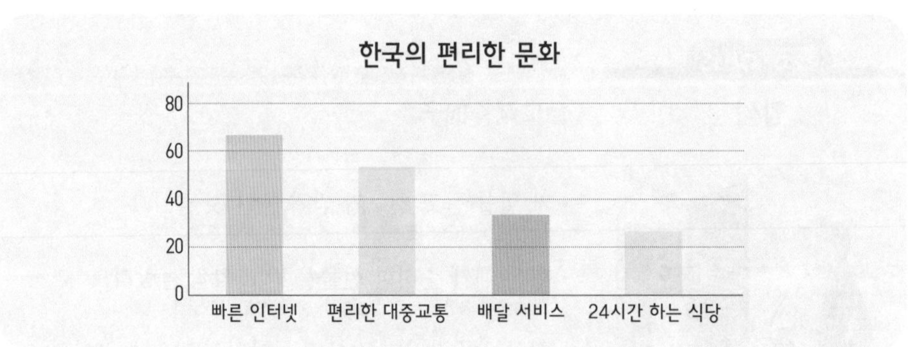

語彙 □스마트폰：スマートフォン □이용하다：利用する □안내：案内 □정보：情報 □주변：周辺 □동네：町内、隣近所 □알리다：知らせる □편리하다：便利だ □대중교통：公共交通

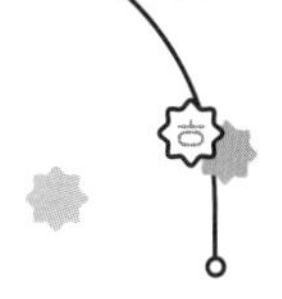

1
課

(2) 여러분이 외국에 갔을 때 편리하게 느낀 것은 무엇입니까? <보기>처럼 이야기해 보세요.

한국에서는 지하철이나 버스를 타기 편해요. 교통 카드가 있으면 버스도 탈 수 있고, 지하철도 탈 수 있어요. 또 버스나 지하철을 갈아탈 때 돈을 더 내지 않아도 돼요.

4

皆さんが韓国生活のガイドブックを作るとしたら、どんな内容を掲載したいですか？ また、その理由は何ですか？　例を参考にして内容と理由をメモし、話してみましょう。

한국 생활 안내 책에 집을 구하는 방법에 대한 안내가 있었으면 좋겠어요. 처음 한국에 살 때 집을 구하기 힘들었어요. 한국에서 집을 구하는 방법을 모르는데, 필요한 서류, 계약금 등을 내라고 해서 힘들고 마음이 불안했어요.

안내 책에 넣고 싶은 내용	
그 이유	

5

4で話した内容を整理し、「外国で暮らすときに準備するべきこと」について作文してください。

語彙 □서류：書類　□계약금：契約金　□불안하다：不安だ

今日の日記

この日記には間違いが5か所あります。よく読んで間違いを直してください。

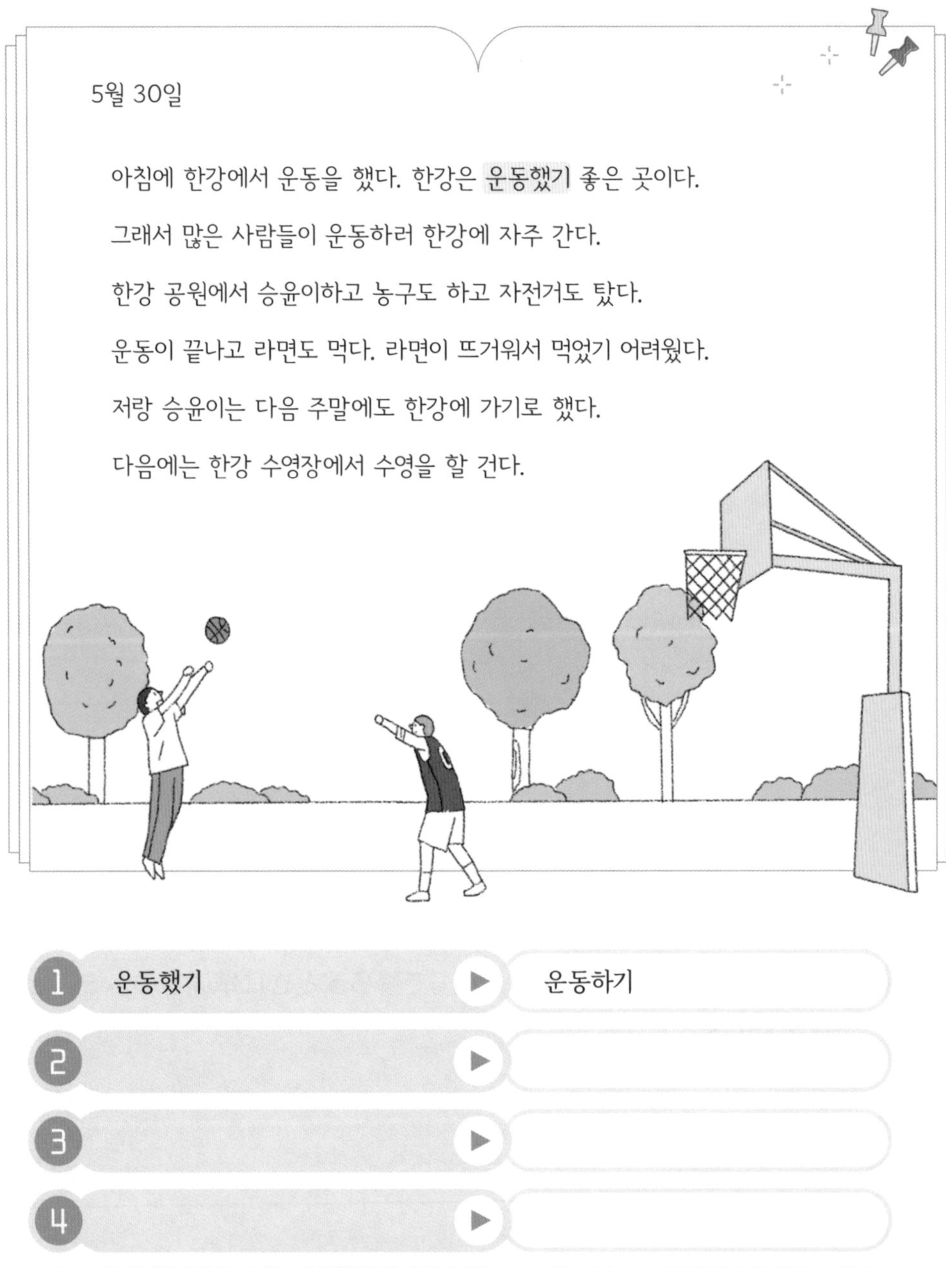

5월 30일

아침에 한강에서 운동을 했다. 한강은 운동했기 좋은 곳이다.

그래서 많은 사람들이 운동하러 한강에 자주 간다.

한강 공원에서 승윤이하고 농구도 하고 자전거도 탔다.

운동이 끝나고 라면도 먹다. 라면이 뜨거워서 먹었기 어려웠다.

저랑 승윤이는 다음 주말에도 한강에 가기로 했다.

다음에는 한강 수영장에서 수영을 할 건다.

1	운동했기	▶ 운동하기
2		▶
3		▶
4		▶
5		▶

語彙 □뜨겁다：熱い

理解度チェック

語彙

1 この課の新出語彙です。覚えた語彙には✓を付けてください。

☐ 최근	☐ 외국인	☐ 방송	☐ 모습
☐ 이해하다	☐ 찬물	☐ 놀라다	☐ 동영상
☐ 그림	☐ 사용하다	☐ 그리스 신화	☐ 안전하다
☐ 밤늦다	☐ 도둑	☐ 깜짝	☐ 찾아오다
☐ 스마트폰	☐ 이용하다	☐ 안내	☐ 정보
☐ 주변	☐ 동네	☐ 알리다	☐ 편리하다
☐ 대중교통	☐ 서류	☐ 계약금	☐ 불안하다
☐ 뜨겁다			

分からない語彙が5つ以上あれば、学習内容をおさらいして覚えてください。

表現

2 与えられた語句をこの課で習った適切な表現にして、文を完成させてください。

- 나는 책 읽는 것을 ☐☐☐☐ (좋아하다). 어제 이 책을 읽었는데 ☐☐☐☐☐ (재미있다).
- 이 쇼핑몰은 복잡하지 않아서 ☐☐☐☐ (구경하다) 좋다.

- 事件、事実、考えについて、-ㄴ/는다、-다、(이)다を使った文を書けますか？ ☐
- -기を使って動詞を名詞形に書き換えられますか？ ☐

分からない表現があれば、文法のページを復習してください。

2

회사에 다닌 지 2년이 됐어요

会社に勤めて 2 年になりました

学習目標

- -(으)ㄴ 지 ~이/가 되다を使ってあることをしてからどれくらい時間がたったか話せる
- -(으)ㄹ 생각이다を使って今後の計画を話せる

文法

- ～してから…になる
- ～するつもりだ

スンユンさんとユラさんの会話を聞いて答えてください。

1 ユラさんはどれくらい会社に勤めていますか？

2 ユラさんのように、皆さんがこれから計画していることを話してください。

文法

❶ V-(으)ㄴ 지 N이/가 되다　～してから…になる

動詞の後に付いて、ある行動をしてからどれくらい時間がたったのかを表現するときに使います。Nには時間を表す名詞だけを使います。

1

승윤 유라 씨, 지난 주말에 뭐 했어요?

유라 고등학교 때 친구들을 만났어요.
친구들을 못 **만난 지 5년이 됐는데** 만나니까 정말 반가웠어요.

승윤 정말 좋았겠어요. 이제 우리 점심 먹으러 갈까요?

유라 미안해요. 아침 **먹은 지 얼마 안 돼서** 배가 안 고파요.

2

승윤 유라 씨, 주말에 점심 같이 먹을까요? 제가 중국 음식을 만들게요.

유라 좋아요. 승윤 씨, 요리 학원에 **다닌 지 얼마나 됐어요?**

승윤 요리를 **배운 지 6개월쯤 됐어요.**

유라 와, 오래 배웠네요. 저도 한번 배워 보고 싶어요.

練習1 それぞれの文の表現が適切であれば○を、そうでなければ×を付けてください。

(1) 밥을 먹은 지 네 시간이 됐어요. (　　　)

(2) 이 음식을 만들은 지 30분이 됐어요. (　　　)

(3) 진우 씨가 일본에 가는 지 한 달이 됐어요. (　　　)

練習2 例のa、bの部分を(1)～(3)のa、bの語句と入れ替え、それぞれ適切な表現にして話す練習をしてみましょう。

例
A [a]한국어를 배운 지 얼마나 됐어요?
B [b]7개월쯤 됐어요.

(1) [a]이 책을 읽다 / [b]일주일쯤 되다

(2) [a]운동을 시작하다 / [b]3년이 되다

(3) [a]두 사람이 사귀다 / [b]1년 6개월이 되다

語彙 □쯤：～くらい、～ほど

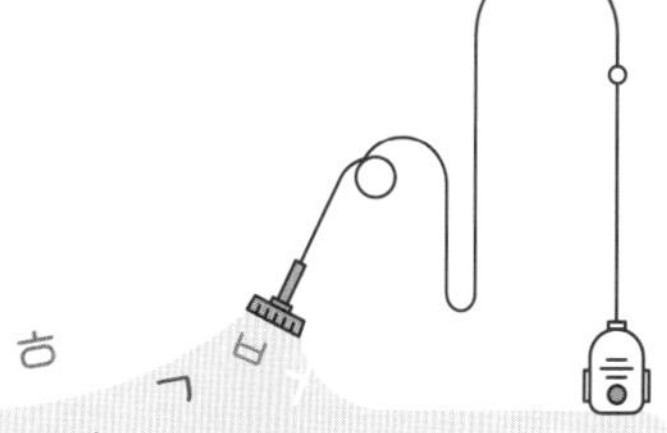

❷ V-(으)ㄹ 생각이다　～するつもりだ

動詞の後に付いて、自分がこれからすることについての計画や考えを表現するときに使います。

2-3

1

지은　민호 씨, 일요일을 어떻게 **보낼 생각이에요**?

민호　요즘 날씨가 좋아서 공원에 놀러 **갈 생각이에요**. 같이 갈래요?

지은　좋아요. 저도 밖에 나가고 싶었어요.

민호　그럼, 일요일에 같이 점심 먹고 공원에서 자전거 타요.

2

지은　민호 씨, 이번 유라 생일 파티에 갈 거죠?

민호　네, 회사 끝나고 바로 갈 거예요. 지은 씨, 어떤 선물을 **할 생각이에요**?

지은　저는 책을 **선물할 생각이에요**. 같이 선물 사러 갈까요?

민호　좋아요. 저도 유라 씨 선물을 사러 **갈 생각이었어요**.

練習 3　それぞれの文の表現が適切であれば○を、そうでなければ×を付けてください。

(1) 저는 내일 집에서 쉴 생각이에요. (　　　)

(2) 저는 다음 주에 운동한 생각이에요. (　　　)

(3) 나는 주말에 친구들하고 소풍을 갔을 생각이야. (　　　)

練習 4　例のaの部分を(1)～(3)の語句と入れ替え、それぞれ適切な表現にして話す練習をしてみましょう。

例
A 대학교 졸업 후에 뭘 할 거예요?
B [a]외국 회사에 취직할 생각이에요.

(1) 대학원에 진학하다

(2) 친구하고 사업을 시작하다

(3) 아르바이트를 하면서 취직 준비를 하다

語彙 □진학하다：進学する　□사업：事業

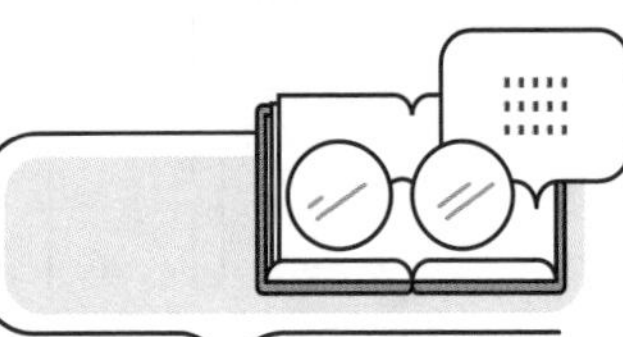

リーディング練習

1 文を読んで質問に答えてください。

저는 미국에서 온 엘레나입니다. 한국에 **온 지 1년이 되었습니다.** 저는 한국 화장품에 관심이 많아서 한국에 유학을 왔습니다.

저는 시간이 있을 때마다 한국 드라마를 보면서 열심히 공부를 하고 있습니다. 드라마를 보면 한국어 공부도 할 수 있고 한국 연예인들의 화장법도 배울 수 있어서 **일석이조**입니다.

요즘은 제가 화장을 하는 모습을 동영상으로 촬영하고 있습니다. 이 동영상들을 많은 사람들에게 보여 주면서 한국어와 영어로 화장하는 방법을 **소개할 생각입니다.** 이렇게 목표를 세우니까 한국어 공부가 더 재미있어졌습니다.

여러분도 한국어를 공부할 때 목표를 세워 보세요. 그러면 한국어 공부가 더욱 재미있어질 것입니다.

(1) エレナさんが韓国に留学に来たのはなぜですか？

① 엘레나 씨는 연예인이 되고 싶어서 한국에 왔다.
② 엘레나 씨는 한국에서 취직하고 싶어서 한국에 왔다.
③ 엘레나 씨는 한국 화장품에 관심이 있어서 한국에 왔다.
④ 엘레나 씨는 동영상을 촬영하는 방법을 배우고 싶어서 한국에 왔다.

(2) 韓国ドラマを見ながら勉強すると良い点は何ですか？

語彙 □화장품：化粧品 □화장법：メイク方法 □촬영하다：撮影する
□목표：目標 □세우다：立てる □더욱：さらに、もっと

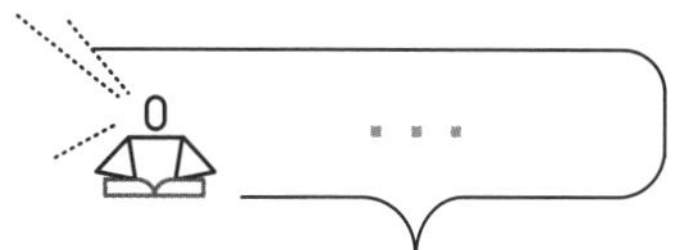

⑶ エレナさんが撮影した動画はどのような内容ですか？

① 한국 드라마를 소개하는 내용
② 화장하는 방법을 소개하는 내용
③ 한국 생활과 문화를 설명하는 내용
④ 한국어 공부 방법을 설명하는 내용

⑷ 皆さんが韓国語の勉強を始めた理由は何ですか？　韓国語の勉強をした後、何をするつもりですか？　理由と計画を書き出してください。

한국어 공부를 시작한 이유	
앞으로의 계획	

2
課

表現plus

일석이조　一石二鳥
一つのことで二つの良い結果が生まれること。

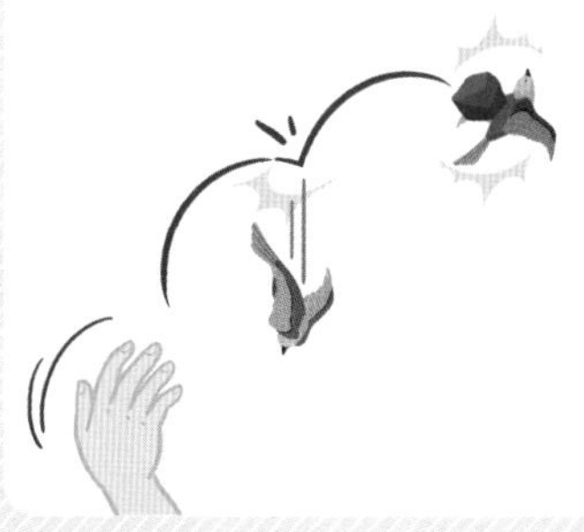

- 가까운 곳을 걸어 다니면 운동도 할 수 있고 돈도 아낄 수 있어서 **일석이조**다.
  近いところを歩けば、運動もできるしお金も節約できるので一石二鳥だ。
- 제주도는 산에서 등산도 할 수 있고 바다에서 수영도 할 수 있는 **일석이조**의 관광지다.
  済州島は山で登山もできるし海で水泳もできる一石二鳥の観光地だ。

語彙 □아끼다：惜しむ、大事にする、節約する　□관광지：観光地

やってみよう

 1 音声を聞いて質問に答えてください。

(1) 남자는 여자 친구하고 만난 지 얼마나 됐습니까?

(2) 남자는 여자 친구하고 언제 결혼할 생각입니까?

(3) 남자는 왜 그때 결혼하려고 합니까?

 2 音声を聞き、（　）内の表現を使って空欄に当てはまる語句を書いてください。

(1) 남자는 지금 ＿＿＿＿＿＿＿＿＿ (-(으)러) 서점에 가려고 한다.

(2) 남자는 요즘 ＿＿＿＿＿＿＿＿＿ (-아서/어서) 일본에 가 보고 싶어졌다.

3 皆さんはこれからやりたいことがありますか？ それぞれの質問の答えをメモし、例を参考に話してください。

	뭘 하고 싶어요?	어떻게 해야 돼요?
캐서린	한국어를 잘하고 싶다.	매일 한국 뉴스를 들을 생각이다.

한국어 공부를 시작한 지 6개월이 됐어요. 그런데 아직 한국어를 잘 못해서 걱정이에요. 이제는 한국어를 잘하고 싶어요. 그래서 매일 한국 뉴스를 들을 생각이에요. 뉴스를 들으면 듣기도 연습하고 단어도 공부할 수 있어요.

語彙 □서점：書店　□뉴스：ニュース

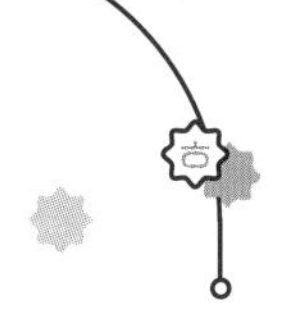

4

皆さんが趣味で始めたことはありますか？ 始めてどれくらいたちましたか？ また、これから何をしたいですか？　それぞれの質問の答えをメモし、例を参考に話してください。

例

저는 '예쁜 글씨 쓰기' 취미가 있어요. '예쁜 글씨 쓰기'를 한 지 1년이 됐어요. 한글이 예뻐서 글씨 쓰는 연습을 시작했는데 정말 재미있어요. 글씨를 쓰면 마음이 편해져서 좋아요. 앞으로 그림 그리는 것도 배워서 예쁜 카드를 만들어 볼 생각이에요.

취미로 시작한 일이 뭐예요?	
그 일을 시작한 지 얼마나 됐어요?	
그 일을 하면 뭐가 좋아요?	
앞으로 또 뭘 하고 싶어요?	

5

4で話した内容を整理し、「私の趣味」について作文してください。

語彙 □글씨：文字

2
課

今日の日記

この日記には間違いが４か所あります。よく読んで間違いを直してください。

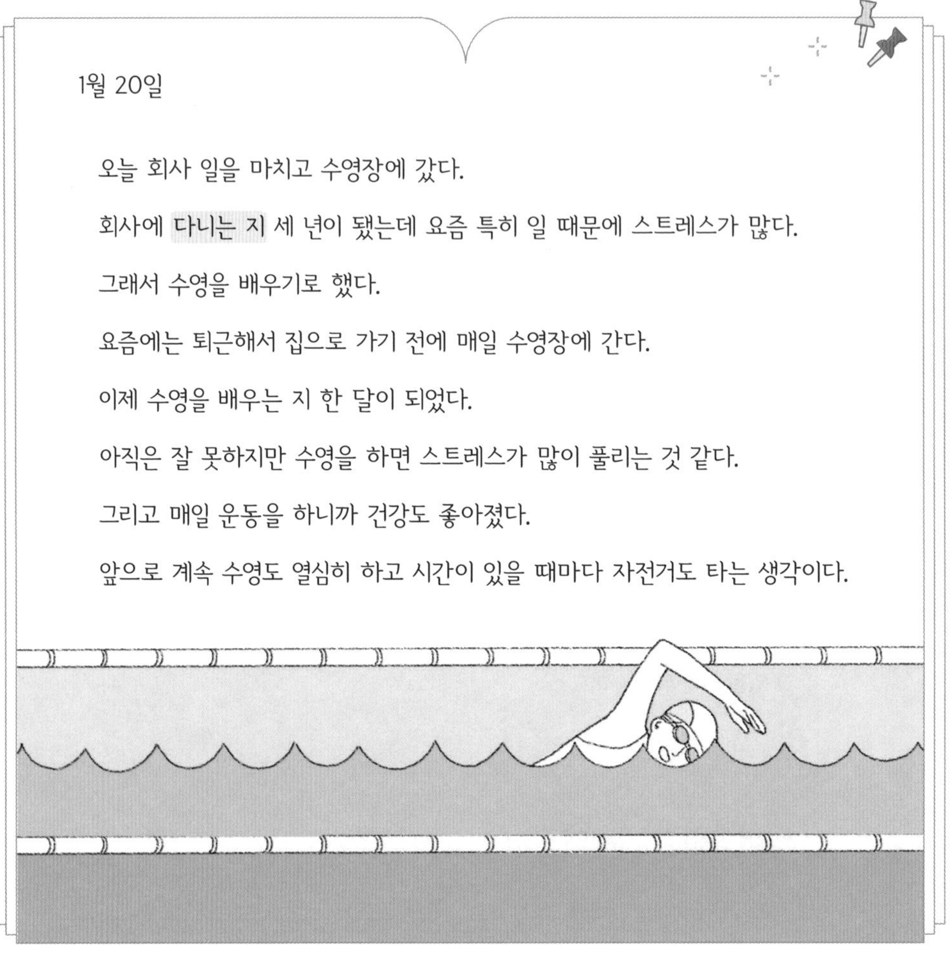

1월 20일

오늘 회사 일을 마치고 수영장에 갔다.
회사에 다니는 지 세 년이 됐는데 요즘 특히 일 때문에 스트레스가 많다.
그래서 수영을 배우기로 했다.
요즘에는 퇴근해서 집으로 가기 전에 매일 수영장에 간다.
이제 수영을 배우는 지 한 달이 되었다.
아직은 잘 못하지만 수영을 하면 스트레스가 많이 풀리는 것 같다.
그리고 매일 운동을 하니까 건강도 좋아졌다.
앞으로 계속 수영도 열심히 하고 시간이 있을 때마다 자전거도 타는 생각이다.

1	다니는 지	▶	다닌 지
2		▶	
3		▶	
4		▶	

理解度チェック

語彙

1 この課の新出語彙です。覚えた語彙には✓を付けてください。

☐ 쯤	☐ 진학하다	☐ 사업	☐ 화장품
☐ 화장법	☐ 일석이조	☐ 촬영하다	☐ 목표
☐ 세우다	☐ 더욱	☐ 아끼다	☐ 관광지
☐ 서점	☐ 뉴스	☐ 글씨	

分からない語彙が5つ以上あれば、学習内容をおさらいして覚えてください。

表現

2 与えられた語句をこの課で習った適切な表現にして、文を完成させてください。

A 캐서린 씨, 한국에 산 지 얼마나 됐어요?

B 저는 한국에 ☐☐(오다) 5년이 됐어요.

안나 씨는 한국어 공부가 끝나면 뭘 할 거예요?

A 고향에 돌아가서 ☐☐☐☐☐☐☐☐(취직하다).

- -(으)ㄴ 지 ~이/가 되다を使ってあることをしてからどれくらい時間がたったか話せますか？ ☐
- -(으)ㄹ 생각이다を使って今後の計画を話せますか？ ☐

分からない表現があれば、文法のページを復習してください。

3

집이 많아 가지고 힘들었어요

荷物が多くて大変でした

学習目標
・-아/어 가지고を使って物事の理由や原因、順番について話せる
・-(으)ㄴ/는 덕분에、덕분에を使って他者の手助けで良い結果を得たことを表現できる

文法
・～して、から、～ので
・～するおかげで、～したおかげで、～のおかげで

3-1

ジウンさんとミノさんの会話を聞いて答えてください。

1 ミノさんはなぜジウンさんに感謝していますか?

2 ミノさんのように、友達に感謝する出来事がありますか？

文法

❶ V/A-아/어 가지고　～して、～から、～ので

-아서/어서のように、ある事柄の理由や原因、物事の順序を表現するときに使います。
-아서/어서を強調した表現で、-아/어 갖고のように縮約して使う場合もあります。

1

[마켜]

승윤　유라 씨, 미안해요. 길이 **막혀 가지고** 늦었어요.

유라　괜찮아요. 저도 조금 전에 왔어요.

승윤　그런데 지난주 모임에 왜 안 왔어요?

유라　갑자기 일이 **생겨 가지고** 못 갔어요.

2

승윤　왜 이렇게 안 먹어요? 맛이 없어요?

유라　아니요, 배가 **불러 가지고** 많이 못 먹겠어요.

승윤　그런데 유라 씨 이 옷은 왜 가지고 왔어요?

유라　**추워 가지고요.**

参考 ▸ 初級 ❶ 16課、18課　『初級1』で学んだ-아서/어서（～から、～ので）と意味、用法が似ていますが、-아/어 가지고は話し言葉でのみ使います。

練習 1　それぞれの文の表現が適切であれば○を、そうでなければ×を付けてください。

(1) 비가 왔어 가지고 외출하기 싫어요.　(　　)

(2) 고장 난 컴퓨터를 고쳐 가지고 쓸 거예요.　(　　)

(3) 저는 힘들어 가지고 산 꼭대기까지 못 가겠어요.　(　　)

練習 2　例のa、bの部分を(1)～(3)のa、bの語句と入れ替え、それぞれ適切な表現にして話す練習をしてみましょう。

例
A 왜 [a]밥을 안 먹어요?
B [b]아까 먹어 가지고요.

(1) [a]도서관에 가다 / [b]시험이 있다

(2) [a]여기에 있다 / [b]친구가 안 나오다

(3) [a]이렇게 오래 걸렸다 / [b]화장실에 사람이 많다

語彙 □꼭대기：てっぺん、頂上　□걸리다：（時間などが）かかる

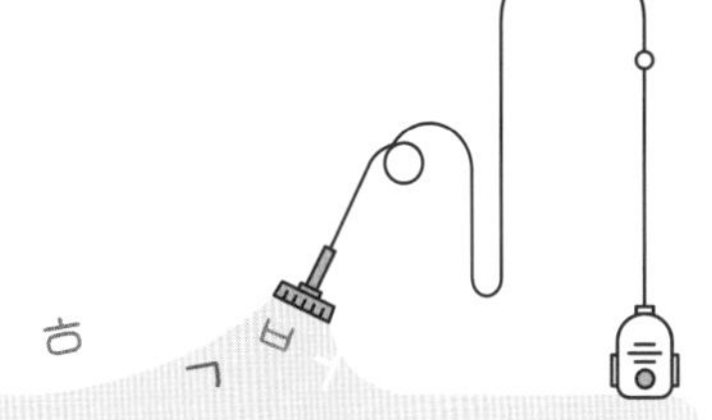

❷ V-(으)ㄴ/는 덕분에, N 덕분에
～するおかげで、～したおかげで、～のおかげで

動詞や名詞の後について、他者の手助けで良い結果を得たことを表す表現です。
덕분에と同じ意味である덕택에を使う場合もあります。

3-3

1

유라 승윤 씨, 정말 고마워요. 승윤 씨가 **도와준 덕분에** [덕뿌네] 독일어 실력이 많이 늘었어요.

승윤 하하, 유라 씨가 열심히 했으니까 당연한 결과지요.

유라 앞으로도 잘 부탁해요. 저도 더 열심히 공부할게요.

2

민호 지은 씨, 음식이 입에 맞았어요?

지은 네, **민호 씨 덕분에** 맛있게 먹었어요.

민호 그런데 어제 안나 씨 집에 잘 찾아갔어요?

지은 네, 민호 씨가 **알려 준 덕분에** 잘 찾아갔어요. 고마워요.

参考 ▸ **初級 ❷ 14課** 『初級2』で学んだ때문에（～のせいで）と意味が似ています。때문에は良いことにも悪いことにも使えますが、덕분에は良いことにだけ使えます。

練習 3 それぞれの文の表現が適切であれば○を、そうでなければ×を付けてください。

(1) 쑤언 씨 덕분에 힘들어요.　(　　)

(2) 얀토 씨 덕분에 영화를 잘 봤어요.　(　　)

(3) 캐서린 씨가 도와준 덕분에 발표를 잘하세요.　(　　)

練習 4 例のaの部分を(1)～(3)の語句と入れ替え、それぞれ適切な表現にして話す練習をしてみましょう。

例
A 유라 씨가 [a]알려 준 덕분에 숙제를 잘 끝냈어요. 고마워요.
B 도움이 되어서 저도 기뻐요.

(1) 가르쳐 주다

(2) 설명해 주다

(3) 책을 빌려주다

語彙 □당연하다：当然だ　□입에 맞다：口に合う　□찾아가다：訪ねて行く　□도움이 되다：役に立つ、助けになる　□빌려주다：貸す

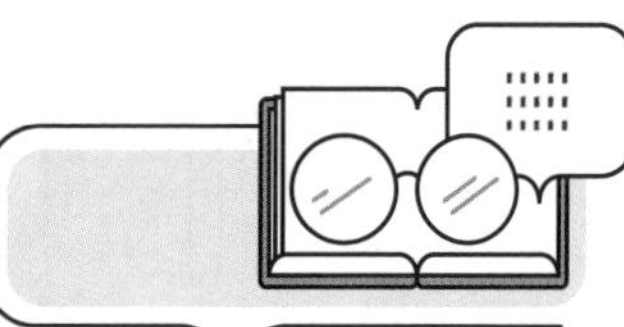

リーディング練習

1 文を読んで質問に答えてください。

고마운 승윤 씨에게

승윤 씨, 저 안나예요.
지난주에 제가 이사하는 것을 도와줘서 정말 고마웠어요.
이사는 처음이고 짐도 **많아 가지고** 힘들었는데 고마워요.
그런데 승윤 씨가 일을 너무 많이 **해 가지고** 미안했어요.
승윤 씨 덕분에 집을 구하는 방법도 알 수 있었어요. 고마워요.
승윤 씨, 이번 주에 우리 집에 초대하고 싶은데 올 수 있지요?
제가 불고기도 만들고 김치찌개도 **보글보글** 끓일게요.
한국 요리 솜씨가 많이 늘었어요.
제 요리를 기대하세요.

- 안나

승윤 씨에게
N에게（Nへ／に）は、N한테（Nへ／に）と同じ意味です。
人を表す名詞の後に使います。
主に文章でよく使います。

例 유라 씨에게 편지를 보냈어요.(○)
ユラさんへ手紙を送りました。
병원에게 전화했어요.(×)
病院に電話しました。

(1) スンユンさんは先週何をしましたか？

① 승윤 씨는 안나 씨를 집으로 초대했다.
② 승윤 씨는 안나 씨가 요리하는 것을 도왔다.
③ 승윤 씨는 안나 씨가 이사하는 것을 도왔다.
④ 승윤 씨는 안나 씨에게 한국 요리를 만들어 줬다.

(2) アンナさんはスンユンさんにどのような気持ちを表現したいと思っていますか?

➡ ____________________

語彙 □끓이다：煮込む、沸かす　□솜씨：腕前　□늘다：増える、上達する　□기대하다：期待する

⑶ アンナさんはなぜこの手紙を書きましたか？

① 요리사가 되려고　② 집을 구하고 싶어서
③ 승윤 씨를 집에 초대하려고　④ 승윤 씨의 일을 도와주려고

⑷ 皆さんは、ありがたいと思っている人がいますか？　その人のことを考えながら感謝のメッセージを書いてください。

고마운 사람	
고마운 이유	

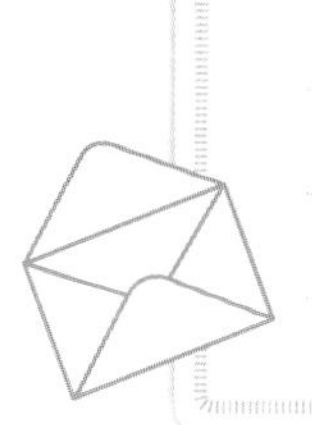

3課

表現plus

보글보글　ぐつぐつ、ふつふつ
チゲのようなもの（汁物やスープなど）が煮え立つ音や様子。

- 김치찌개가 **보글보글** 끓고 있다.
  キムチチゲがぐつぐつ煮えている。
- 국이 **보글보글** 끓는 것을 보니까 먹고 싶어요.
  スープがぐつぐつ煮えているのを見たら食べたいです。

やってみよう

1 音声を聞いて質問に答えてください。

3-4

(1) 캐서린 씨는 어제 쇼핑할 때 무엇을 샀습니까?

______하고 ______을/를 샀다.

(2) 캐서린 씨가 못 산 물건은 무엇입니까? 왜 못 샀습니까?

캐서린 씨는 ______이/가 ______(-아서/어서) 못 샀다.

2 音声を聞いて空欄に当てはまる語句を書いてください。

3-5

(1) 여자는 주말에 ______에 놀러 갈 것이다.

(2) 여자는 남자가 ______을/를 잘 알 것 같아서 전화했다.

3 感謝している人と感謝している理由を考えて書き出し、例を参考に話してください。

고마운 사람	고마운 이유
승윤 씨	아플 때 약을 사 줬다. 그래서 감기가 금방 나았다.
윤오 씨	우체국까지 가는 길을 자세하게 알려 주었다. 그래서 빨리 우체국을 찾았다.

例

제가 아플 때 승윤 씨가 약을 사 줘 가지고 고마웠어요. 승윤 씨가 사 준 약 덕분에 감기가 금방 나았어요.

윤오 씨가 저에게 우체국까지 가는 길을 자세하게 알려 준 덕분에 우체국을 빨리 찾았어요. 그래서 고마웠어요.

語彙 □자세하다：詳しい

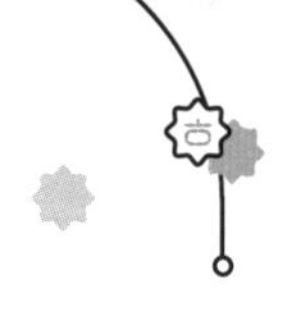

4 皆さんにはどんな友達がいますか？　それぞれの項目についてメモし、例を参考に話してください。

例

저랑 가장 친한 친구는 얀토 씨예요. 저랑 얀토 씨는 한국어 수업에서 만났어요.
얀토 씨는 제가 여자 친구와 헤어져 가지고 힘들 때 같이 있어 주었어요.
얀토 씨 덕분에 힘든 시간을 잘 보낼 수 있었어요. 정말 고마운 친구예요.

친구 이름	
어떻게 만났어요?	
그 친구와 한 일 중에서 기억에 남는 일	
그 친구에게 미안한 일	
그 친구에게 고마운 일	

5 4で話した内容を整理し、「私の友達」について作文してください。

今日の日記

この日記には間違いが４か所あります。よく読んで間違いを直してください。

2월 15일

오후에 친구를 만났 가지고 영화를 봤다.
친구는 공포 영화를 좋아하지만 내가 싫어하 가지고 코미디 영화를 봤다.
영화의 주인공은 멋있고 재미있는 사람이었다.
나도 그 사람 같이 멋있고 재미있는 사람이 되고 싶다.
영화를 본 후에 친구하고 저녁을 먹었다.
식사를 하면서 친구하고 영화에 대해 이야기했다.
오늘 친구가 같이 있어 주는 덕분에 재미없는 하루를 보냈다.

1	만났 가지고	▶ 만나 가지고
2		▶
3		▶
4		▶

理解度チェック

語彙

1 この課の新出語彙です。覚えた語彙には✓を付けてください。

☐ 꼭대기	☐ 걸리다	☐ 당연하다	☐ 입에 맞다
☐ 찾아가다	☐ 도움이 되다	☐ 빌려주다	☐ 보글보글
☐ 끓이다	☐ 솜씨	☐ 늘다	☐ 기대하다
☐ 자세하다			

分からない語彙が5つ以上あれば、学習内容をおさらいして覚えてください。

表現

2 与えられた語句をこの課で習った適切な表現にして、文を完成させてください。

A 월급 받으면 뭐 할 거예요?

B 돈을 ☐☐☐☐☐ 여행을 갈 거예요.
（모으다）

A 그래요? 저는 지은 씨한테 선물을 하고 싶어요.
그동안 ☐☐☐☐☐☐ 일을 잘할 수 있었어요.
（지은 씨）

- -아/어 가지고を使って物事の理由や原因、順番について話せますか？ ☐
- -(으)ㄴ/는 덕분에、덕분에を使って他者の手助けで良い結果を得たことを表現できますか？ ☐

分からない表現があれば、文法のページを復習してください。

3課

밝은 색 옷을 안 입는 편이에요

明るい色の服を着ないほうです

学習目標

- -는 편이다、-(으)ㄴ 편이다を使って事実や状況がどちらのほうに近いか表現できる
- -는데、-(으)ㄴ데、인데を使ってある事柄についての理由や根拠を話せる

文法

- ～するほうだ、～なほうだ
- ～ので、～から

4-1

ユラさんとミノさんの会話を聞いて答えてください。

1 以前、男性は何色の服をよく着ていましたか？

2 皆さんの国の人がよく着る服の色を話してください。

文法

❶ V-는 편이다, A-(으)ㄴ 편이다
～するほうだ、～なほうだ

動詞や形容詞の後に付いて、"おおむねそういう傾向である"ことを表します。있다/없다には-는 편이다が付きます。

1

지은 또 영화 보러 가?

유라 응, 난 영화 보러 자주 **가는 편이야**. 영화 보는 거 좋아해서 일주일에 한 번 정도 가.

지은 나는 뮤지컬을 많이 **보는 편인데**.

유라 그래? 나도 뮤지컬 한번 보고 싶어. 다음에 같이 보러 가자.

2

승윤 유라 씨, 학교 다닐 때 독서 동아리였어요? 책을 많이 읽었겠네요.

유라 네, 책을 읽고 상상하는 걸 좋아했어요. 제가 학생 때는 좀 **조용한 편이었어요**.

승윤 저는 스키 동아리였어요. 운동을 **좋아하는 편이어서요**.

유라 그래요? 저도 스키 타는 걸 좋아하는데 다음에 스키장에 같이 갈까요?

練習 1 それぞれの文の表現が適切であれば○を、そうでなければ×を付けてください。

(1) 오늘은 날씨가 좀 춥은 편이에요.(　　)

(2) 저는 어릴 때 키가 큰 편이었어요.(　　)

(3) 서준 씨는 영어를 잘하는 편이에요.(　　)

練習 2 例のa、bの部分を(1)～(3)のa、bの語句と入れ替え、それぞれ適切な表現にして話す練習をしてみましょう。

例
A [a]보통 친구를 어디에서 만나요?
B [b]명동에서 만나는 편이에요.

(1) [a]짠 음식을 좋아하다 / [b]짜게 먹다

(2) [a]운동화를 자주 신다 / [b]자주 신다

(3) [a]이 마트는 과일이 싸다 / [b]아주 싸다

語彙 □뮤지컬：ミュージカル

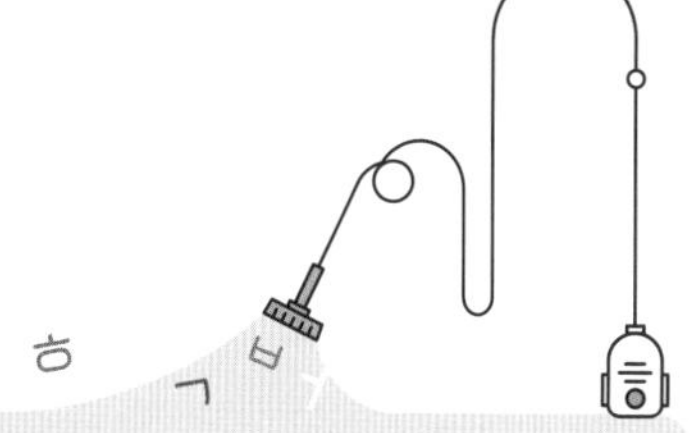

❷ V-는데, A-(으)ㄴ데, N인데　～ので、～から

あることをする理由や根拠を表すときに使います。また、何かを提案する前に、それを提案する背景や状況を説明するときにも使います。

4-3

1

서준　우리 오늘 스케이트 타러 갈까? 시청 앞에 스케이트장이 있어.

승윤　거기는 밖이어서 추울 거야. 날씨가 **추운데** 실내 스케이트장으로 가자.

서준　그럼, 잠실에 있는 스케이트장으로 갈까?

승윤　좋아. 길이 많이 **막히는데** 지하철을 타고 가자.
[마키는데]

2

승윤　안나 씨 생일 선물을 **사야 되는데** 좀 도와주세요.

유라　안나 씨는 화장하는 걸 **좋아하는데** 화장품을 선물하는 게 어때요?

승윤　그게 좋겠네요. 그런데 뭘 사야 돼요?

유라　립스틱은 어때요? 안나 씨는 분홍색이 잘 **어울리는데** 분홍색 립스틱을 선물하세요.

参考 ▸ 初級 ❷ 8課、18課 -는데、-(으)ㄴ데、인데が理由を表すときは、主に後ろに-(으)세요（～してください）、-자（～しよう）のような表現を使います。-는데、-(으)ㄴ데、인데には対照、説明の意味もあります。

4課

練習 3　それぞれの文の表現が適切であれば○を、そうでなければ×を付けてください。

(1) 너무 시끄러우는데 조용히 해 주세요.　(　　)

(2) 이 식당은 너무 비싼데 다른 식당에 가요.　(　　)

(3) 내일부터 백화점 세일인데 같이 쇼핑하러 갈까요?　(　　)

練習 4　例のaの部分を(1)～(3)の語句と入れ替え、それぞれ適切な表現にして話す練習をしてみましょう。

例
A 내일 등산하러 갈까요?
B 내일은 [a]일이 많은데 다음에 가요.

(1) 약속이 있다

(2) 날씨가 덥다

(3) 학교에 가야 되다

語彙 □스케이트장：スケート場　□실내：室内　□립스틱：リップスティック、口紅　□분홍색：ピンク色

リーディング練習

1 文を読んで質問に答えてください。

제목 제 성격을 바꾸고 싶어요.

안녕하세요. 저는 서울에 사는 회사원입니다. 저는 요즘 고민이 있습니다.

회사에 들어온 지 6개월쯤 됐는데 회사 생활이 좀 힘들어요. 저는 사람을 사귈 때 시간이 오래 **걸리는 편이에요**. 한번 친해지면 오래 사귀지만 사람을 처음 만날 때는 너무 긴장이 돼서 말을 잘 못해요. 그런데 저하고 같이 입사한 동기는 **발이 넓고** 사람들과도 쉽게 **친해지는 편이에요**. 그래서 저희 회사 사람들이 모두 그 동기를 좋아하고요. 사람들과 쉽게 친해지는 그 동기가 정말 부러워요.

제가 회사에서 하는 일이 새로운 사람들과 자주 만나야 되는 일이에요. 그래서 회사에서 근무할 때 제 성격 때문에 스트레스를 많이 받아요. 어떻게 하면 저도 처음 만나는 사람과 쉽게 친해질 수 있을까요?

저의 이런 성격이 정말 **고민인데** 좋은 방법 좀 알려 주세요.

이전 ← → 다음

(1) この人はなぜこの文を書きましたか？

① 이 사람은 취직을 하고 싶어서 이 글을 썼다.
② 이 사람은 자신의 성격을 고치고 싶어서 이 글을 썼다.
③ 이 사람은 고민이 있는 친구를 돕고 싶어서 이 글을 썼다.
④ 이 사람은 회사 사람들 때문에 스트레스를 받아서 이 글을 썼다.

(2) この人はなぜ同期をうらやましいと思っていますか？

➡ ____________________

語彙 □바꾸다：変える　□입사하다：入社する　□동기：同期

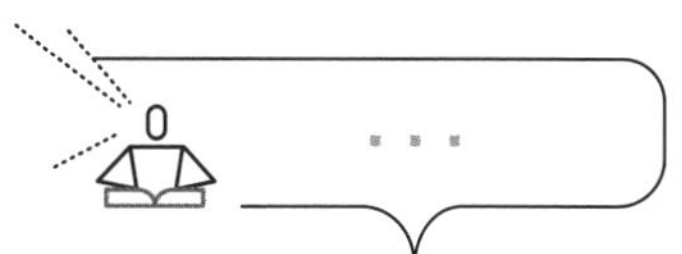

⑶ 初めて会う人と話すのにふさわしい話題には何がありますか？　また、簡単に仲良くなる方法には何がありますか？　それぞれの項目について書き出し、この人に助言してください。

처음 만나는 사람과 이야기하기 좋은 주제	
처음 만나는 사람과 쉽게 친해지는 방법	

⑷ 皆さんの国では、初めて会う人に言ってはいけない言葉やしてはいけない行為がありますか？　それぞれの項目について書き出し、話してください。

처음 만나는 사람한테 하면 안 되는 말	
처음 만나는 사람한테 하면 안 되는 행동	

表現plus

발이 넓다

顔が広い
親しい人や知り合いが多い。

- 서준 씨는 **발이 넓어서** 회사에서 서준 씨를 모르는 사람이 없어요.
  ソジュンさんは顔が広いので、会社でソジュンさんを知らない人はいません。
- 지은 씨가 **발이 넓으니까** 지은 씨한테 물어보면 그 사람의 연락처를 알 수 있을 거예요.
  ジウンさんは顔が広いから、ジウンさんに聞けばその人の連絡先が分かると思います。

語彙 □조언하다：助言する　□연락처：連絡先

やってみよう

1 音声を聞いて質問に答えてください。

(1) 여자는 왜 라디오를 자주 듣습니까?

(2) 남자는 언제부터 라디오를 많이 들었습니까?

(3) 남자는 요즘 언제 라디오를 듣습니까?

2 音声を聞いて空欄に当てはまる語句を書いてください。

(1) 여자는 ________________ (-(으)ㄹ 때) 기분이 좋다.

(2) 남자는 ________________ (-는) 자기 성격이 답답할 때가 있다.

3 皆さんは何をするときに気分がいいですか？　それぞれの項目について書き出し、例を参考に話してください。

	좋아하는 일	그 일을 할 때 기분
에릭	퇴근한 후 집에서 야구 경기 보는 것을 좋아한다.	스트레스가 다 사라지는 것 같다.

저는 야구 경기 보는 걸 좋아하는 편이에요. 그래서 퇴근한 후에 집에서 맥주를 마시면서 야구 경기를 봐요. 저는 이때 제일 기분이 좋아요. 이렇게 야구 경기를 보면 스트레스가 다 사라지는 것 같아요.

語彙 □라디오：ラジオ　□변화：変化　□조금씩：少しずつ　□도전하다：挑戦する
□일부러：わざわざ　□경기：競技、試合　□사라지다：消える、なくなる　□맥주：ビール

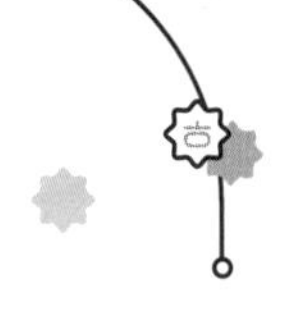

4

皆さんは新しい経験をしたことがありますか？　そのときの気分はどうでしたか？　これからどんな新しい経験をしたいですか？　それぞれの項目について書き出し、例を参考に話してください。

저는 대학교 때 영화에 출연해 본 적이 있어요. 아르바이트를 하는 역할이었는데 남자 주인공하고 이야기하는 장면도 찍었어요. 저는 평소에 조용한 편이었는데 영화에 출연하고 자신감이 많이 생겼어요. 그리고 영화 만드는 일에도 관심이 많아졌어요. 그래서 다음에는 영화 만드는 일을 해 보고 싶어요.

언제 경험했어요?	
어떤 경험이었어요?	
기분이 어땠어요?	
앞으로 어떤 경험을 하고 싶어요?	

5

4で話した内容を整理し、「私の新しい経験」について作文してください。

語彙 □경험：経験　□출연하다：出演する　□역할：役割、役柄
□장면：場面、シーン　□자신감：自信

今日の日記

この日記には間違いが 4 か所あります。よく読んで間違いを直してください。

8월 12일

나는 카페에서 시간 보내는 걸 좋아한 편이다.

요즘 날씨가 더워서 사람들이 카페에서 시간을 많이 보낸 편이다.

"오늘 심심하는데 카페에 놀러 가자." 친구한테 이렇게 전화가 왔다.

그래서 친구하고 커피를 마시러 카페에 갔다.

오늘 간 카페는 사진을 찍으면 사진이 예쁘게 나와서 유명해진 곳이다.

"여기 정말 예쁜데 사진 좀 찍어 줘." 친구가 이렇게 말했다.

나는 사진을 잘 찍는 편이어서 친구를 예쁘게 찍어 줬다.

요즘에는 이렇게 사진을 예쁘게 찍을 수 있는 카페가 인기가 많는 편이다.

1	좋아한 편이다	▶	좋아하는 편이다
2		▶	
3		▶	
4		▶	

語彙 □유명하다：有名だ

理解度チェック

語彙

1 この課の新出語彙です。覚えた語彙には✓を付けてください。

☐ 밝다	☐ 회색	☐ 뮤지컬	☐ 스케이트장
☐ 실내	☐ 립스틱	☐ 분홍색	☐ 바꾸다
☐ 입사하다	☐ 동기	☐ 발이 넓다	☐ 조언하다
☐ 연락처	☐ 라디오	☐ 변화	☐ 조금씩
☐ 도전하다	☐ 일부러	☐ 경기	☐ 사라지다
☐ 맥주	☐ 경험	☐ 출연하다	☐ 역할
☐ 장면	☐ 자신감	☐ 유명하다	

分からない語彙が5つ以上あれば、学習内容をおさらいして覚えてください。

4課

表現

2 与えられた語句をこの課で習った適切な表現にして、文を完成させてください。

A 오늘 수업도 ☐☐☐ 같이 놀이공원에 놀러 갈래요?
(없다)

B 놀이공원은 표가 ☐☐ ☐☐☐☐. 놀이공원 말고 영화관에 가요.
(비싸다)

- -는 편이다、-(으)ㄴ 편이다を使って事実や状況がどちらのほうに近いか表現できますか？ ☐
- -는데、-(으)ㄴ데、인데を使ってある事柄についての理由や根拠を話せますか？ ☐

分からない表現があれば、文法のページを復習してください。

5

물건을 확인하자마자 반품하는 게 좋아요

品物を確認したらすぐ返品したほうがいいです

学習目標

・-고 나서や-자마자を使って、ある出来事が起こる順序を表現できる

文法

・～してから、～し終えて
・～したらすぐに、～するやいなや

5-1 スンユンさんとジウンさんの会話を聞いて答えてください。

1 インターネットで買った品物を払い戻してもらうときは、いつまでに会社へ送らなければなりませんか？

2 皆さんが最近買った物は何ですか？ それが気に入りましたか？

文法

❶ V-고 나서　～してから、～し終えて

動詞の後に付いて、ある行動を終えた後に別の行動をすることを表します。

1

민호　지은 씨, 영화 시작 시간이 좀 남았는데 차 마시러 갈까요?

지은　오늘 점심을 일찍 먹어서 너무 배가 고픈데 밥부터 먹어요.

민호　그래요. 밥 **먹고 나서** 영화를 보러 가요.

지은　그럼, 차는 영화 **보고 나서** 마시러 가요.

2

유라　지은아, 소파는 샀어?

지은　아니. 인터넷으로 찾아보고 있는데 아직 안 샀어. 직접 **보고 나서** 사고 싶어서.

유라　그럼 급하게 사지 말고 **이사하고 나서** 사는 건 어때?

지은　그게 좋겠다. 다음에 소파 보러 갈 때 같이 가 줄 수 있지?

参考　-고 나서の前には時制を表す-았/었-、-겠-などを使うことはできません。

練習1　**それぞれの文の表現が適切であれば○を、そうでなければ×を付けてください。**

(1) 물건을 계산하고 나서 포장해 드릴게요.　(　　)

(2) 이 책을 다 읽겠고 나서 새 책을 빌릴 거예요.　(　　)

(3) 아픈 아이가 잠을 잤고 나서 기분이 많이 좋아졌어요.　(　　)

練習2　**例のaの部分を(1)～(3)の語句と入れ替え、それぞれ適切な表現にして話す練習をしてみましょう。**

例
A 언제 밥을 먹을 거예요?
B [a]숙제하고 나서 먹을 거예요.

(1) 짐을 다 싸다

(2) 부모님하고 통화하다

(3) 친구한테 메일을 보내다

語彙 □직접：直接　□계산하다：計算する、(支払いのため) 勘定をする　□포장하다：包装する　□메일：メール

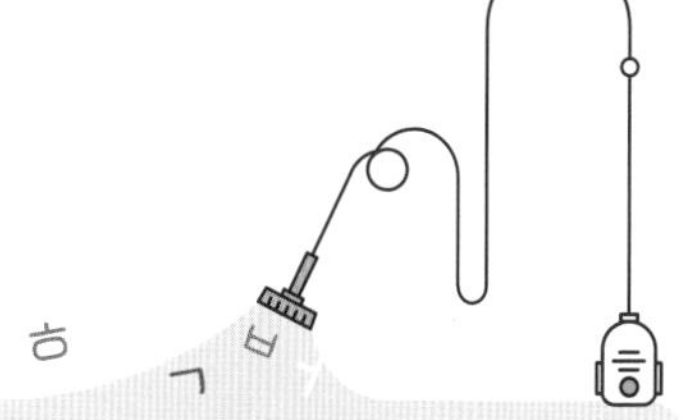

❷ V-자마자　～したらすぐに、～するやいなや

動詞の後に付いて、ある事柄が終わってすぐに別の状況が生じることを表します。

5-3

1

민호 유라 씨, 점심 **먹자마자** 바로 일하는 거예요?

유라 오늘 오후까지 써야 되는 보고서가 있어서요.

민호 그래도 소화 좀 시키고 일하는 게 어때요? 커피 한잔 마시고 나서 일하세요.

유라 회의 **끝나자마자** 메일로 보고서를 보내기로 했는데 아직 못 보내서요.

2

민호 지은 씨, 여행은 즐거웠어요?

지은 네, 정말 재미있었어요. 그런데 공항에 **도착하자마자** 회사에 출근해서 조금 피곤해요.

민호 아, 공항에서 바로 출근한 거예요? 정말 피곤하겠어요.

지은 네, 그래서 오늘은 **퇴근하자마자** 집에 가려고요.

参考 -자마자の前には時制を表す-았/었-、-겠-などを使うことはできません。

練習 3 それぞれの文の表現が適切であれば○を、そうでなければ×を付けてください。

(1) 음식을 만들자마자 먹었어요.　(　　)

(2) 아침에 일어났자마자 물을 마셨어요.　(　　)

(3) 내일은 일을 마치자마자 집으로 올게요.　(　　)

練習 4 例のa、b、cの部分を(1)～(3)のa、b、cの語句と入れ替え、それぞれ適切な表現にして話す練習をしてみましょう。

例
A [a]이 휴대 전화를 벌써 샀어요?
B [b]어제 휴대 전화가 나오자마자 [c]샀어요.

(1) [a]언제 약을 먹다 / [b]밥을 다 먹다 / [c]먹다

(2) [a]집에 가서 뭐 하다 / [b]집에 가다 / [c]컴퓨터를 켜다

(3) [a]언제 화장품을 바르다 / [b]세수하다 / [c]바르다

語彙 □소화：消化　□바르다：塗る

リーディング練習

1 文を読んで質問に答えてください。

제목 사이즈가 안 맞아서 교환하고 싶어요.

작성자 안나 **날짜** 1. 30.

지난주에 이 사이트에서 신발을 구매한 사람인데요. 어제 신발을 **받자마자** 신어 봤는데 사이즈가 작아요. 한 사이즈 큰 걸로 교환하고 싶은데 어떻게 해야 될까요?

작성자 관리자 **날짜** 1. 31.

불편을 드려서 죄송합니다. 고객님께서 주문하신 까만색은 모두 품절이라서 교환이 어렵습니다. 죄송하지만 다른 색으로 교환하시거나 환불을 받으셔야 될 것 같습니다. 지금 구매하실 수 있는 색은 하얀색, 파란색입니다. 사이트에서 다른 색 신발을 **보시고 나서** 고객 센터로 연락해 주시면 교환해 드리겠습니다.

환불하고 싶으시면 배송료 5000원과 제품을 함께 택배로 보내 주시기 바랍니다. 저희가 그 택배를 **확인하고 나서** 환불해 드리겠습니다.

보내 주시기 바랍니다
V-기 바랍니다は、話し手の願望を表現するときに使います。通常、他者に「こうしてほしい」と言うときに使います。

例 여러분, 조용히 해 주시기 바랍니다.
皆さん、静かにしてください。

(1) アンナさんはなぜこの文章を書きましたか？

① 신발이 불편해서 환불하고 싶어서 이 글을 썼다.
② 신발을 큰 사이즈로 교환하고 싶어서 이 글을 썼다.
③ 신발을 다른 색으로 교환하고 싶어서 이 글을 썼다.
④ 신발을 다른 디자인의 제품으로 교환하고 싶어서 이 글을 썼다.

語彙 □작성자：作成者（この場合はメールの作成者：差出人のこと） □사이트：サイト、ウェブサイト □구매하다：購入する □관리자：管理者 □고객：顧客 □고객 센터：顧客センター、カスタマーセンター □배송료：送料 □제품：製品

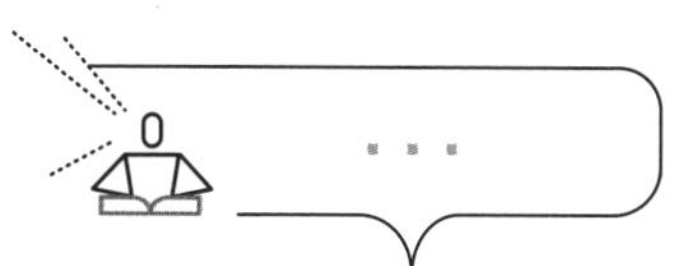

⑵ アンナさんが靴を払い戻ししたければ、どうすればよいですか？

➡

⑶ 皆さんがアンナさんだったら、靴を交換しますか？　払い戻ししますか？　その理由は何ですか？　どちらかを選んで理由を書き出し、それについて話してください。

	교환한다 ☐	환불한다 ☐
이유는 무엇입니까?		

⑷ 皆さんはインターネットショッピングをよく利用しますか？　その理由はなんですか？　どちらかを選んで理由を書き出し、それについて話してください。

	자주 이용한다 ☐	자주 이용하지 않는다 ☐
이유는 무엇입니까?		

5課

表現plus

품절

品切れ
品物がすべて売れてしまい、残っていないこと。
比較 売り切れ。チケットや品物がすべて売れてしまい、残っていないこと。

- 이 가방은 **품절**이라서 더 이상 살 수 없어요.
  このかばんは品切れなので、もう買えません。
- 9시 영화가 **매진**이라서 11시 영화표를 샀어요.
  9時の映画が売り切れなので、11時の映画のチケットを買いました。

やってみよう

1

音声を聞いて質問に答えてください。

(1) 남자한테 설명서가 없는 이유는 무엇입니까?

① 친구한테 설명서를 빌려줘서
② 전자레인지를 받자마자 버려서
③ 전자레인지를 받고 잃어버려서
④ 전자레인지를 살 때 못 받아서

(2) 두 사람은 앞으로 어떻게 할 생각입니까?

2

皆さんは品物を買ってから説明書をきちんと読むほうですか？　説明書を読んで理解できなかったらどうしますか？　それぞれの項目について書き出し、例を参考にして話してください。

	설명서를 잘 읽습니까?	이해가 안 될 때 어떻게 합니까?
안나	설명서를 잘 읽는다.	인터넷으로 제품 사용 방법에 대한 동영상을 찾아본다.

例 저는 물건을 사고 나서 설명서를 잘 읽어 봐요. 그런데 한국어로 쓴 설명서는 좀 어려워요. 그래서 이해가 안 될 때가 있어요. 그때는 인터넷으로 제품 사용 방법에 대한 동영상을 찾아보는 편이에요.

3

音声を聞いて空欄に当てはまる語句を書いてください。

(1) 남자는 코트가 ＿＿＿＿＿＿(-고), 색깔이 ＿＿＿＿＿＿(-아서/어서) 마음에 안 든다.

(2) 여자는 인터넷으로 물건을 살 때 ＿＿＿＿＿＿＿＿＿＿(-고 나서) 산다.

語彙 □전자레인지：電子レンジ　□설명서：説明書　□상자：箱　□뜯다：(封などを) 開ける　□코트：コート　□잘못：誤り、間違い　□어둡다：暗い　□후기：後記、レビュー　□모델：モデル　□믿다：信じる

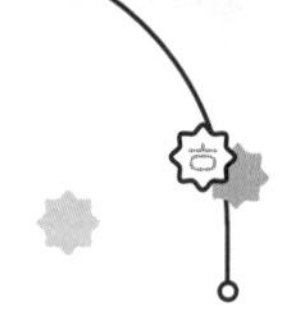

4

皆さんはインターネットで物を買うとき、レビューを読みますか？　レビューにはどんな内容が書いてありましたか？　それぞれの項目について書き出し、例を参考にして話してください。

저는 어떤 물건을 사기 전에 사람들이 물건을 받고 나서 쓴 후기를 많이 읽는 편이에요. 후기 중에서 주로 안 좋은 글을 읽어 봐요. 사람들이 물건을 사용해 보고 좋으면 후기를 잘 안 쓰지만 나쁘면 많이 써요. 저도 지난번에 신발을 샀는데 너무 안 좋아서 후기를 쓴 적이 있어요. "이 신발은 싸지만 너무 불편해서 신을 수 없어요." 이렇게 후기를 썼어요.

후기를 읽고 나서 물건을 삽니까?	
후기에는 어떤 내용이 있었습니까?	
물건을 사고 나서 후기를 쓴 적이 있습니까?	

5

皆さんが買った物の中から一つ選び、それについてのレビューを書いてください。

語彙 □지난번：この前、このあいだ

今日の日記

この日記には間違いが３か所あります。よく読んで間違いを直してください。

3월 7일

나는 가수 라라를 정말 좋아한다. 한국에 오기 전에는 라라를 몰랐는데 한국 방송에서 이 가수가 노래하는 모습을 봐고 나서 좋아졌다.

오늘은 이 가수의 콘서트 표를 판매하는 날이다. 이 가수의 콘서트는 표가 금방 매진이 돼서 빨리 사야 된다. 그래서 판매 사이트에 로그인을 했고 나서 10시가 되는 것을 기다렸다. 그 시간 동안 정말 긴장이 됐다. 10시가 됐자마자 표를 샀다. 표를 판매한 지 10분도 안 돼서 매진이 되었다.

콘서트는 다음 달 15일에 한다. 그날은 평일이라서 회사가 끝나자마자 콘서트에 갈 것이다. 빨리 그날이 왔으면 좋겠다.

TICKET

1	봐고 나서 ▶	보고 나서
2	▶	
3	▶	

語彙 □판매하다：販売する　□로그인：ログイン

理解度チェック

語彙

1 この課の新出語彙です。覚えた語彙には✓を付けてください。

□ 환불	□ 확인하다	□ 직접	□ 계산하다
□ 포장하다	□ 메일	□ 소화	□ 바르다
□ 작성자	□ 사이트	□ 구매하다	□ 관리자
□ 고객	□ 품절	□ 고객 센터	□ 배송료
□ 제품	□ 매진	□ 전자레인지	□ 설명서
□ 상자	□ 뜯다	□ 코트	□ 잘못
□ 어둡다	□ 후기	□ 모델	□ 믿다
□ 지난번	□ 판매하다	□ 로그인	

分からない語彙が5つ以上あれば、学習内容をおさらいして覚えてください。

5課

表現

2 与えられた語句をこの課で習った適切な表現にして、文を完成させてください。

A 여보세요? 유라야, 내가 지갑을 놓고 나왔어. 내 지갑이 책상 위에 있어?

B 미안, 나도 잠깐 외출했어. 집에 □□□□□□ 확인해 볼게.
(들어가다)

A 응, 그래. 고마워. □□□□□□ 꼭 연락해 줘.
(확인하다)

・-고 나서や-자마자を使って、ある出来事が起こる順序を表現できますか？ □

分からない表現があれば、文法のページを復習してください。

6

스페인어도 할 줄 알아요?

スペイン語もできますか?

学習目標

- -다가を使ってある行動や状況が転換されることを表現できる
- -(으)ㄹ 줄 알다を使ってある事柄をする能力があるかないかを表現できる

文法

- ～していて、～する途中に
- ～することができる、～仕方が分かる

6-1

ミノさんとスンユンさんの会話を聞いて答えてください。

1 ミノさんが交換学生の申請に合格したら、どこで勉強できますか？

2 皆さんは韓国語ではない別の外国語を勉強した経験がありますか？

文法

❶ V-다가　～していて、～する途中に

動詞の後に付いてある行動を止めて他の行動をすることや、ある状態が止まって他の状況が生じたことを表すときに使います。

1

민호　학교에 **오다가** 영화 '다시 만나서 행복해' 광고를 봤는데 이 영화 봤어요?

지은　네, 지난 주말에 봤는데 재미없었어요.

민호　아, 그래요?

지은　너무 재미없어서 영화를 **보다가** 잠이 들었어요.

2

지은　승윤 씨, 오늘 민호 씨 봤어요?

승윤　네. 아까 식당에 **가다가** 잠깐 만났어요. 그런데 왜요?

지은　**공부하**다가 모르는 것이 있어서 물어보려고 했어요.

승윤　모르는 게 뭔데요? 제가 도와드릴게요.

参考 -다가の前には時制を表す-았/었-、-겠-を使いません。

練習 1 それぞれの文の表現が適切であれば○を、そうでなければ×を付けてください。

(1) 스키를 배우다가 그만뒀어요.　(　　)

(2) 책을 읽겠다가 모르면 전화하세요.　(　　)

(3) 어제 운동했다가 친구한테 전화가 와서 받았어요.　(　　)

練習 2 例のaの部分を(1)～(3)の語句と入れ替え、それぞれ適切な表現にして話す練習をしてみましょう。

例
A 승윤 씨, 여기에서 뭐 해요?
B [a]숙제를 하다가 잠이 들었어요.

(1) 공부를 하다

(2) 일기를 쓰다

(3) 단어를 외우다

語彙 □잠이 들다：眠りにつく、寝入る

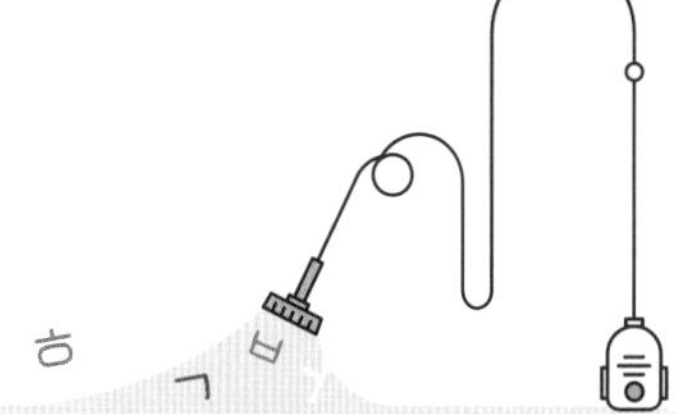

❷ V-(으)ㄹ 줄 알다　～することができる、～仕方が分かる

動詞の後に付いて、ある事柄をする能力があることや、その事柄をする方法を知っていることを表すときに使います。

6-3

1

민호　승윤 씨, 지금 뭐 하고 있어요?

승윤　음식 만들고 있었어요. 오늘 저녁에 친구들을 집에 초대해서요. 민호 씨, 파스타 **만들 줄 알아요**?

민호　아르바이트 할 때 배워서 **할 줄 알아요**. 좀 도와드릴까요?

승윤　네. 제가 소스를 **만들 줄 모르는데** 좀 도와주세요.

2

지은　유라야, 너 **운전할 줄 알지**? 우리 이번에 제주도 가면 차를 빌려서 여행하자.

유라　그래, 좋아. 운전은 내가 할게.

지은　그럼, 관광지랑 맛있는 음식점은 내가 알아볼게.

유라　그래. 아, 그리고 나 **수영할 줄 모르는데** 이번에 여행 가면 좀 가르쳐 줘.

参考　-(으)ㄹ 줄 모르다はある事柄をする能力がないことを表すときに使用します。

練習 3　それぞれの文の表現が適切であれば○を、そうでなければ×を付けてください。

(1) 메일을 보낸 줄 알아요?　(　　)

(2) 저는 기타를 쳘 줄 알아요.　(　　)

(3) 승윤 씨는 넥타이를 맬 줄 몰라요.　(　　)

練習 4　例のa、bの部分を(1)～(3)のa、bの語句と入れ替え、それぞれ適切な表現にして話す練習をしてみましょう。

例
A　[a]어떤 외국어를 할 줄 알아요?
B　[b]중국어를 할 줄 알아요.

(1) 어떤 운동을 하다 / 스키를 타다

(2) 무슨 악기를 연주하다 / 바이올린을 켜다

(3) 무슨 음식을 만들다 / 김치찌개를 만들다

語彙　□소스：ソース　□음식점：飲食店　□중국어：中国語

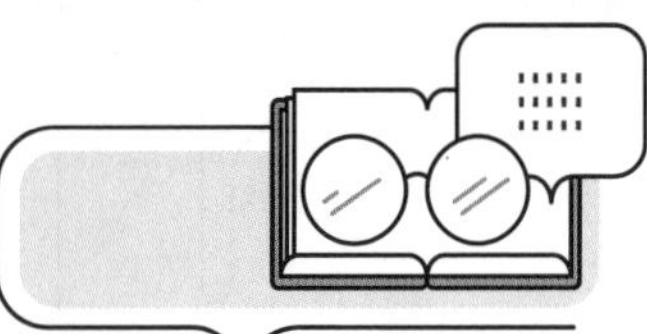

リーディング練習

1 文を読んで質問に答えてください。

이번 여름, 나는 대학생들 80명과 캄보디아의 학교로 열흘 동안 봉사 활동을 다녀왔다. 우리들은 학교를 수리하는 팀과 캄보디아 학생들을 가르치는 팀으로 나뉘었다.

학교를 수리하는 팀은 오래된 학교 벽에 페인트를 칠하고 학교 주변 청소를 도왔다. 처음에는 할 일이 너무 많아서 **눈앞이 캄캄했는데** 여러 사람이 함께 일하니까 별로 힘들지 않았다. 학생들을 가르치는 팀은 캄보디아 학생들한테 오전에는 영어를, 오후에는 한국어를 가르쳤다. 악기를 **연주할 줄 아는** 대학생들은 캄보디아 학생들한테 악기 연주 방법과 한국 노래를 가르쳐 주었다.

봉사 활동을 떠나기 전에는 걱정이 많았는데, 나한테 정말 의미 있는 시간이 되었다. 헤어질 때는 인사를 **하다가** 눈물을 흘리는 학생들도 있었다. 나는 캄보디아 말을 **할 줄 몰라서** 학생들과 이야기를 많이 할 수 없었다. 그래서 조금 아쉬웠다. 다음에 봉사 활동을 할 때는 좀 더 많이 준비를 해서 가고 싶다.

(1) ボランティア活動をしに行った人たちが、カンボジアでしたこと<u>ではないもの</u>を選んでください。

① 학교 주변을 청소했다.
② 오래된 학교 벽에 페인트를 칠했다.
③ 학생들한테 캄보디아 노래를 가르쳐 주었다.
④ 학생들한테 한국어와 영어를 가르쳐 주었다.

(2) この人は何が残念でしたか？

語彙 □캄보디아：カンボジア　□열흘：十日　□나뉘다：分ける　□오래되다：古くなる　□벽：壁
□페인트를 칠하다：ペンキを塗る　□떠나다：旅立つ、出発する　□의미 있다：意味がある　□눈물을 흘리다：涙を流す

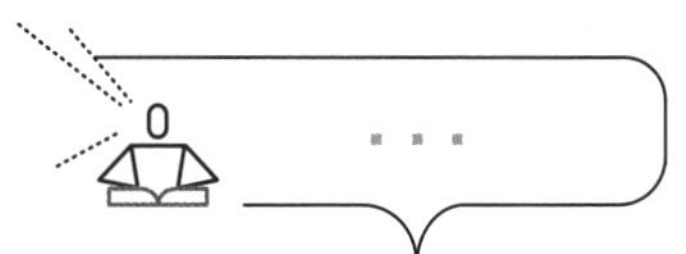

(3) 皆さんもボランティア活動をしたことがありますか？　どんなことをしましたか？ それぞれの項目について書き出し、話してください。

언제 봉사 활동을 했어요?	
어떤 일을 했어요?	
하고 난 후에 어땠어요?	

(4) 皆さんはどんなボランティア活動をしたいですか？　それぞれの項目について書き出し、話してください。

누구를 돕고 싶어요?	
어떻게 돕고 싶어요?	
왜 하고 싶어요?	

6課

表現plus

눈앞이 캄캄하다

目の前が真っ暗だ
この先起こることに対して希望が見えない。

• 이번 달 월세로 내야 할 돈을 잃어버려서 **눈앞이 캄캄해요.**
今月の家賃として払わなければならないお金をなくして、目の前が真っ暗です。

• 한국어로 발표해야 돼서 **눈앞이 캄캄했는데,** 유라 씨가 도와줘서 발표를 잘 마쳤어요.
韓国語で発表しなければならなくて目の前が真っ暗だったのですが、ユラさんが手伝ってくれて発表を無事に終えました。

語彙 □희망：希望

やってみよう

1 音声を聞いて質問に答えてください。

(1) 박은주 교수님 수업에서는 무엇을 할 줄 알아야 됩니까?

(2) 수강 신청은 어디에서 하는 것이 좋습니까?

2 音声を聞いて空欄に当てはまる語句を書いてください。

(1) 와이파이(Wifi)를 어떻게 연결할 수 있습니까?

(2) 여자가 인터넷을 연결해야 되는 이유는 무엇입니까?

3 韓国語能力試験に備えた勉強をしたことがありますか？　試験勉強をする際に難しい点は何ですか？　それぞれの項目について書き出し、例を参考にして話してください。

	어려운 점	어떻게 공부해요?
안나	한국어 속담을 외우기 어렵다.	속담 책을 사서 공부하고, 한국 친구랑 대화할 때 속담을 사용해 본다.

例 저는 한국어 능력 시험을 준비하고 있어요. 단어와 문법을 많이 공부하고 있는데 한국어 속담은 외우기 좀 어려워요. 그래서 속담 책을 사서 공부하고 있어요. 그리고 한국 친구를 만나면 대화하면서 속담을 사용해 봐요. 자주 사용하면 잘 기억할 수 있으니까요.

語彙 □수강 신청：受講申請　□연결하다：接続する　□비밀번호：パスワード
□입력하다：入力する　□속담：ことわざ　□한국어 능력 시험：韓国語能力試験、TOPIK　□누군가：誰か

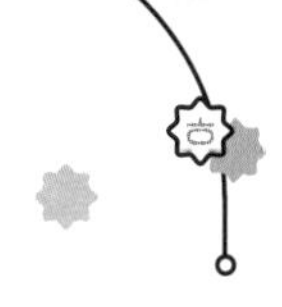

4 皆さんが知っている韓国のことわざはありますか？　皆さんの国には韓国のことわざと似ていることわざがありますか？　それぞれの項目について書き出し、例を参考にして説明してください。

例

한국 속담 중에는 호랑이가 나오는 속담이 많습니다. '호랑이도 제 말 하면 온다'도 호랑이가 나오는 한국 속담입니다. 그 자리에 없는 친구 이야기를 하고 있는데 그 친구가 나타난 적이 있으시죠? 이 속담은 어떤 사람의 이야기를 하고 있는데 그 사람이 그곳에 나타날 때 사용합니다. 중국에도 이것과 비슷한 속담이 있는데 '조조를 말하면 조조가 온다'입니다.

동물이 나오는 속담	
음식이 나오는 속담	
말을 주제로 하는 속담	

5 **4**で話した内容を整理し、「面白いことわざ」について作文してください。

語彙 □호랑이：トラ

6課

今日の日記

この日記には間違いが４か所あります。よく読んで間違いを直してください。

4월 6일

날씨가 좋아서 공원에서 친구하고 자전거를 탔다.
나는 자전거를 탔는 줄 아는데 친구는 자전거를 못 타서 내가 가르쳐 주었다.
처음에는 친구가 잘 못 탔는데 계속 연습하니까 많이 좋아졌다.
그런데 친구한테 자전거를 가르쳤다가 잘못해서 손을 좀 다쳤다.
친구도 자전거를 타겠다가 넘어져서 다리를 좀 다쳤다.
그래서 우리는 자전거 타는 걸 그만두고 치킨을 주문해서 먹었다.
내가 휴대 전화로 음식을 주문하는 줄 몰라서 친구가 주문해 주었다.
조금 다쳤지만 운동을 하고 나서 먹는 치킨이 정말 맛있었다.

1	탔는 줄 아는데	▶	탈 줄 아는데
2		▶	
3		▶	
4		▶	

理解度チェック

語彙

1 この課の新出語彙です。覚えた語彙には✓を付けてください。

- ☐ 교환 학생
- ☐ 대단하다
- ☐ 잠이 들다
- ☐ 소스
- ☐ 음식점
- ☐ 중국어
- ☐ 캄보디아
- ☐ 열흘
- ☐ 나뉘다
- ☐ 오래되다
- ☐ 벽
- ☐ 페인트를 칠하다
- ☐ 눈앞이 캄캄하다
- ☐ 떠나다
- ☐ 의미 있다
- ☐ 눈물을 흘리다
- ☐ 희망
- ☐ 수강 신청
- ☐ 연결하다
- ☐ 비밀번호
- ☐ 입력하다
- ☐ 속담
- ☐ 한국어 능력 시험
- ☐ 누군가
- ☐ 호랑이

分からない語彙が5つ以上あれば、学習内容をおさらいして覚えてください。

6課

表現

2 与えられた語句をこの課で習った適切な表現にして、文を完成させてください。

A 안나 씨, 바이올린을 ☐☐☐☐☐? (켜다)

B 네, 그런데 잘 못 켜요. 학교 다닐 때 ☐☐☐☐ 그만뒀어요. (배우다)

- -다가を使ってある行動や状況が転換されることを表現できますか？ ☐
- -(으)ㄹ 줄 알다を使ってある事柄をする能力があるかないかを表現できますか？ ☐

分からない表現があれば、文法のページを復習してください。

7

저기에 걸려 있는 원피스 어때?

あそこに掛かっているワンピースはどう？

学習目標

-아/어 있다や-아/어 놓다を使って、ある状態がずっと維持されていることを表現できる

文法

- ～している
- ～しておく

7-1

ユラさんとジウンさんの会話を聞いて答えてください。

1 ユラさんはなぜこの店で服を買わないでおこうと思いましたか？

2 皆さんはショッピングするときにいくつかの店を見て回りますか？　気に入ったらすぐに買いますか？

文法

❶ V-아/어 있다　～している

自動詞の後に付いて、ある行動が終わった後にその状態が変わらず続いていることを表します。

1

유라　승윤 씨, 지금 어디쯤이에요?

승윤　길이 막혀서 좀 늦을 것 같아요. 차가 계속 **서 있어요**.

유라　그래요? 그럼 커피숍에 **앉아 있을게요**. 도착하면 전화하세요.

승윤　미안해요. 금방 갈게요. 조금만 기다리세요.

2

유라　지은아, 내 책상 위에 **놓여 있는** 상자 보여?

지은　응, 보여. 이거 놓고 간 거야?

유라　응. 미안한데 승윤 씨한테 그것 좀 전해 줄 수 있어? 아마 지금 집 앞에 **와 있을** 거야.

지은　그래. 이것만 전해 주면 되지? 걱정하지 마.

参考 -아/어 있다の前には입다、신다、매다、먹다などの動詞は使いません。

練習1 それぞれの文の表現が適切であれば○を、そうでなければ×を付けてください。

(1) 교실 창문이 열리 있어요.　(　　)

(2) 강아지가 침대에 눕어 있어요.　(　　)

(3) 민호 씨가 빨간색 티셔츠를 입어 있어요.　(　　)

練習2 例のa、bの部分を(1)～(3)のa、bの語句と入れ替え、それぞれ適切な表現にして話す練習をしてみましょう。

例
A [a]친구들이 어디에 있어요?
B [b]저기 문 앞에 모여 있어요.

(1) [a]계란 / [b]냉장고 안에 들다

(2) [a]그 그림 / [b]제 방 벽에 붙다

(3) [a]서준 씨 / [b]엘리베이터 앞에 앉다

語彙 □위：上　□놓이다：置かれる　□전하다：渡す
□열리다：開く、開ける　□들다：入る　□붙다：付く、張り付く

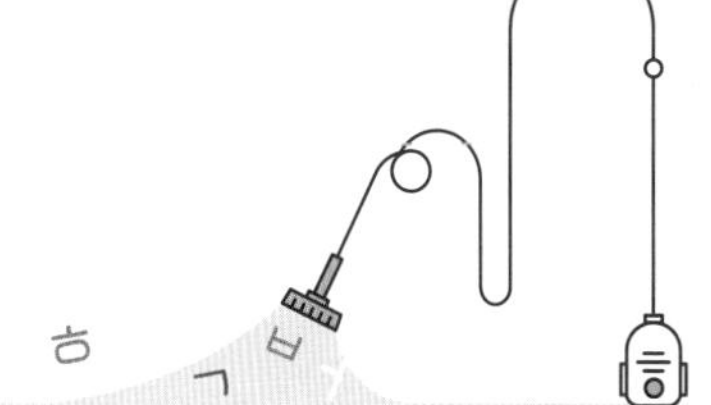

❷ V-아/어 놓다 ～しておく

動詞の後に付いて、ある行動を終えてその状態がずっと維持されていることを表します。

7-3

1

지은 승윤 씨, 저 집에 잠깐 가야 될 것 같아요.

승윤 무슨 일이에요? 제가 영화표 **예매해 놓았는데요**.

지은 에어컨을 **켜 놓고** 나온 것 같아요.

승윤 아, 그래요? 그럼 다녀오세요. 기다리고 있을게요.

2

유라 오늘 너무 추운데 왜 창문을 **열어 놓았어**?

지은 생선을 구워서 문을 **열어 놓았어**. 냄새가 많이 나서.

유라 아, 벌써 저녁 다 **만들어 놓은** 거야? 배가 고팠는데 고마워.

지은 내가 열심히 요리했으니까 맛있게 먹어.

参考 主に-아/어 있다はN이/가 V-아/어 있다の形で使い、-아/어 놓다はN을/를 V-아/어 놓다の形で使います。

7課

練習 3 それぞれの文の表現が適切であれば○を、そうでなければ×を付けてください。

(1) 제가 아기한테 옷을 입히 놓을게요. (　　)

(2) 밖에 나갈 때는 불을 꺼 놓고 나가야 한다. (　　)

(3) 지은 씨가 오기 전에 치킨을 주문해 놓았어요. (　　)

練習 4 例のaの部分を(1)～(3)の語句と入れ替え、それぞれ適切な表現にして話す練習をしてみましょう。

例
A 친구들이 집에 놀러 와요?
B 네, 그래서 [a]음식을 만들어 놓았어요.

(1) 청소를 하다

(2) 과일을 사다

(3) 피자를 시키다

語彙 □입히다：着せる　□끄다：(電源、明かりなどを) 切る、消す　□시키다：(料理などを) 注文する

リーディング練習

1 文を読んで質問に答えてください。

요즘 나는 주말마다 가죽 공예를 배우러 간다. 나도 예전에는 다른 사람들처럼 비싼 가방을 갖고 싶어 했다.

그런데 어느 날 나는 이런 생각을 했다.

'가게에 **놓여 있는** 비싼 가방보다 나한테만 있는 단 하나의 가방이 더 특별하지 않을까?'

그래서 내가 갖고 싶은 가방을 만들 수 있는 곳을 알아보았다. 처음에는 선생님이 먼저 **잘라 놓은** 가죽을 바느질해서 지갑을 만들었다. 지갑은 만들기 쉬운 편이었다. 지갑을 완성하고 나서 지갑에 이름을 **써 놓았다**. 내 이름이 **쓰여 있는** 지갑을 보니 정말 기분이 좋았다.

이번에는 가죽 가방을 만들고 있다. 내가 직접 고른 가죽을 잘라서 만드는 가방이라서 조금 더 특별한 느낌이다. 이 가방은 내가 오래 사용하다가 내 딸에게 꼭 주고 싶다. 딸의 옷장에 **걸려 있을** 가방을 생각하면 벌써부터 설렌다.

(1) この文の内容と同じものとして最も適切なものを選んでください。

① 이 사람은 딸한테 선물하고 싶어서 지갑을 만들었다.
② 가죽 가방을 만드는 것은 사는 것보다 돈이 많이 든다.
③ 이 사람은 지금도 다른 사람들처럼 비싼 가방을 갖고 싶어 한다.
④ 지갑을 만드는 것은 선생님이 가죽을 잘라 놓아서 별로 어렵지 않았다.

(2) この人はなぜレザークラフトを習っていますか？

語彙 □가죽 공예：革工芸、レザークラフト　□갖다：持つ、所持する　□단：ただ、たった　□바느질하다：裁縫する
□지갑：財布　□완성하다：完成する　□쓰이다：書かれる　□설레다：わくわくする、ときめく

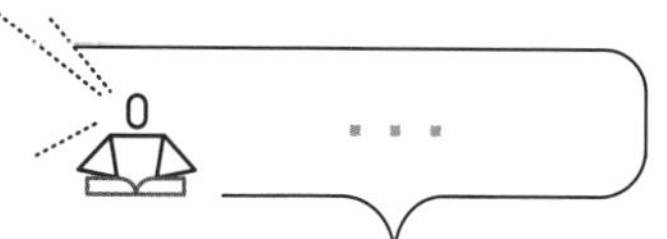

⑶ 皆さんは自分で物を手作りしたことがありますか？　それはどんな物ですか？
それぞれの項目について書き出し、話してください。

내가 직접 만든 물건	
언제 만들었어요?	
왜 만들었어요?	

⑷ 皆さんは今使っている物の中で、今後、子どもにあげたい物はありますか？
それぞれの項目について書き出し、話してください。

무엇을 주고 싶어요?	
왜 주고 싶어요?	

7課

表現plus

고르다

①選ぶ
複数あるものの中からいずれかを選択する。
②均等だ、平均している
複数あるものの高さ、大きさ、量などに差がなく同様である。

- 이 가방들 중에서 마음에 드는 것을 하나 **골라** 보세요.
  これらのかばんの中から気に入ったものを一つ選んでみてください。
- 승윤 씨는 모든 과목에서 **고른** 점수를 받았어요.
  スンユンさんはすべての科目で均等に点数を取りました。

語彙 □나중에：後で、後ほど　□선택하다：選択する　□차이：差、違い　□과목：科目

やってみよう

1 音声を聞いて質問に答えてください。

(1) 두 사람은 앞으로 뭘 하려고 합니까?

(2) 요즘은 티셔츠에 어떤 말들을 많이 씁니까?

2 皆さんが友達と一緒にTシャツをあつらえるとき、Tシャツにどのようなフレーズを入れたいですか？　その理由は何ですか？　それぞれの項目について書き出し、例を参考にして話してください。

	티셔츠에 쓰고 싶은 말	이유가 뭐예요?
에릭	우리는 하나	친구들과 하나가 된 기분을 느낄 수 있다.

例 우리 반 친구들과 같은 티셔츠를 입으면 재미있을 것 같아요. '우리는 하나' 저는 이렇게 쓰여 있는 티셔츠를 입고 싶어요. 이 말이 쓰여 있는 티셔츠를 입으면 정말 친구들과 하나가 된 기분을 느낄 수 있어서 힘이 날 것 같아요.

3 音声を聞いて質問に答えてください。

(1) 이번 주말에 어떤 벼룩시장을 합니까?

(2) 여자는 이 벼룩시장에서 무엇을 할 것입니까?

(3) 여자는 남자한테 왜 부탁을 했습니까?

語彙 □맞추다：合わせる、あつらえる　□웃기다：面白い、笑える　□벼룩시장：フリーマーケット　□사고팔다：売買する
□액세서리：アクセサリー　□장사：商売　□자신이 없다：自信がない

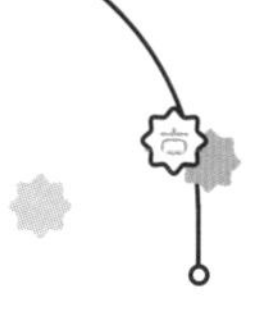

4

皆さんがフリーマーケットで売りたい物は何ですか？ 友達と特別なフリーマーケットを計画してみましょう。それぞれの項目について書き出して、例を参考にして発表してください。

例

저는 고양이와 강아지를 정말 좋아해요. 그래서 고양이와 강아지를 좋아하는 사람들이 모이는 벼룩시장을 열고 싶어요. 고양이와 강아지를 데려올 수 있는 공원이 벼룩시장 장소로 좋을 것 같아요. 벼룩시장에서 고양이와 강아지들한테 필요한 옷, 간식 등을 팔고 싶어요. 또 집에서 안 쓰는 물건들을 모아 놓고 사고팔면 좋겠어요. 이 돈을 모아서 주인이 없는 고양이나 강아지들을 돌보는 곳을 돕고 싶어요.

어떤 벼룩시장을 만들고 싶어요?	
어디에서 하고 싶어요?	
어떤 물건들을 팔고 싶어요?	

5

4で発表した内容を整理し、「フリーマーケット」のテーマで作文してください。

語彙 □데려오다：連れてくる □돌보다：世話する、面倒を見る □포스터：ポスター

今日の日記

この日記には間違いが4か所あります。よく読んで間違いを直してください。

5월 11일

외출한 후에 집으로 돌아왔는데 누군가 집에 있다가 간 것 같았다.

창문을 닫았 놓고 나갔는데 열려 있었다. 누가 연 것 같았다.

또 누군가가 텔레비전도 켰 놓았다.

그리고 작은 상자에 액세서리가 들러 있었는데 그 액세서리들도 상자 밖에 떨어져 있었다.

너무 무서워서 경찰에 전화를 하려고 했는데 방 안에서 소리가 났다.

가 보니까 고양이 한 마리가 집에 들어오 있었다.

모두 고양이가 집 안을 돌아다니면서 한 일들이었다.

집에 도둑이 들어온 게 아니어서 다행이었다.

語彙 □떨어지다：落ちる

理解度チェック

語彙

1 この課の新出語彙です。覚えた語彙には✓を付けてください。

☐ 돌아보다	☐ 바퀴	☐ 걸다	☐ 위
☐ 놓이다	☐ 전하다	☐ 열리다	☐ 들다
☐ 붙다	☐ 입히다	☐ 끄다	☐ 시키다
☐ 가죽 공예	☐ 갖다	☐ 단	☐ 바느질하다
☐ 지갑	☐ 완성하다	☐ 쓰이다	☐ 고르다
☐ 설레다	☐ 나중에	☐ 선택하다	☐ 차이
☐ 과목	☐ 맞추다	☐ 웃기다	☐ 벼룩시장
☐ 사고팔다	☐ 액세서리	☐ 장사	☐ 자신이 없다
☐ 데려오다	☐ 돌보다	☐ 포스터	☐ 떨어지다

分からない語彙が5つ以上あれば、学習内容をおさらいして覚えてください。

2 与えられた語句をこの課で習った適切な表現にして、文を完成させてください。

A 유라 씨, 오늘 우리 집에 놀러 오세요.
제가 맛있는 음식을 ☐☐☐☐☐☐☐.
(만들다(-았어요/었어요))

B 와, 정말요? 그런데 제가 도서관에 잠깐 가야 돼요.
먼저 집에 ☐☐☐☐. 금방 갈게요.
(가다)

・-아/어 있다や-아/어 놓다を使って、ある状態がずっと維持されていることを表現できますか？ ☐

分からない表現があれば、文法のページを復習してください。

8

승무원이 되려면 어떻게 해야 될까요?

乗務員になるにはどうすればいいでしょうか？

学習目標

- -(으)려면を使って、ある行動をする意図があることを仮定して話せる
- -아야/어야を使って、ある事柄が起こり得るための条件を話せる

文法

- ～しようとするなら、～するには
- ～してこそ、～（で）こそ

8-1

先輩と後輩の会話を聞いて答えてください。

1 乗務員になるにはどうすればいいですか？

2 乗務員に最も必要な条件は何でしょうか？

文法

❶ V-(으)려면　～しようとするなら、～するには

動詞の後に付いて、ある行動をする意図と、これから起こることを仮定して表現するときに使います。

1

유라　주말에도 안 쉬고 공부하는 거예요?

승윤　중국어를 배우고 있는데 수업을 **들으려면** 주말밖에 시간이 안 돼서요.

유라　와, 대단하네요. 중국어 배워서 뭐 하고 싶은데요?

승윤　중국에 교환 학생으로 가고 싶어요.
교환 학생으로 **가려면** 중국어 점수가 필요해서 공부하고 있어요.

2

민호　이번에 베이징에 가려고 하는데요. 중국에 **가려면** 비자가 있어야 돼요?

승윤　네, 중국에 갈 때 비자가 필요해요.

민호　비자를 **신청하려면** 어떤 서류가 필요해요?

승윤　여권이랑 여권 사진 등이 필요해요. 직접 신청하거나 여행사에서 신청할 수 있어요.

練習1　それぞれの文の表現が適切であれば○を、そうでなければ×を付けてください。

(1) 가수가 되려면 노래를 잘해야 돼요.　(　　)

(2) 피자를 먹려면 전화로 주문해야 돼요.　(　　)

(3) 공공장소에서 음악을 듣으려면 이어폰이 필요해요.　(　　)

練習2　例のa、bの部分を(1)～(3)のa、bの語句と入れ替え、それぞれ適切な表現にして話す練習をしてみましょう。

例
A [a]사장님을 만나고 싶어요.
B [a]사장님을 만나려면 [b]2층 사무실로 가세요.

(1) [a]사진을 예쁘게 찍다 / [b]남산에 가 보다

(2) [a]싸고 좋은 가방을 사다 / [b]동대문 시장에 가다

(3) [a]박 선생님을 만나다 / [b]먼저 선생님께 전화해 보다

語彙　□비자：ビザ　□이어폰：イヤホン

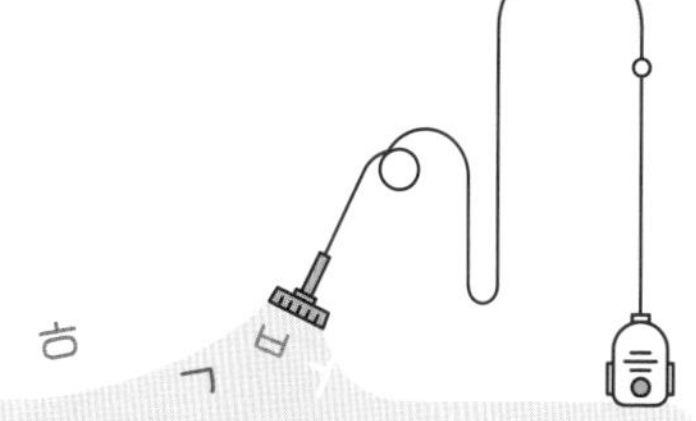

❷ V/A-아야/어야　～してこそ、～（で）こそ

後節の状況になるためには、前節の行為や状況が成り立たなければならないという条件を表します。会話では -아야지/어야지を使うこともあります。また、-아야지만/어야지만の形でその意味を強調するときにも使います。

8-3

1

유라　지은아, 네가 소개해 준 일본어 학원은 인터넷으로 등록할 수 있어?

지은　아니, 그 학원은 직접 **가야** 등록할 수 있어.

유라　일본어를 잘하려면 어떻게 해야 돼?

지은　단어를 많이 **외워야** 일본어를 잘할 수 있어. 나랑 같이 공부해 보자.

2

승윤　지은 씨, 약은 먹었어요? 감기는 좀 괜찮아졌어요?

지은　아니요, 약국에 **가야** 약을 살 수 있는데 시간이 없었어요. 곧 여행을 가는데 걱정이에요.

승윤　여행 가기 전에 빨리 **나아야** 재미있게 여행할 수 있어요.

지은　맞아요. 오늘은 집에 가서 약 먹고 좀 쉴래요.

8課

練習 3 それぞれの文の表現が適切であれば○を、そうでなければ×を付けてください。

(1) 저는 화장을 하야 밖에 나가요.　(　　)

(2) 날씨가 좋아야 등산을 갈 수 있어요.　(　　)

(3) 입장권이 있아야 극장에 들어갈 수 있어요.　(　　)

練習 4 例のa、b、cの部分を(1)～(3)のa、b、cの語句と入れ替え、それぞれ適切な表現にして話す練習をしてみましょう。

例
A 어떻게 하면 [a]자격증을 딸 수 있어요?
B [b]시험을 잘 봐야 [c]자격증을 딸 수 있어요.

(1) [a]건강해지다 /
[b]물을 많이 마시다 / [c]건강해지다

(2) [a]아나운서가 되다 /
[b]발음이 좋다 / [c]아나운서가 되다

(3) [a]시험을 잘 보다 /
[b]책을 많이 읽다 / [c]시험을 잘 보다

語彙 □입장권：入場券、チケット

リーディング練習

1 文を読んで質問に答えてください。

면접 정장을 무료로 빌려드립니다

취업을 준비하시는 여러분!
취업 준비 때문에 많이 힘드시죠?
면접을 **보려면** 꼭 필요한 정장. '**울며 겨자 먹기**'로 산 적이 많으시죠?
사려면 돈이 많이 드는 정장, 이제는 사지 말고 빌려 입으세요.
우리 시에서는 취업을 준비하는 여러분들에게 정장을 무료로 빌려드리겠습니다.
여러분의 선배들이 입고 합격한 그 정장으로 여러분도 꼭 합격의 꿈을 이루세요.

- 신청 자격　우리 시에 살고 있는 20~35세 남녀
- 신청 방법　1. 홈페이지에서 회원 가입 후 자신의 사이즈 입력
  2. 방문 3일 전까지 방문 시간 예약
- 대여 기간　한 벌 / 4일

※ 방문하실 때 꼭 신분증을 가지고 **오셔야** 빌리실 수 있습니다.

(1) この文の内容と異なるものを選んでください。

① 정장은 4일 동안 빌릴 수 있다.
② 회원 가입을 해야 정장을 이용할 수 있다.
③ 취업을 준비하는 사람에게 무료로 정장을 빌려준다.
④ 정장이 필요한 사람들은 누구나 정장을 빌릴 수 있다.

(2) スーツを借りるには何を持って行けばいいですか？

➡ ____________________

語彙 □무료：無料　□취업：就業、就職　□시：市　□이루다：成し遂げる、叶える　□자격：資格
□회원 가입：会員加入　□방문：訪問　□대여：貸与、レンタル　□벌：～着　□신분증：身分証明証

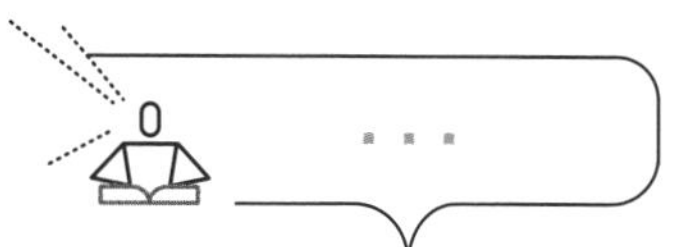

⑶ 皆さんの国では就職準備をしている人たちにしてあげることがありますか？それぞれの項目について書き出し、話してください。

건강	
공부	
생활	

⑷ 就職準備をする人たちに必要なサービスは何かを考えて、それぞれの項目について書き出し、話してください。

어떤 서비스가 필요해요?	
왜요?	

8
課

表現plus

울며 겨자 먹기　やりたくないこともやむを得ずすること
(直訳：泣きながらカラシを食べる)

• 그 일을 정말 하고 싶지 않았지만 사장님 때문에 **울며 겨자 먹기**로 했어요.
その仕事を本当にしたくなかったが、社長のために泣く泣くしました。

• 월세가 많이 올랐는데 이사를 가고 싶지 않아서 **울며 겨자 먹기**로 월세를 더 냈어요.
家賃がとても上がったのに引っ越したくなくて、仕方なく家賃をもっと払いました。

語彙 □억지로：無理やりに　□오르다：上がる

やってみよう

1 音声を聞いて質問に答えてください。

(1) 여자는 왜 요리 학원에 다닙니까?

➡

(2) 요즘에 왜 직장인들이 자격증 공부를 합니까?

➡

2 皆さんはどんな資格を持っていますか？　どんな資格を取りたいですか？それぞれの項目について書き出し、例を参考にして話してください。

	갖고 있는 자격증	따고 싶은 자격증
에릭	운전 면허증	바리스타 자격증

例 저는 작년에 운전 면허증을 땄어요. 운전 면허증이 있으니까 제가 가고 싶은 곳에 운전해서 갈 수 있어서 좋아요. 저는 앞으로 바리스타 자격증을 따고 싶어요. 이 자격증이 있어야 나중에 제 카페를 열 수 있어요.

8-5

3 音声を聞いて空欄に当てはまる語句を書いてください。

(1) 은행 면접을 볼 때는 ______________________ 이/가 중요하다.

(2) 여자는 남자한테 __________ 정장과 ________(-(으)ㄴ) 머리 스타일을 추천했다.

語彙 □나이 들다：年を取る　□직장인：会社員、勤め人　□바리스타：バリスタ　□인상：印象　□신뢰감：信頼　□남색：藍色　□스타일：スタイル　□믿음직하다：頼もしい　□한턱내다：おごる

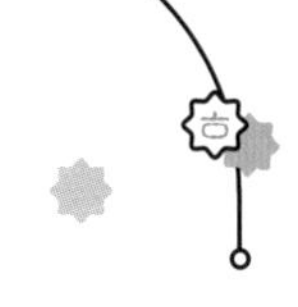

4

会社ごとにふさわしい面接の服装があります。以下に示した職場の面接を受ける際、ふさわしいのはどんな服装でしょうか？　それぞれについて書き出し、例を参考にして話してください。

例

광고 회사는 자유로운 분위기라서 정장은 안 어울릴 것 같아요. 우리 나라의 광고 회사는 정장을 안 입어요. 청바지에 운동화를 신고 면접을 보는 회사도 있어요. 광고 회사에 면접을 보러 갈 때 개성을 표현하는 옷을 입어야 합격할 수 있을 것 같아요. 그래서 면접 때 밝은색 셔츠에 청바지를 입으면 좋을 것 같아요.

광고 회사	
은행	
항공사	

8課

5

4で話した内容を整理し、「面接の服装」について作文してください。

語彙 □복장：服装　□자유롭다：自由だ　□개성：個性　□항공사：航空会社

今日の日記

この日記には間違いが４か所あります。よく読んで間違いを直してください。

6월 21일

우리 동네에는 큰 도서관이 있다. 이 도서관에 갈려면 20분쯤 걸어야 한다.
걸어서 가는 게 조금 힘들지만, 이 도서관에는 내가 좋아하는 영화 자료들이 많이 있어서 자주 간다. 이 도서관은 신분증이 있아야 들어갈 수 있다.
도서관에서 옛날 영화를 보으려면 하루 전에는 예약을 해야 한다.
옛날 영화를 보고 싶어 하는 사람들이 많아서 예약을 하기 힘든 편이다.
오늘은 음악 영화를 봤다. 영화를 보고 정말 감동을 받았다.
나는 영화를 보야 스트레스가 풀린다. 다음 주에도 또 예약하기로 했다.

1	갈려면	▶	가려면
2		▶	
3		▶	
4		▶	

語彙 □옛날：昔、昔の

理解度チェック

語彙

1 この課の新出語彙です。覚えた語彙には✓を付けてください。

- [ ] 승무원
- [ ] 비자
- [ ] 이어폰
- [ ] 입장권
- [ ] 무료
- [ ] 취업
- [ ] 울며 겨자 먹기
- [ ] 시
- [ ] 이루다
- [ ] 자격
- [ ] 회원 가입
- [ ] 방문
- [ ] 대여
- [ ] 벌
- [ ] 신분증
- [ ] 억지로
- [ ] 오르다
- [ ] 나이 들다
- [ ] 직장인
- [ ] 바리스타
- [ ] 인상
- [ ] 신뢰감
- [ ] 남색
- [ ] 스타일
- [ ] 믿음직하다
- [ ] 한턱내다
- [ ] 복장
- [ ] 자유롭다
- [ ] 개성
- [ ] 항공사
- [ ] 옛날

分からない語彙が5つ以上あれば、学習内容をおさらいして覚えてください。

表現

2 与えられた語句をこの課で習った適切な表現にして、文を完成させてください。

A 엄마, 텔레비전 보고 싶어요.

B 숙제했어? □□□□□（숙제를 하다） 텔레비전 볼 수 있어.

A 숙제는 집에 오자마자 다 했어요.

B 그래. 그런데 □□□□□□□□（텔레비전을 보다） 뒤쪽으로 와서 앉아.

- -(으)려면を使って、ある行動をする意図があることを仮定して話せますか？ □
- -아야/어야を使って、ある事柄が起こり得るための条件を話せますか？ □

分からない表現があれば、文法のページを復習してください。

9

정말 큰일 날 뻔했어

本当に大ごとになるところだった

学習目標

- -아야겠다/어야겠다を使って、あることをしようとする意志を表現できる
- -(으)ㄹ 뻔하다を使って、あることが起こりそうだった状況を表現できる

文法

- ～しなくては
- ～しそうだ、～するところだ

9-1

ソジュンさんとスンユンさんの会話を聞いて答えてください。

1 スンユンさんはなぜ発表できないところでしたか?

2 皆さんも、何か忘れ物をして困った状況になったことがありましたか？

文法

❶ V-아야겠다/어야겠다　～しなくては

動詞の後に付いて、あることをしようとする意志と推測を表します。

9-2

1

지은　걷다가 넘어져서 무릎을 다쳤어요. 아파서 병원에 **가야겠어요.**

민호　많이 다쳤네요.

지은　네. 휴대 전화를 보면서 걸었는데 앞으로 **조심해야겠어요.**

민호　저도 걸으면서 휴대 전화를 많이 보는 편인데 **조심해야겠네요.**

2

승윤　그동안 바빠서 운동을 못했는데 이제 다시 운동을 **시작해야겠어요.**

민호　저도 그래요. 요즘 계속 앉아 있어서 소화도 잘 안돼요.

승윤　맞아요. 조금만 부지런하면 되는데 그게 어렵네요.

민호　그리고 커피도 좀 **줄여야겠어요.** 커피를 많이 마시니까 잠이 잘 안 와요.

練習 1　それぞれの文の表現が適切であれば○を、そうでなければ×を付けてください。

(1) 승윤 씨한테 직접 물어봐야겠어요.
(　　)

(2) 저도 그 작가의 책을 읽어야겠어요.
(　　)

(3) 너무 더워서 선풍기를 켜어야겠어요.
(　　)

練習 2　例のaの部分を(1)～(3)の語句と入れ替え、それぞれ適切な表現にして話す練習をしてみましょう。

例
A　[a]인터넷 쇼핑을 안 해야겠어요.
B　저도요.

(1) 커피를 끊다

(2) 매일 단어를 30개 외우다

(3) 가까운 곳은 걸어서 다니다

語彙　□줄이다：減らす　□끊다：断つ

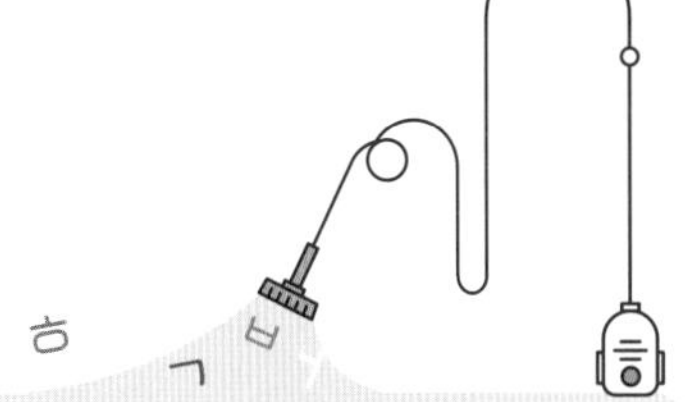

❷ V-(으)ㄹ 뻔하다 ～しそうだ、～するところだ

動詞の後に付いて、ある事柄が起こりそうになったが起こらなかったことを表します。「死ぬ」という意味の죽다を使った-아서/어서 죽을 뻔하다は、過去にある状態だったことをおおげさにいうときに使います。

9-3

1

승윤 자전거 타고 학교에 가는데 사고가 **날 뻔했어요.**

유라 안 다쳤어요? 왜 그런 거예요?

승윤 제가 옆을 보면서 탔어요. 그래서 버스에 **부딪칠 뻔했어요.**

유라 정말 큰일 **날 뻔했네요.** 앞으로는 더 조심하세요.

2

승윤 민호 씨, 어제 축구 경기는 어떻게 됐어요?

민호 우리 팀이 **이길 뻔했는데** 마지막에 졌어요.

승윤 정말요? 다음엔 꼭 이길 수 있을 거예요.

민호 아, **잊어버릴 뻔했는데** 내일 우리 집에 올래요? 친구들하고 게임하기로 했어요.

参考 -(으)ㄹ 뻔하다は常に-(으)ㄹ 뻔했다（～しそうだった、～するところだった）の形で使います。

練習3 それぞれの文の表現が適切であれば○を、そうでなければ×を付けてください。

(1) 계단에서 넘어져서 다리를 다칠 뻔하네요.　（　　）

(2) 버스를 잘못 타서 친구를 못 만난 뻔했어요.　（　　）

(3) 오늘 늦게 일어나서 수업 시간에 늦을 뻔했어요.　（　　）

練習4 例のa、bの部分を(1)～(3)のa、bの語句と入れ替え、それぞれ適切な表現にして話す練習をしてみましょう。

例
A [a]그 영화가 어땠어요?
B [b]너무 슬퍼서 눈물을 흘릴 뻔했어요.

(1) [a]등산 잘 하다 / [b]너무 힘들어서 쓰러지다

(2) [a]어제 기차를 잘 타다 / [b]늦어서 기차를 못 타다

(3) [a]약속 시간을 잘 지키다 / [b]잠이 들어서 약속을 어기다

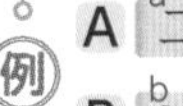

語彙 □부딪치다：ぶつかる　□이기다：勝つ　□지다：負ける　□계단：階段　□쓰러지다：倒れる

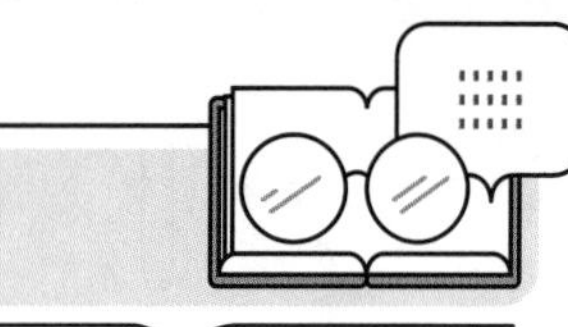

リーディング練習

1 文を読んで質問に答えてください。

　외국어를 배울 때 실수한 경험이 모두에게 한 번쯤은 있을 것이다. 그리고 그 실수를 생각하면 지금도 얼굴이 뜨거운 사람이 있을 것이다.

　그런 실수를 한 경험이 나한테도 있다. 나는 한국어 듣기가 제일 어렵다. 그래서 한국에서 아르바이트를 할 때 실수를 많이 했다. 어느 날 손님이 "찬물 주세요." 이렇게 말했다. 그런데 나는 이걸 "짠 물 주세요." 이런 말로 들었다. 그래서 소금이 들어 있는 물을 손님에게 **드릴 뻔했다**. 같이 일하는 한국 친구가 알려 줘서 실수는 안 했지만 많이 창피했다.

　외국어를 배울 때 실수를 부끄러워하지 않는 것이 정말 중요하다. 실수를 부끄러워하지 않아야 외국어를 잘할 수 있다. 그런데 실수를 하면 자신감이 많이 떨어진다. 나는 실수를 한 후에 '외국인이니까 실수를 할 수 있어.', '실수를 하면서 배워야지.' 이렇게 생각했다. 앞으로도 이렇게 생각하면서 한국어를 열심히 **공부해야겠다**. 그러면 한국 사람을 만났을 때 더 편하게 대화할 수 있을 것 같다.

⑴ この文の内容と異なるものを選んでください。

① 이 사람은 손님에게 짠 물을 드렸다.
② 이 사람은 한국어 듣기를 어려워한다.
③ 자신감을 가져야 외국어를 잘 배울 수 있다.
④ 이 사람은 손님의 말을 잘못 들어서 실수할 뻔했다.

⑵ 外国語を学ぶときに重要なものは何ですか？

➡ ____________________

語彙 □소금：塩　□대화하다：対話する

(3) 皆さんが最近した失敗の中で、記憶に残っているものはありますか？　それぞれの項目について書き出し、話してください。

언제 실수를 했어요?	
왜 실수를 했어요?	
실수를 줄이려면 어떻게 해야 돼요?	

(4) 失敗をする人たちにどんな言葉をかけてあげたいですか？　それぞれの項目について書き出し、話してください。

어떤 말을 해 주고 싶어요?	
이유가 뭐예요?	

9課

表現plus

뜨겁다　①熱い
②ばつが悪かったり恥ずかしかったりして顔向けできない

- 국이 **뜨거우니까** 조심해서 드세요.
  スープが熱いので気をつけて召し上がってください。
- 길에 쓰레기를 버리는 사람을 보면 내 얼굴이 **뜨겁다.**
  道にゴミを捨てる人を見ると恥ずかしい。

語彙 □온도：温度　□높다：高い

やってみよう

1

音声を聞いて空欄に当てはまる語句を書いてください。

(1) 에릭 씨한테는 ____________________ 이/가 있어서 음식을 먹을 때 조심해야 됩니다.

(2) 알레르기가 있는 사람은 음식에 들어간 ____________________ 을/를 잘 봐야 합니다.

2

皆さんは体質に合わない食べ物がありますか？　食べ物を食べて体調を崩した経験はありますか？　それぞれの項目について書き出し、例を参考にして話してください。

	안 맞는 음식	음식을 먹고 아픈 경험
안나	복숭아	복숭아가 들어 있는 케이크를 먹었는데 얼굴이 붓고 빨개졌다.

例 저는 복숭아를 못 먹어요. 복숭아 알레르기가 있어요. 친구의 생일 파티에서 케이크를 먹었는데 케이크 안에 복숭아가 들어 있었어요. 그걸 모르고 먹었는데 갑자기 제 얼굴이 붓고 빨개져서 모두 깜짝 놀랐어요. 앞으로 음식을 먹을 때에는 더 조심해야겠어요.

3

音声を聞いて質問に答えてください。

(1) 승윤 씨는 어제 왜 연락이 안 됐습니까?

(2) 대화가 끝나고 지은 씨는 뭘 할 것입니까?

語彙 □땅콩：ピーナッツ　□알레르기：アレルギー　□주의：注意　□표시：表示
□재료：材料　□복숭아：桃　□당장：直ちに、今すぐ

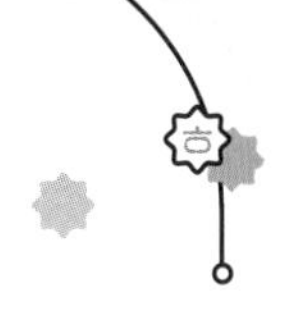

4 物をなくした経験がありますか？　どんな物をなくしてしまいましたか？　それは見つかりましたか？　それぞれの項目について書き出し、例を参考にして話してください。

例

저는 백화점에서 지갑을 잃어버린 적이 있어요. 물건을 계산하고 지갑을 놓고 나왔는데 몰랐어요. 쇼핑이 끝나고 지하철을 타러 갔는데 지갑이 없어서 깜짝 놀랐어요. 지갑을 찾으러 다시 백화점으로 돌아갔어요. 지갑을 찾는 방송을 했는데 어떤 아주머니가 찾아 주셨어요. 앞으로는 정말 조심해야겠어요.

잃어버린 물건이 뭐예요?	
어디에서 잃어버렸어요?	
그 물건을 찾았어요?	

9課

5 4で話した内容を整理し、「物をなくした経験」について作文してください。

語彙 □아주머니：おばさん

今日の日記

この日記には間違いが４か所あります。よく読んで間違いを直してください。

7월 15일

오늘 한국어 능력 시험을 보러 대학교에 갔다.
두 달 전에 시험을 신청해야 하는데 그걸 잊어버려서 신청을 할 뻔했다.
하지만 안나 씨가 가르쳐 줘서 신청을 해 놓았다.
어젯밤부터 너무 긴장이 되어 가지고 잠을 늦게 자서 아침에 일어날 뻔했다.
하지만 안나 씨 전화 덕분에 7시에 일어나서 준비할 수 있었다.
일찍 준비를 했는데 버스를 잘못 타서 시험 시간에 늦었을 뻔했다.
시험을 봤는데 시험이 너무 어려웠다. 그중에서도 듣기가 가장 어려웠다.
듣기 연습을 안 한 것이 후회가 되었다. 앞으로는 뉴스를 매일 드러야겠다.

1	할 뻔했다	못 할 뻔했다
2		
3		
4		

理解度チェック

語彙

1 この課の新出語彙です。覚えた語彙には✓を付けてください。

- ☐ 유에스비
- ☐ 곤란하다
- ☐ 해결하다
- ☐ 큰일
- ☐ 줄이다
- ☐ 끊다
- ☐ 부딪치다
- ☐ 이기다
- ☐ 지다
- ☐ 계단
- ☐ 쓰러지다
- ☐ 뜨겁다
- ☐ 소금
- ☐ 대화하다
- ☐ 온도
- ☐ 높다
- ☐ 땅콩
- ☐ 알레르기
- ☐ 주의
- ☐ 표시
- ☐ 재료
- ☐ 복숭아
- ☐ 당장
- ☐ 계산하다
- ☐ 아주머니

分からない語彙が5つ以上あれば、学習内容をおさらいして覚えてください。

9課

表現

2 与えられた語句をこの課で習った適切な表現にして、文を完成させてください。

A 지난주에 공항에 갔는데 길이 너무 막혀서 비행기를 못 ☐☐☐☐☐. (타다)

B 저도 다음 주에 공항에 가야 하는데 일찍 ☐☐☐☐☐☐. (나가다)

- -아야겠다/어야겠다を使って、あることをしようとする意志を表現できますか？ ☐
- -(으)ㄹ 뻔하다を使って、あることが起こりそうだった状況を表現できますか？ ☐

分からない表現があれば、文法のページを復習してください。

10

친구들이 그 빵이 맛있다고 했어요

友達が、あのパンがおいしいと言っていました

学習目標

他者から聞いた内容を伝えたり引用したりする表現ができる

文法

- ～するという、～するそうだ、～だという、～だそうだ、～という
- ～しろという、～するなという

スンユンさんとジウンさんの会話を聞いて答えてください。

1 ジウンさんはどうして韓服を着てみたいと思っていますか？

2 皆さんも、旅行に行ってやりたいことはありますか？

文法

❶ V-ㄴ/는다고 하다, A-다고 하다, N(이)라고 하다 ～するという、～するそうだ、～だという、～だそうだ、～という

他者から聞いた現在の事実の内容を伝達する表現です。過去のことを伝えるときは-았/었다고 하다の形になります。

1

지은　민호 씨, 저녁 먹으러 가요.

민호　네, 좋아요. 그런데 유라 씨는 같이 안 가요?

지은　유라는 오늘 친구 생일이어서 친구하고 같이 밥 **먹는다고 했어요**.

민호　그럼 우리 대학로에 새로 생긴 닭갈비집 가요. 친구가 거기 닭갈비가 **맛있다고 했어요**. [대항노]

2

승윤　에릭 씨가 보낸 택배 받았죠? 그거 에릭 씨 고향에서 유명한 **과자라고 해요**.

민호　네, 오늘 오후에 받았어요.

승윤　그리고 에릭 씨랑 통화했는데 다음 주말에 **온다고 했어요**. 그때 같이 만나요.

민호　그렇게 해요. 그때는 에릭 씨가 좋아하는 삼겹살 먹으러 가요. 제가 살게요.

参考 未来を表す-(으)ㄹ 거예요を伝達する場合は、-(으)ㄹ 거라고 하다の形を使います。※-(으)ㄹ 거래요

練習1 それぞれの文の表現が適切であれば○を、そうでなければ×を付けてください。

(1) 그 영화는 재미없는다고 해요.　(　　)

(2) 민호 씨와 승윤 씨가 주말에 만날 거라고 해요.　(　　)

(3) 유라 씨는 매운 음식을 먹으면서 스트레스를 풀는다고 해요.　(　　)

練習2 例のaの部分を(1)～(3)の語句と入れ替え、それぞれ適切な表現にして話す練習をしてみましょう。

例
A 친구가 뭐라고 했어요?
B [a]그 일이 많이 힘들었다고 했어요.

(1) 오늘 너무 바빴다

(2) 떡볶이를 안 좋아하다

(3) 중국에 여행을 가려면 비자가 필요하다

語彙 □스트레스를 풀다：ストレスを解消する

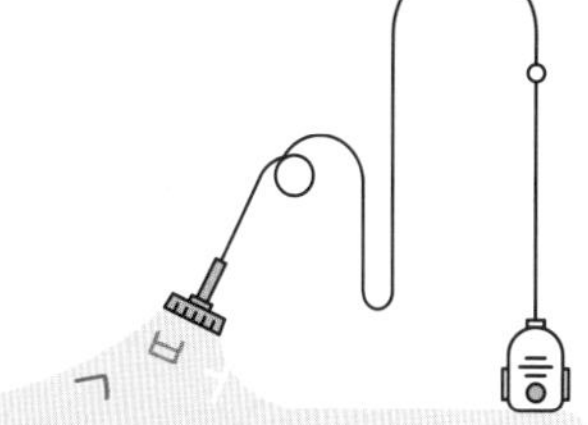

❷ V-(으)라고 하다, V-지 말라고 하다 ～しろという、～するなという

動詞の後に付いて、他者から聞いた命令や禁止の内容を伝えたり引用したりする表現です。V-지 말라고 하다は否定文に使います。

10-3

1

승윤 우리 지금 가면 늦을 것 같은데요. 괜찮을까요?

지은 괜찮을 거예요. 유라가 8시까지 **오라고 했어요.**

승윤 아 그래요? 그럼, 유라 씨 집에 가기 전에 뭘 좀 사는 게 어때요?

지은 그래요. 마트에서 과일 좀 사고 나서 유라한테 전화해요.
유라가 집 근처에 오면 **전화하라고 했어요.**

2

지은 유라야, 바나나 먹을래? 아침을 안 먹어서 배가 좀 고프네.

유라 바나나 말고 다른 거 먹는 건 어때? 뉴스에서 빈속에 바나나를 **먹지 말라고 했어.**

지은 그래? 엄마가 바나나는 몸에 좋다고 하셨는데.

유라 바나나만 먹는 건 건강에 안 좋다고 해. 다른 음식이랑 같이 **먹으라고 했어.**

10課

練習 3 それぞれの文の表現が適切であれば○を、そうでなければ×を付けてください。

(1) 친구가 자기 물건을 만지지 말라고 했어요. (　　)

(2) 의사 선생님이 매일 30분씩 걷으라고 했어요. (　　)

(3) 선생님께서 수업 시간에는 휴대 전화를 사용하지 마라고 하셨어요. (　　)

練習 4 例のaの部分を(1)～(3)の語句と入れ替え、それぞれ適切な表現にして話す練習をしてみましょう。

例
A 어머니께서 뭐라고 하셨어요?
B [a]집에 오자마자 숙제하라고 하셨어요.

(1) 밤늦게까지 게임하지 말다

(2) 마트에서 돼지고기를 사 오다

(3) 집에 들어오면 바로 손을 씻다

語彙 □빈속：空腹　□만지다：触る　□돼지고기：豚肉

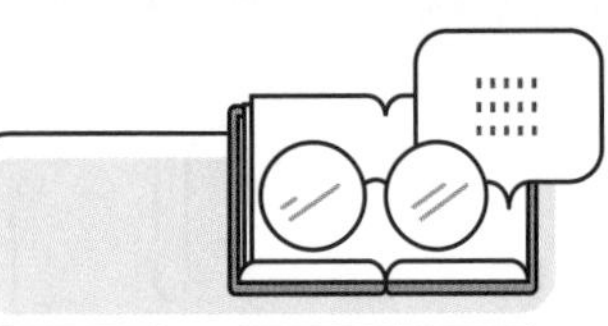

リーディング練習

1 文を読んで質問に答えてください。

오늘은 승윤 씨와 함께 경복궁에 다녀왔다. 경복궁은 조선 시대에 제일 처음 지은 궁이다. 경복궁에 들어가는데 갑자기 승윤 씨가 나한테 그 길로 **걷지 말라고 해서** 깜짝 놀랐다. 궁으로 들어가는 길은 세 개가 있는데 그중에서 가운데 길은 왕이 걷는 **길이라고 한다**. 옛날에는 보통 사람들이 그 길을 걸으면 안 **됐다고 한다**. 그래서 우리는 오른쪽 길로 걸어서 들어갔다.

단풍이 함께 있는 경복궁은 정말 아름다웠다. 나는 그중에서도 큰 연못 위에 있는 경회루가 제일 좋았다. 경회루는 외국에서 손님이 오면 파티를 연 **곳이라고 한다**. 그곳에 꼭 올라가 보고 싶었는데 지금은 올라갈 수 **없다고 해서** 조금 아쉬웠다. 서울에는 경복궁 외에도 궁이 4개 더 **있다고 한다**. 한국에 있는 동안 꼭 그 궁들에 가 봐야겠다.

한국에 있는 동안

V-는 동안は、ある状態が続いている時間を表します。『初級1』の20課「N 동안」を参考にしてください。

例 기다리시는 동안 커피 좀 드세요.
お待ちになる間、コーヒーをどうぞ。

(1) この文の内容と異なるものを選んでください。

① 서울에는 궁이 5개 있다.
② 경복궁에는 큰 연못이 있다.
③ 경복궁은 조선 시대에 지은 궁이다.
④ 경회루에 올라가려면 예약을 해야 한다.

(2) スンユンさんはなぜ真ん中の道を歩くなと言いましたか？

語彙 □조선 시대：朝鮮時代　□궁：王宮　□가운데：真ん中
□왕：王　□연못：池　□아쉽다：惜しい、残念だ　□외：～のほか、～以外

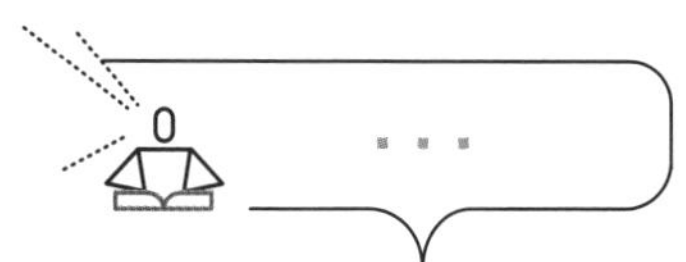

(3) 皆さんが聞いたことのある韓国の名所について、その特徴は何でしょうか？ それぞれの項目について書き出し、話してください。

유명한 곳	
누구한테 들었어요?	
특징이 뭐예요?	

(4) 皆さんの国にも景福宮のように有名な場所がありますか？　そこについて調べたら、それぞれの項目について書き出し、紹介してください。

유명한 곳	
특징이 뭐예요?	

10課

表現plus

짓다

① （ご飯を）炊く、（家を）建てる、（服を）仕立てる
② （薬を）作る・調合する・処方する
③ （表情を）浮かべる、～な顔をする

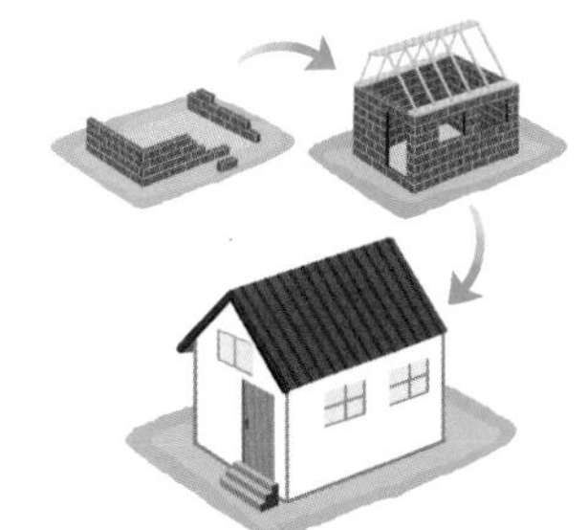

- 시골에 살려고 집을 **짓고** 있어요.
  田舎に住もうと思って家を建てています。
- 민호 씨가 감기에 걸려서 약을 **지으러** 약국에 갔어요.
  ミノさんが風邪をひいたので、薬を作りに（＝調合してもらいに）薬局に行きました。
- 할머니께서는 아이를 보면서 미소를 **지으셨어요.**
  おばあさんは子どもを見てほほ笑みを浮かべました（ほほ笑みました）。

語彙 □특징：特長　□미소：微笑、ほほ笑み

やってみよう

1 音声を聞いて質問に答えてください。

(1) 유라 씨는 이번 여행을 갈 때 뭘 준비해야 됩니까?

(2) 승윤 씨의 친구는 왜 그것들을 가져가라고 했습니까?

2 皆さんの国を旅行する際に注意すべきことはありますか？　また、他の国を旅行する際に注意すべき点として聞いたことがあるのは、どんなことですか？　それぞれの項目について書き出し、例を参考にして話してください。

	우리 나라를 여행할 때	다른 나라를 여행할 때
유라	공공장소에서 담배를 피우면 안 된다.	싱가포르를 여행할 때는 공공장소에서 껌을 씹으면 안 된다.

例 한국을 여행할 때는 공공장소에서 담배를 피우면 안 돼요. 담배를 피우려면 담배를 피워도 된다고 하는 곳에 가서 피워야 돼요.
　저한테 싱가포르 친구가 있는데 싱가포르를 여행할 때는 공공장소에서 절대로 껌을 씹지 말라고 했어요. 껌을 씹으면 경찰서에 갈 거라고 했어요. 껌 씹는 걸 좋아하는 사람들은 조심해야겠어요.

3 音声を聞いて空欄に当てはまる語句を書いてください。

(1) 오늘 ________에서 ________________(-아서/어서) 길이 막힌다고 해요.

(2) 남자의 친구 집에서는 불꽃놀이가 ________________ 해요.

語彙 □스카프：スカーフ　□불교：仏教　□국가：国家　□반바지：半ズボン　□가져가다：持っていく
□주의하다：注意する　□싱가포르：シンガポール　□껌：ガム　□씹다：噛む　□절대로：絶対に、決して

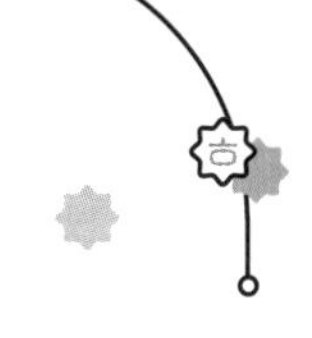

4 皆さんの国の有名なお祭りは何ですか？　それぞれの項目について書き出し、例を参考にして話してください。

저는 스페인에서 온 다니엘이에요. 우리 나라는 '라 토마티나'라고 하는 토마토 축제가 유명해요. 이 축제는 매년 8월 마지막 주 수요일에 해요. 이 축제에서는 두 시간 동안 토마토를 사람들한테 던지면서 놀아요. 그 시간이 지나면 사람들한테 토마토를 던지지 말라고 해요. 저도 한 번 가 봤는데 정말 재미있었어요.

어떤 축제예요?	
언제 축제를 해요?	
그 축제에서 뭐 해요?	

5 4で話した内容を整理し、「私の国のお祭り」を紹介する作文を書いてください。

語彙 □토마토：トマト

10課

今日の日記

この日記には間違いが４か所あります。よく読んで間違いを直してください。

7월 20일

스페인으로 유학을 간 친구한테 메일이 왔다.

친구는 스페인 생활이 정말 재미있는다고 했다.

처음에는 친구가 없어서 외로웠는데 이제는 친구도 많이 사귀었는다고 했다.

나한테 다음 달에 방학을 하면 스페인으로 놀러 오다고 했다.

내가 스페인에 가면 축제에 데려갈 거다고 했다.

친구가 재미있다고 하니까 나도 스페인에 가고 싶어졌다.

스페인 축제 중에서는 토마토 축제가 가장 유명하다고 한다.

다음 달에 스페인에 가면 꼭 친구하고 가 봐야겠다.

1	재미있는다고 했다	▶	재미있다고 했다
2		▶	
3		▶	
4		▶	

理解度チェック

語彙

1 この課の新出語彙です。覚えた語彙には✓を付けてください。

□ 스트레스를 풀다	□ 빈속	□ 만지다	□ 돼지고기
□ 조선 시대	□ 짓다	□ 궁	□ 가운데
□ 왕	□ 연못	□ 아쉽다	□ 외
□ 특징	□ 미소	□ 스카프	□ 불교
□ 국가	□ 반바지	□ 가져가다	□ 주의하다
□ 싱가포르	□ 껌	□ 씹다	□ 절대로
□ 토마토			

分からない語彙が5つ以上あれば、学習内容をおさらいして覚えてください。

表現

2 与えられた語句をこの課で習った適切な表現にして、文を完成させてください。

A 어머니께서 방 청소를 □□□□□□(하다). 우리 빨리 청소하자.

B 왜 항상 우리만 청소해? 형은 언제 와?

A 내가 전화했는데 금방 □□□□□(오다). 그러니까 먼저 청소 시작하자.

・他者から聞いた内容を伝えたり引用したりする表現ができますか？ □

分からない表現があれば、文法のページを復習してください。

10課

復習 1

명동에 갈 생각이에요

明洞に行くつもりです

- 明洞に行ってみたことがありますか?
- 明洞で何ができますか?

音声を聞きながら、1～10課で習った文法と語彙を復習してください。

지은 민호 씨, 이번 주말에 뭐 할 거예요?

민호 저는 명동에 **갈 생각이에요**.
명동에 유명한 칼국수 집이 있는데요.
그거 먹으러 가려고요. 같이 갈래요?

지은 네, 좋아요.

민호 지은 씨는 명동에 자주 가요?

지은 아니요, 명동에 **가 본 지 3년쯤 된 것 같아요**.
오랜만에 가니까 설레네요.

민호 그럼 일요일 오전에 만나요.

지은 네, 일요일에 봐요.

⋮

지은 그동안 **바빠 가지고** 명동에 못 왔는데
정말 많이 달라졌네요.

민호 명동은 가게들이 자주 바뀌어요.
그래서 올 때마다 다른 느낌이에요.
우리 **배고픈데** 밥부터 먹는 게 어때요?

지은 네, 좋아요.

민호 여기가 명동에서 유명한 식당이에요.
칼국수가 정말 맛있어요.

지은 아, 저도 알아요. 그런데 예전에는 여기에서
밥을 **먹으려면** 한 시간 정도 기다려야 했어요.
안 기다리고 먹을 수 있을까요?

1. 지은 씨는 명동에 자주 갑니까?

•칼국수 カルグクス（麺料理の一種）

2. 민호 씨는 왜 칼국수 집에 예약을 해 놓았습니까?

민호 네. 제가 어제 **예약해 놓았어요.**
일요일이니까 사람이 많을 것 같아서요.

지은 아, 정말요? 고마워요.
민호 씨 덕분에 안 기다려도 되겠네요.

민호 아니에요. 별로 어려운 일도 아닌데요.

지은 아, 그리고 유라도 **온다고 했어요.**
우리 먼저 들어가요.

민호 그래요? 승윤 씨한테도 **오라고 했는데**…….
우리 오랜만에 다 같이 모이는 거네요.

유라 지은아, 나 왔어. 여기 오랜만에 오네.

승윤 저도 왔어요.

지은 어서 와.

민호 다 모였으니까 주문할까요? 뭐 먹을래요?

유라 당연히 칼국수죠.
날씨가 조금 쌀쌀해서 따뜻한 게 먹고 싶어요.

승윤 오랜만에 다 같이 밥을 먹으니까 좋네요.
우리 밥 **먹고 나서** 뭐 할 거예요?

지은 쇼핑하러 가요.
저는 옷하고 모자를 좀 살 거예요.

민호 그래요? 좋아요. 같이 가요.

유라 밥 **먹자마자** 쇼핑하러 가? 역시 넌 대단해!

지은 밥을 먹었으니까 힘을 내서 쇼핑해야지.

유라 하하, 그래. 나도 힘을 **내야겠어**.

⋮

지은 유라야, 이 모자 너무 예쁘지?

유라 응. 한번 써 봐.

지은 어때? 나한테 잘 어울려?

유라 음, 나쁘지 않은데. 잠깐만, 저기 **걸려 있는** 저 모자는 어때?

지은 괜찮네. 어때?

승윤 지은 씨는 모자가 잘 어울리네요.

지은 고마워요.

지은 진짜 예쁜 게 너무 많아.

유라 그렇지? 역시 명동은 **쇼핑하기** 좋은 곳이야.

민호 그런데 우리 이제 좀 쉬면 안 될까요?
다리가 많이 아파요.

유라 우리가 너무 우리 생각만 했네요.
잠깐 쉬어요.
좀 **쉬어야** 더 힘을 내서 구경할 수 있죠.

지은 커피 마시면서 쉴까요?

승윤 네, 좋아요.

3. 네 사람은 밥을 먹은 후에 무엇을 하기로 했습니까?

지은 명동에 오니까 외국에 온 것 같은 느낌이 들어요.

승윤 외국 사람들도 많이 오는 곳이라서 그럴 거예요.

민호 맞아요. 외국 사람들 사이에서도 명동은 **유명한 편이에요**.

지은 안나 씨도 여기에 자주 **온다고 했어요**.

유라 아, 저 다음 주부터 명동에서 회사 홍보 행사를 해요.
승윤 씨, 중국어 **할 줄 알아요**? 와서 저 좀 도와주세요.

승윤 중국어요? 저 중국어는 잘 못하는데요.
일본어는 조금 **할 줄 알아요**.

유라 괜찮아요. 일본어 하는 사람도 필요해요.
좀 도와주세요.

승윤 네, 알았어요. 도와줄게요.

민호 자, 그럼 우리 이제 집으로 갈까요?

유라 네. 내일 또 출근해야 되고 행사 준비도 해야 되니까요.

지은 너무 오래 **걸어 가지고** 다리가 아프네요.
빨리 가서 **쉬어야겠어요**.

승윤 그런데 여기는 건물이 특이하네요.

민호 여기는 명동 예술 극장이에요.
여기에서 좋은 연극을 많이 **한다고 해요**.
제 친구가 명동에 가면 이 극장에 꼭 **가 보라고 했어요**.

4. 명동 예술 극장은 무엇을 하는 곳입니까?

- 홍보 広報、宣伝
- 행사 行事、イベント
- 특이하다 変わっている、ユニークだ
- 연극 演劇

지은 저도 여기 와 본 적이 있어요.
제가 연극을 자주 **보는 편이라서요.**

승윤 저는 여기 처음 와 봐요.
연극을 볼 기회가 많이 없어서요.

지은 그러면 우리 다음에 연극 보러 여기에 같이 한번 와요.

민호 좋아요. 다음 달에 여기에서 좋은 공연을 **하는데**
우리 다 같이 보러 올까요?

유라 좋은 생각이에요. 그럼 제가 표를 **예매해 놓을게요.**

승윤 네, 그래요. 고마워요.

5. 지은 씨는 3년 전에 명동에 갔을 때 어떤 느낌이었습니까?

지은 씨의 일기

5월 7일 일요일

오늘 오랜만에 친구들이랑 명동에 **갔다.**
3년 전에 친구들과 명동에 갔을 때도 재미있게 놀아서 좋은 기억으로 **남아 있는데** 오랜만에 가니까 정말 **설렜다.**
명동은 **쇼핑하기** 좋은 곳이라서 사람들이 정말 **많았다.**
명동에서 친구들이랑 다 같이 맛있는 칼국수를 **먹었다.**
그리고 가게를 **구경하다가** 나한테 잘 어울리는 모자도 **샀다.**
오늘 **친구들 덕분에** 명동에서 재미있는 시간을 **보냈다.**
친구들이 없었으면 이렇게 좋은 시간을 **못 보낼 뻔했다.**
다음 달에는 친구들하고 공연을 보러 명동 예술 극장에 가기로 **했다.**
나한테 이렇게 좋은 친구들이 있어서 정말 **행복하다.**

11

에스엔에스(SNS)를 안 하거든요

SNS をしないんですよ

学習目標

・-거든요を使って、前で述べた内容に対する理由や原因、事実などを表現できる

・-기는 하지만を使って、相手の言葉を認めながらも別の考えや意見を提示することができる

文法

・～するんですよ、～なんですよ

・～することはしますが、～ではありますが

11-1

スンユンさんとユラさんの会話を聞いて答えてください。

1 ユラさんはなぜSNSをしないのですか？

2 皆さんがよく使うSNSは何ですか？

文法

❶ V/A-거든요　～するんですよ、～なんですよ

前に述べた内容に対する理由や原因、事実を表す表現です。過去は-았/었거든요で、名詞はN(이)거든요の形になります。

1

민호　지은 씨, 내일 약속 시간을 2시로 바꿀 수 있어요? 갑자기 일이 **생겼거든요**.

지은　그래요? 2시 괜찮아요. 어디에서 만날까요?

민호　강남역 근처는 어때요? 일이 강남역 근처에서 **끝나거든요**.

지은　네, 좋아요. 강남역에 있는 서점에서 만나요. 저도 사야 할 책이 **있거든요**.

2

유라　민호 씨, 왜 이렇게 조금 먹었어요?

민호　제가 매운 음식을 잘 못 **먹거든요**. 매운 음식을 먹으면 배가 좀 아파요.

유라　그래요? 몰랐어요. 저는 별로 안 **매웠거든요**.

민호　괜찮아요. 다른 음식들은 다 맛있었어요.

練習 1　それぞれの文の表現が適切であれば○を、そうでなければ×を付けてください。

(1) 한국 드라마가 재미있거든다.　(　　)

(2) 시간이 있을 때 음악을 자주 들거든요.　(　　)

(3) 쑤언 씨는 인기가 있어요. 부지런하고 똑똑하거든요.　(　　)

練習 2　例のa、bの部分を(1)～(3)のa、bの語句と入れ替え、それぞれ適切な表現にして話す練習をしてみましょう。

例
A　[a]이곳을 정말 잘 아네요.
B　[b]예전에 제가 여기서 살았거든요.

(1) [a]좀 피곤해 보이다 / [b]머리가 좀 아프다

(2) [a]피아노를 잘 치다 / [b]어릴 때부터 배웠다

(3) [a]집에 과자가 많다 / [b]동생이 과자를 좋아하다

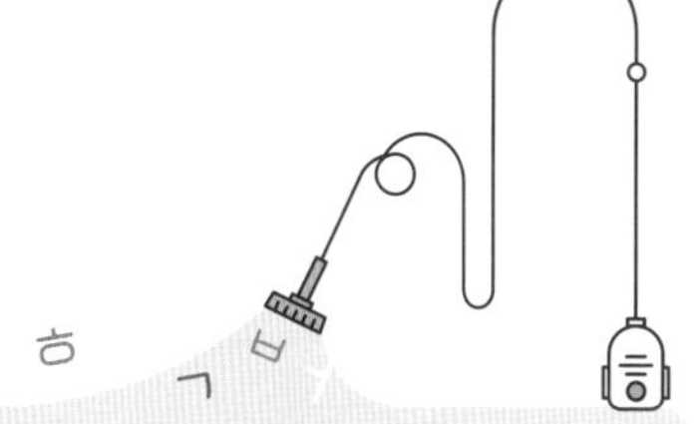

❷ V/A-기는 하지만
~することはしますが、~ではありますが

相手の言葉を認めながらも、それに対して別の考えや意見を提示する表現です。

11-3

1

승윤 지은 씨, 한국어 가르치는 일이 힘들지 않아요?

지은 **힘들기는 하지만** 보람이 있어요. 하루도 결석하지 않고 나오는 학생들이 있거든요.

승윤 와, 대단하네요. 저도 한국어를 **가르쳐 보고 싶기는 하지만** 자신이 없어요.

지은 승윤 씨는 외국어를 배워 본 경험이 있으니까 잘할 수 있을 거예요.

2

유라 이 원피스 어때? 예쁘지?

지은 응, 그런데 **예쁘기는 하지만** 좀 짧아서 불편할 것 같아.

유라 아, 그렇겠네. 쇼핑하는 게 **재미있기는 하지만** 회사에서 입을 옷을 고르는 건 어렵네.

지은 우리 잠깐 쉬고 나서 다른 가게에 가서 더 예쁜 걸 찾아보자.

練習 3 それぞれの文の表現が適切であれば○を、そうでなければ×を付けてください。

(1) 아이스크림이 차가워기는 하지만 맛있네요. (　　)

(2) 술을 좋아했기는 하지만 자주 마시지 않아요. (　　)

(3) 어릴 때 중국어를 배우기는 했지만 잘 못해요. (　　)

練習 4 例のa、b、cの部分を(1)～(3)のa、b、cの語句と入れ替え、それぞれ適切な表現にして話す練習をしてみましょう。

例
A [a]민호 씨는 고기를 안 먹어요?
B [b]먹기는 하지만 [c]별로 안 좋아해요.

(1) [a]그 옷 안 사다 / [b]잘 어울리다 / [c]비싸다

(2) [a]요즘 많이 힘들다 / [b]일이 많다 / [c]힘들지 않다

(3) [a]저 사람과 많이 친하다 / [b]알다 / [c]친하지 않다

語彙 □보람：やりがい　□결석하다：欠席する

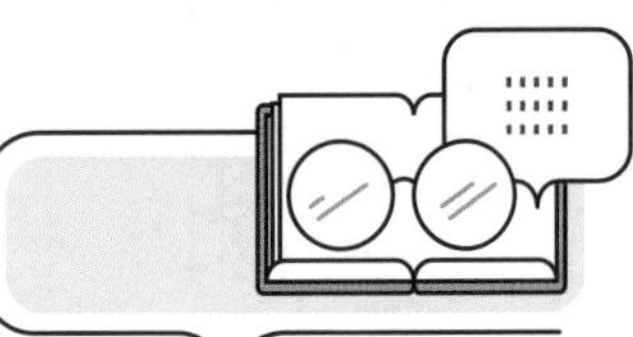

リーディング練習

1 文を読んで質問に答えてください。

친구와 함께 햄버거를 먹으러 왔다.

줄 서서 먹는 햄버거집이다. **맛있기는 하지만** 조금 짜다.

#햄버거 #맛집

♥ 좋아요 50개

↳ 아르345 여기 어디예요? 저 정말 햄버거 **좋아하거든요.**

↳ 맛집사랑 맛있어 보여요. 저도 가 볼 생각이에요.

나는 에스엔에스를 자주 한다. 처음에는 사람들이 내가 올린 글을 읽고 댓글에 반응을 보여 주는 게 좋았다. 그리고 다른 사람들이 에스엔에스에 올린 글을 보고 내가 모르는 것을 알 수 있어서 좋았다.

그런데 **과유불급**이라고 요즘은 에스엔에스에 너무 중독이 되어서 힘들다. 에스엔에스가 **재미있기는 하지만** 매일 하지 않았는데 요즘은 매일 안 하면 너무 불안하다. 매일 아침에 눈을 뜨자마자 제일 먼저 에스엔에스를 확인하고 내 글에 달린 댓글을 읽는다. 내 글에 '좋아요' 수가 적으면 스트레스를 받는다. 어떻게 하면 에스엔에스 중독을 고칠 수 있을까?

(1) この人の悩みは何ですか？

① 에스엔에스에 달려 있는 댓글 수가 적어서 창피하다.

② 에스엔에스에 다른 사람이 올린 사진을 보면 우울하다.

③ 나보다 다른 사람들이 유명한 곳을 더 많이 알아서 싫다.

④ 에스엔에스에 중독이 돼서 이걸 매일 하지 않으면 불안하다.

語彙 □햄버거：ハンバーガー　□맛집：おいしいお店、グルメの名店　□올리다：（SNSなどに写真や文章を）アップする、投稿する　□댓글：書き込み、コメント、リプ　□반응：反応、リアクション　□중독：中毒　□눈을 뜨다：目を覚ます、起きる　□달리다：ぶら下がる、（投稿などに対するコメントが）付く　□수：数

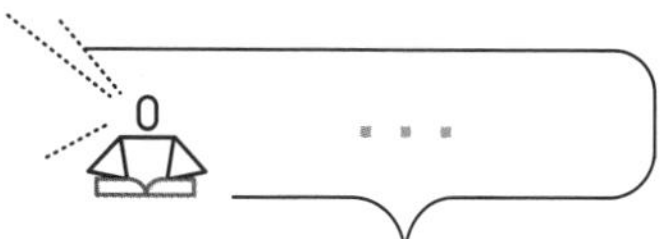

(2) この人はいつストレスを感じますか？

➡ ＿＿＿＿＿＿＿＿＿＿＿＿＿＿＿＿＿＿＿＿

(3) 皆さんとお友達が、SNSによく載せる写真はどんな写真ですか？　その理由は何ですか？　それぞれの項目について書き出し、話してください。

자주 올리는 사진	
그 이유	

(4) 多くの人がSNSを頻繁にする理由は何でしょうか？　皆さんが考えるSNSの長所と短所は何ですか？ それぞれの項目について書き出し、話してください。

에스엔에스를 자주 하는 이유		
에스엔에스의 장점과 단점	•장점:	•단점:

表現plus

과유불급　過ぎたるはなお及ばざるがごとし

• **과유불급**이라고 그렇게 심하게 운동하면 오히려 건강에 안 좋아요.
過ぎたるはなお及ばざるがごとしといって、そんなに激しく運動すると、むしろ健康に良くないです。

• 칭찬하는 게 좋기는 하지만 계속 칭찬만 하면 아이가 말을 안 들어요. **과유불급**이거든요.
褒めるのは良いは良いけど、ずっと褒めてばかりいると子どもが言うことを聞きません。過ぎたるはなお及ばざるがごとしなんです。

語彙 □단점：短所　□지나치다：度が過ぎる　□심하다：ひどい、激しい　□오히려：むしろ　□칭찬하다：褒める

やってみよう

1 音声を聞いて質問に答えてください。

(1) 남자는 왜 새로 생긴 식당에 가고 싶어 합니까?

(2) 여자는 어떤 식당을 좋아합니까?

2 皆さんが飲食店を選ぶ基準は何ですか？　それぞれの項目について書き出し、最近行った飲食店の中で良かった店を、例を参考にして紹介してください。

	식당을 고르는 기준	소개할 식당
에릭	오래된 식당	20년 된 닭갈비집

例 저는 좀 오래된 식당을 좋아해요. 그런 식당에 가면 전통을 느낄 수 있고 사람들의 추억도 느낄 수 있거든요. 지난번에 친구하고 동대문 시장 옆 닭갈비집에 갔어요. 이 집은 식당을 시작한 지 20년이 됐다고 해요. 오래된 전통을 지닌 식당이라서 음식이 더 맛있는 것 같아요.

3 音声を聞いて質問に答えてください。

(1) 사람들은 이곳에 왜 많이 옵니까?

(2) 여자는 왜 이곳에 와 보고 싶었습니까?

語彙 □갈비：カルビ　□기준：基準　□추억：思い出　□지도：地図　□프로그램：プログラム

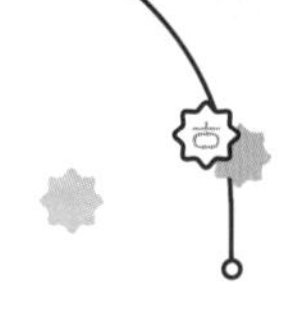

4 皆さんは放送で見た場所の中で行ってみたい所がありますか？　その理由はなんですか？　例を参考にして話してください。

저는 속초에 있는 바닷가에 가고 싶어요. 제가 좋아하는 드라마에 나온 곳이거든요. 좀 멀기는 하지만 꼭 가 보고 싶어요. 남자 주인공이 여자 주인공한테 처음 사랑한다고 고백할 때 나온 곳이에요. 제가 그 드라마에 나온 여자 주인공을 정말 좋아하거든요. 그곳에 가면 그 여자 주인공이 앉은 자리에 앉아서 바다를 바라보고 싶어요.

가고 싶은 곳이 어디예요?	
어떤 방송에 나왔어요?	
왜 그곳에 가고 싶어요?	
그곳에 가면 뭘 하고 싶어요?	

5 4で話した内容を整理し、「私が行きたい場所」をテーマに作文してください。

語彙 □바닷가：海辺、ビーチ　□바라보다：眺める

今日の日記

この日記には間違いが5か所あります。よく読んで間違いを直してください。

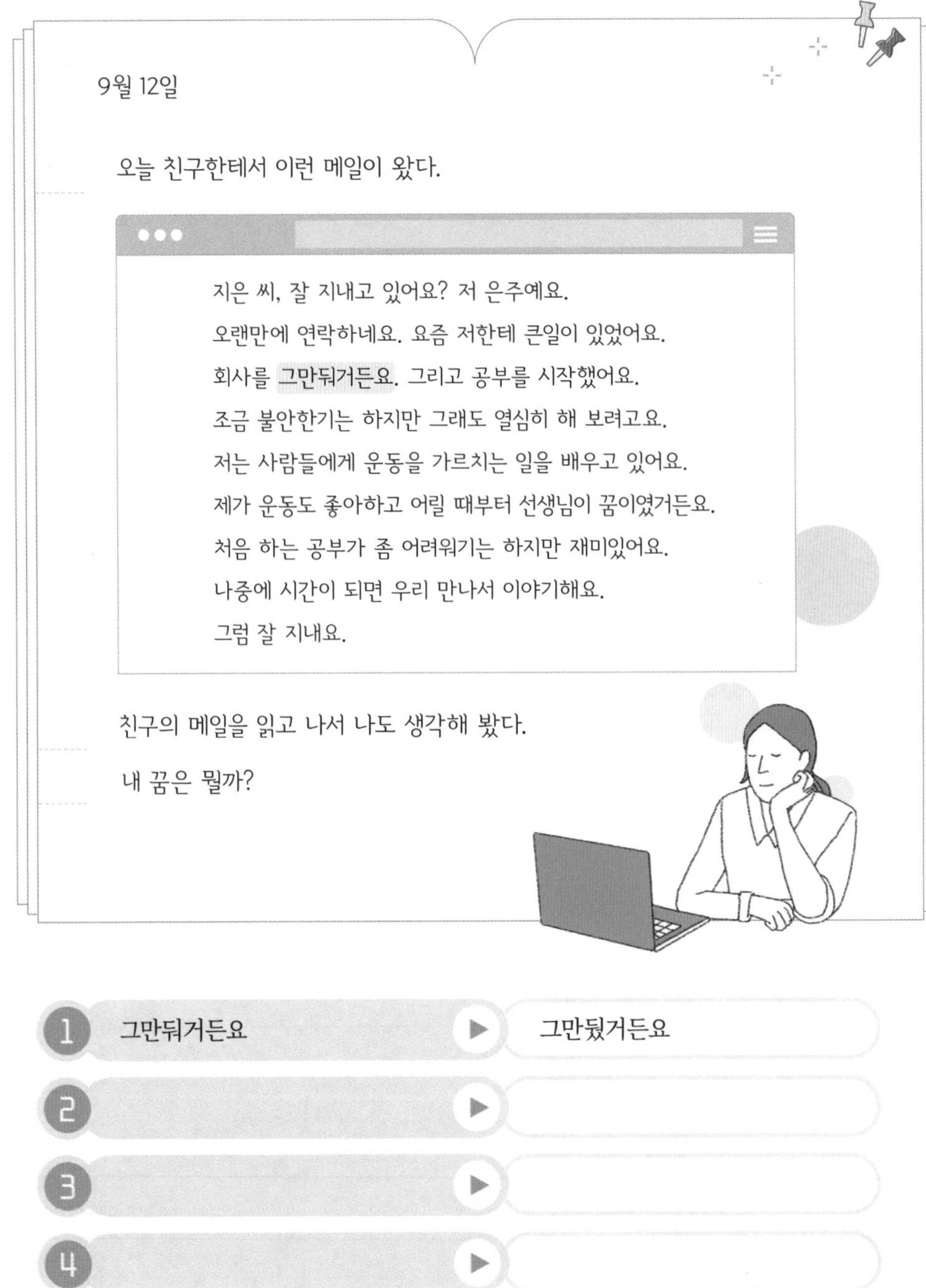

9월 12일

오늘 친구한테서 이런 메일이 왔다.

지은 씨, 잘 지내고 있어요? 저 은주예요.
오랜만에 연락하네요. 요즘 저한테 큰일이 있었어요.
회사를 그만둬거든요. 그리고 공부를 시작했어요.
조금 불안한기는 하지만 그래도 열심히 해 보려고요.
저는 사람들에게 운동을 가르치는 일을 배우고 있어요.
제가 운동도 좋아하고 어릴 때부터 선생님이 꿈이였거든요.
처음 하는 공부가 좀 어려워기는 하지만 재미있어요.
나중에 시간이 되면 우리 만나서 이야기해요.
그럼 잘 지내요.

친구의 메일을 읽고 나서 나도 생각해 봤다.

내 꿈은 뭘까?

1	그만둬거든요	그만뒀거든요
2		
3		
4		

理解度チェック

11課

語彙

1 この課の新出語彙です。覚えた語彙には✓を付けてください。

- ☐ 에스엔에스(SNS)
- ☐ 부담이 되다
- ☐ 보람
- ☐ 결석하다
- ☐ 햄버거
- ☐ 맛집
- ☐ 올리다
- ☐ 댓글
- ☐ 반응
- ☐ 과유불급
- ☐ 중독
- ☐ 눈을 뜨다
- ☐ 달리다
- ☐ 수
- ☐ 단점
- ☐ 지나치다
- ☐ 심하다
- ☐ 오히려
- ☐ 칭찬하다
- ☐ 갈비
- ☐ 기준
- ☐ 추억
- ☐ 지도
- ☐ 프로그램
- ☐ 바닷가
- ☐ 바라보다

分からない語彙が5つ以上あれば、学習内容をおさらいして覚えてください。

表現

2 与えられた語句をこの課で習った適切な表現にして、文を完成させてください。

A 지은 씨, 그 휴대 전화는 바꿀 때가 된 것 같아요. 소리가 안 나오네요.

B 소리가 ☐☐☐☐☐☐☐☐ 저한테는 소중한 휴대 전화예요.
(안 나오다)

A 소중한 휴대 전화요? 왜요?

B 제가 첫 월급으로 이 휴대 전화를 ☐☐☐☐.
(사다)

- -거든요を使って、前で述べた内容に対する理由や原因、事実などを表現できますか？ ☐
- -기는 하지만を使って、相手の言葉を認めながらも別の考えや意見を提示することができますか？ ☐

分からない表現があれば、文法のページを復習してください。

12

이번 주에 한번 모이자고 해

今週一度集まろうと言ってよ

学習目標
勧誘や提案、質問の内容を伝えることができる

文法
- ～しようという、～するのはやめようという
- ～するのかという、～なのかという

ジウンさんとユラさんの会話を聞いて答えてください。

1 ジウンさんとユラさんは、今週何をするつもりですか？

2 友達と集まりを計画するとき、最初にすることは何ですか？

文法

❶ V-자고 하다, V-지 말자고 하다
～しようという、～するのはやめようという

V-자고 하다は、自分が提案・勧誘したことや、他人から聞いた提案・勧誘を伝える表現です。否定にはV-지 말자고 하다を使います。

1

지은 이번 주말에 바빠요? 유라가 한강에 가서 **놀자고 했어요**. 같이 가요.

민호 그래요? 저도 가고 싶은데 밀린 일이 좀 있어서요.

지은 유라가 한강에서 치킨도 먹고 자전거도 **타자고 했는데요**.
많이 바쁘면 어쩔 수 없지요.

민호 다음 주는 괜찮을 것 같은데요. 유라 씨한테 다음 주말에 **가자고 하면** 안 될까요?

2

지은 민호 씨, 저 오늘 모임에 못 갈 것 같아요.
감기가 심해서 병원에서 외출도 하지 말라고 했거든요.

민호 많이 아파요? 오늘 승윤 씨가 맛있는 거 **먹자고 했는데요**.

지은 미안해요. 몸이 너무 안 좋아요. 다음에 만나요.

민호 그럼 친구들한테 오늘 **만나지 말자고 할게요**. 지은 씨 감기가 다 나으면 만나요.

練習 1 それぞれの文の表現が適切であれば○を、そうでなければ×を付けてください。

(1) 언니가 술을 마시지 마자고 했어요. (　　)

(2) 형이 같이 케이크를 만들자고 했어요. (　　)

(3) 친구가 그 영화 내용이 궁금하자고 했어요. (　　)

練習 2 例のaの部分を(1)～(3)の語句と入れ替え、それぞれ適切な表現にして話す練習をしてみましょう。

例
A 안나 씨가 뭐라고 했어요?
B [a]내일 모임에 같이 가자고 했어요.

(1) 같이 모여서 공부하다

(2) 날씨가 추우니까 창문을 닫다

(3) 같이 일본 음식 만드는 방법을 배우다

語彙 □밀리다: (物事が) たまる、滞る　□어쩔 수 없다: どうしようもない、仕方ない

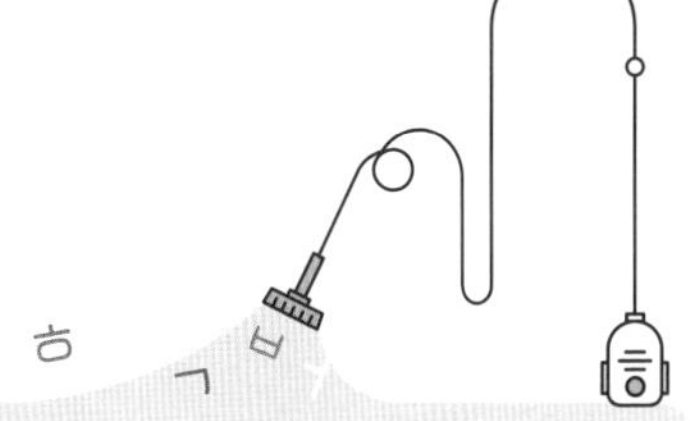

❷ V-느냐고 하다, A-(으)냐고 하다 ～するのかという、～なのかという

他人から聞いた疑問や質問の内容を伝える表現です。名詞はN(이)냐고 하다の形になります。

12-3

1

승윤 형, 아까 형 어머니께서 나한테 전화하셨어.

서준 그래? 어머니께서 왜 너한테 전화를 하셨지?

승윤 형이 전화를 안 받는다고 하셨어. 형한테 무슨 일 **있느냐고**[인느냐고] **물으셨어.**

서준 아까 바빠 가지고 전화 못 받았는데. 내가 전화 드릴게. 다른 말씀은 없으셨지?

승윤 아, 집에 반찬이 아직 **많으냐고 하셨어.** 없으면 가지고 오신다고 하셨어.

2

유라 승윤 씨, 아직 감기 다 안 나았어요? 어제 수업에 안 와서 친구들이 걱정했어요.
저한테 승윤 씨 **괜찮으냐고 물었어요.** 그리고 수업에 언제 **오느냐고 물었어요.**

승윤 이제 괜찮아요. 감기가 너무 심해서 3일 동안 집에 있었어요.

유라 정말 힘들었겠네요. 괜찮아져서 다행이에요.

参考 -느냐고 하다、-(으)냐고 하다の하다の代わりに、묻다、물어보다のような動詞も使うことができます。

練習3 それぞれの文の表現が適切であれば○を、そうでなければ×を付けてください。

(1) 주말에 뭐 했으냐고 했어요. ( )

(2) 내일 날씨가 좋느냐고 했어요. ( )

(3) 안나 씨가 떡볶이가 매우냐고 물었어요. ( )

練習4 例のaの部分を(1)～(3)の語句と入れ替え、それぞれ適切な表現にして話す練習をしてみましょう。

例
A 캐서린 씨가 뭐라고 했어요?
B [a]집에 가서 뭐 먹느냐고 물었어요.

(1) 공부가 힘들다

(2) 감기가 다 나았다

(3) 저 영화가 무섭다

リーディング練習

1 文を読んで質問に答えてください。

외국인들이 한국인을 만나면 가장 많이 하는 질문은 무엇일까?

나는 일본에서 유학했는데 일본 친구들이 한국 남자들은 꼭 군대에 가야 **하느냐고** 자주 **물었다**. 외국인들은 한국의 군대 문제에 대해 궁금해하는 것 같다. 그리고 한국 사람들이 일본어를 배우면 잘하는 편인데 그 이유가 **무엇이냐고** 많이 **물어봤다**. 그러면 나는 일본어와 한국어의 말하는 순서가 비슷하고, 발음이 비슷한 단어가 많아서 쉽게 배우는 것 같다고 대답했다.

나도 한국에 온 외국인들을 만나면 물어보고 싶은 것이 있다. 우선 왜 한국어를 **공부하느냐고 묻고** 싶고, 한국어를 공부할 때 무엇이 가장 **어려우냐고 묻고** 싶다. 그리고 서로에게 언어를 가르쳐 **보자고 하고** 싶다.

요즘 기술이 좋아지면서 통역 프로그램이 많이 발전했다. 하지만 나는 사람하고 직접 의사소통을 하는 것이 의미 있다고 생각한다. 그래서 외국어 공부를 더 열심히 할 생각이다.

군대 문제에 대해

N에 대해（～について）は、ある対象を説明するときに使う表現です。

例 • 한국 문화에 대해 이야기하겠습니다.
韓国文化について話します。
• 그 책을 읽으면 인생에 대해 알 수 있다.
その本を読めば人生について知ることができる。

(1) この文の内容と同じものとして最も適切なものを選んでください。

① 이 사람은 외국인에게 한국에 온 이유를 물어봤다.
② 일본 사람들은 군대에 가는 것을 좋아하지 않는다.
③ 이 사람은 통역 프로그램을 사용해서 외국인과 이야기한다.
④ 일본어와 한국어의 비슷한 점 때문에 일본어를 잘하는 한국인이 많다.

(2) この人が外国人に尋ねたいことは何ですか？　質問の形で書いてください。

➡ ________________________________

語彙 □군대：軍隊　□언어：言語　□통역：通訳　□발전하다：発展する　□의사소통：意思疎通

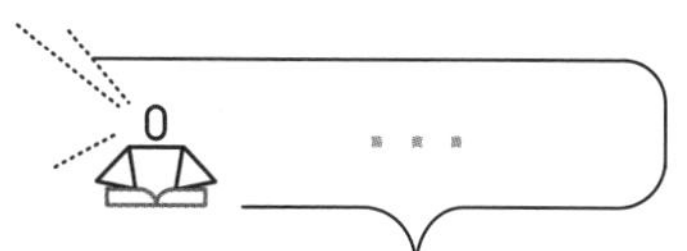

⑶ 皆さんは外国人に会ったことがありますか？ その外国人は皆さんにどんなことを尋ねましたか？　それぞれの項目について書き込み、話してください。

외국인한테 들은 질문이 뭐예요?	
뭐라고 대답했어요?	

⑷ 皆さんは韓国の人にぜひ聞いてみたいことや、言いたいことはありますか？ その理由は何ですか？ それぞれの項目について書き出し、話してください。

물어보고 싶은 것이나 하고 싶은 말	
그 이유	

表現plus

기술

技術
①科学的な技術
②腕前

- 과학 **기술**이 발전해서 생활이 편해졌다.
  科学技術が発展して生活が楽になった。
- 우리 아버지는 차를 고치는 **기술**이 정말 좋다.
  私の父は車を直す腕前が本当に良い。

やってみよう

1 音声を聞いて質問に答えてください。

(1) 들은 내용과 같은 것을 고르세요.

① 남자는 된장찌개를 만들고 있다.
② 여자가 요리하려면 시간이 많이 필요하다.
③ 남자는 된장찌개를 좋아해서 자주 먹는다.
④ 남자가 주문한 음식과 다른 음식이 나왔다.

(2) 여자가 이어서 할 행동으로 알맞은 것을 고르세요.

① 된장찌개를 더 주문한다.
② 주인에게 주문한 메뉴를 확인한다.
③ 남자한테 먹고 싶은 음식을 물어본다.
④ 남자한테 다른 식당으로 가자고 말한다.

2 レストラン・カフェ・デパートで、いやな思いをした経験がありますか？ そのときどうしましたか？ それぞれの項目について書き出し、話してください。

	식당 / 카페 / 백화점에서 어떤 일이 있었어요?	어떻게 했어요?
승윤 씨	식당에서 음식을 주문했는데 내 음식만 나오지 않았다.	계속 기다리다가 음식이 언제 나오느냐고 종업원에게 물었다.

3 音声を聞いて空欄に当てはまる語句を書いてください。

(1) 남자는 여자한테 다음 주에 열리는 머드 축제에 ＿＿＿＿＿＿＿＿ 했다.

(2) 여자는 유라 씨한테 전화해서 ＿＿＿＿＿＿＿＿ 물어볼 것이다.

語彙 □두다：置く □종업원：従業員 □머드：マッド（泥）

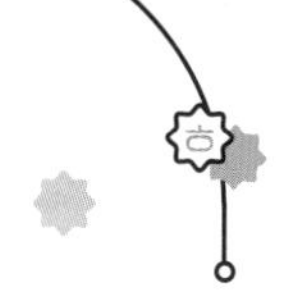

4 親しい友達と一緒にやってみたいことはありますか？　それぞれの項目について書き出し、例を参考にして話してください。

저는 친구들하고 같이 가을에 단풍을 보러 가고 싶어요. 텔레비전 뉴스에서 빨간 단풍을 보며 등산하는 사람들을 많이 봤어요. 그 사람들을 보니까 저도 친구들과 등산을 가서 단풍을 보고 싶어졌어요. 친구들한테 가을에 같이 산에 가자고 말할 거예요.

친한 친구들과 같이 해 보고 싶은 일	
그 일을 하고 싶은 이유	
친구들에게 뭐라고 말할 거예요?	

5 4で話した内容を整理し、「友達と一緒にしたいこと」をテーマに作文してください。

今日の日記

この日記には間違いが4か所あります。よく読んで間違いを直してください。

10월 3일

안나 씨가 오후에 한국어 공부를 같이 했자고 했다.

그래서 우리는 도서관에서 만나서 같이 공부를 했다.

공부가 끝나고 안나 씨는 배가 안 고프으냐고 하면서 같이 밥 먹으자고 했다.

하지만 나는 오늘 약속이 있어서 다음에 먹으면 어떠냐고 했다.

안나 씨한테 미안했지만 오래 전에 한 약속이라서 어쩔 수 없었다.

안나 씨는 마음이 넓은 친구라서 나를 이해해 주었다. 내일은 내가 먼저 안나 씨한테 전화를 해서 같이 저녁을 먹을 수 있으냐고 물어봐야겠다.

1. 했자고 했다 ▶ 하자고 했다
2. ▶
3. ▶
4. ▶

理解度チェック

12課

語彙

1 この課の新出語彙です。覚えた語彙には✓を付けてください。

- ▢ 동호회
- ▢ 되게
- ▢ 밀리다
- ▢ 어쩔 수 없다
- ▢ 군대
- ▢ 언어
- ▢ 기술
- ▢ 통역
- ▢ 발전하다
- ▢ 의사소통
- ▢ 두다
- ▢ 종업원
- ▢ 머드

分からない語彙が5つ以上あれば、学習内容をおさらいして覚えてください。

表現

2 与えられた語句をこの課で習った適切な表現にして、文を完成させてください。

A 아까 언니하고 통화했죠? 언니가 뭐라고 했어요?

B 내일 셋이 같이 ▢▢▢▢▢ 했어요.
（저녁 먹다）

A 그래요? 좋아요. 뭘 먹을까요?

B 저는 다 좋아요. 언니한테 ▢▢▢▢▢▢▢▢▢ 물어볼게요.
（어떤 음식이 좋다）

・勧誘や提案、質問の内容を伝えることができますか？ ▢

分からない表現があれば、文法のページを復習してください。

13

합격하기 위해서 열심히 공부했지요

合格するために一生懸命勉強しましたよ

学習目標

-기 위해서、을/를 위해서、-게を使って目的や意図を表現できる

文法

- ～するために、～のために
- ～するように

ジウンさんとミノさんの会話を聞いて答えてください。

1 ミノさんはこれから何をしますか？

2 試験に合格できる勉強方法について話してください。

文法

❶ V-기 위해서, N을/를 위해서
～するために、～のために

動詞や名詞の後に付いて、成し遂げようとしている内容や目的を表す表現です。

1

민호 요즘 몸이 자주 아파요.

지은 운동 안 해요? 운동해야 돼요. 저도 건강을 **지키기 위해서** 매일 운동해요.

민호 이제부터 저도 제 **건강을 위해서** 매일 운동해야겠어요.

지은 건강은 건강할 때 지켜야 해요.

2

민호 이거 받으세요. **지은 씨를 위해서** 준비했어요.

지은 웬 책이에요?

민호 지은 씨가 이 작가를 좋아하잖아요. 그래서 샀어요.

지은 **저를 위해서요**? 정말 고마워요.

参考 -기 위해서は、計画や目的があることを表す-(으)려고と似ています。また、-기 위하여(-기 위해)、-기 위한の形でも使います。-기 위한は名詞を修飾する連体形の形です。

例 이곳은 학생들이 공부하기 위한 도서관입니다.
ここは学生たちが勉強するための図書館です。

練習1 それぞれの文の表現が適切であれば○を、そうでなければ×を付けてください。

(1) 이건 언니를 위한이에요. (　　)

(2) 부모님을 위해서 여행을 예약했어요. (　　)

(3) 저 사람들은 나라를 위해 열심히 노력한 축구 선수들이에요. (　　)

練習2 例のaの部分を(1)～(3)の語句と入れ替え、それぞれ適切な表現にして話す練習をしてみましょう。

例
A 왜 여기에 왔어요?
B [a]한국어를 배우기 위해 왔어요.

(1) 대학교에 입학하다

(2) 한국 친구를 사귀다

(3) 환경 문제를 조사하다

語彙 □웬：どういう、どうした　□작가：作家　□노력하다：努力する　□환경：環境

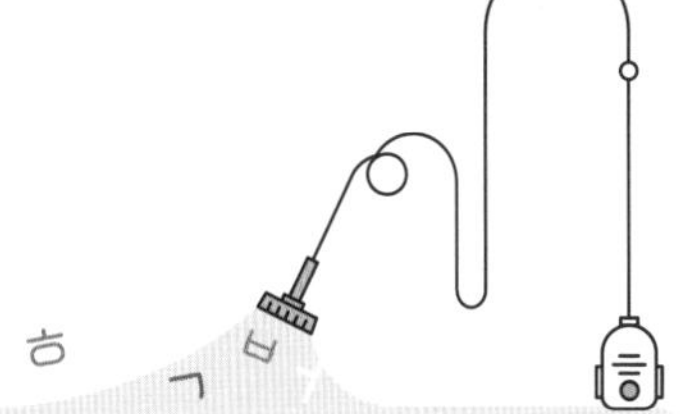

❷ V-게 ～するように

動詞の後に付いて、後節の行為の目的を表す表現です。

13課

13-3

1

 지은 승윤 씨, 잘 안 들리는데요. 뒤까지 잘 **들리게** 크게 말해 주세요.

승윤 네, 알겠습니다. 이제 잘 들리시죠? 저는 한국 문화에 대한 발표를 맡았습니다.
여러분이 잘 **이해할 수 있게** 최선을 다해서 발표하겠습니다.
그리고 다른 학생들이 **집중할 수 있게** 조금만 조용히 해 주시면 감사하겠습니다.

2

승윤 여러분, 사진을 **찍게** 모이세요.

유라 뒤에 배경이 사진에 **나오게** 찍어 주세요.

지은 그리고 사진에 우리 모두 나왔으면 좋겠어요.

승윤 네, 그럼 두 줄로 서세요. 자, 찍을게요. '김치' 하세요.

参考 -게は-기 위해서と意味が似ていますが、前節と後節の主語が違う状況では-게がよく使われます。

練習 3 それぞれの文の表現が適切であれば○を、そうでなければ×を付けてください。

(1) 빵을 먹었게 우유 좀 주세요. (　　)

(2) 집을 정리하게 가방들을 치워 주세요. (　　)

(3) 아기가 깨지 않게 방에 조용히 들어갔다. (　　)

練習 4 例のa、bの部分を(1)～(3)のa、bの語句と入れ替え、それぞれ適切な表現にして話す練習をしてみましょう。

例 [a]감기에 안 걸리게 [b]옷을 따뜻하게 입으세요.

(1) [a]잠을 자다 / [b]음악을 끄다

(2) [a]영화에 집중하다 / [b]조용히 해 주다

(3) [a]약속에 늦지 않다 / [b]지하철을 타다

語彙 □맡다：引き受ける、受け持つ　□최선을 다하다：最善を尽くす　□집중하다：集中する
□배경：背景　□치우다：片づける　□깨다：起きる、目覚める

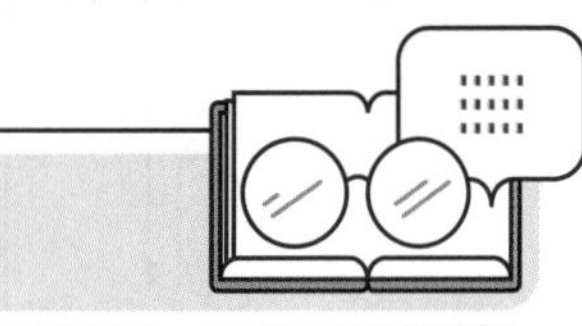

リーディング練習

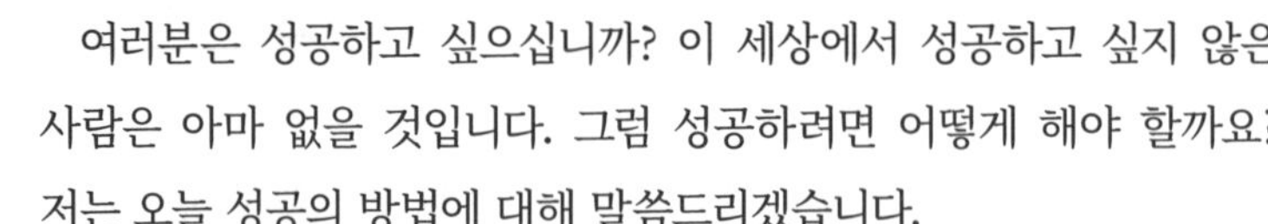

1 文を読んで質問に答えてください。

여러분은 성공하고 싶으십니까? 이 세상에서 성공하고 싶지 않은 사람은 아마 없을 것입니다. 그럼 성공하려면 어떻게 해야 할까요? 저는 오늘 성공의 방법에 대해 말씀드리겠습니다.

성공의 방법에는 여러 가지가 있을 것입니다. 하지만 제가 여러분께 말씀드리고 싶은 성공의 방법은 바로 계획과 실천입니다.

어떤 성공한 야구 선수는 '19세에 영어를 완벽하게 한다', '20세에 원하는 팀에 들어간다' 이렇게 나이에 이룰 일을 계획하고, 그 계획을 **실천하기 위해서** 매일 최선을 다해서 훈련했다고 합니다. 한 유명한 사업가는 5분도 **낭비하지 않게** 하루 동안 해야 할 일을 매우 자세하게 계획했다고 합니다. 그리고 자신의 목표를 자세하게 적은 종이를 방에 붙여 놓고, 그 목표를 **잊지 않게** 매일 보면서 연습했다고 하는 가수도 있습니다.

자신이 할 일을 계획하고 이것을 실천하는 일은 매우 중요합니다. 하지만 먼저 해야 할 일이 있습니다. 자신의 목표를 **세우는** 일입니다. 목표를 세우지 못하면, 미래를 계획하지 못하고 계획을 실천할 수도 없습니다. 자신이 바라는 미래를 생각해 보고 목표를 세워 보세요. 그리고 그 목표를 **이루기 위해** 미래를 계획하고 최선을 다해서 실천해 보세요. 지금까지 제 발표를 들어 주셔서 감사합니다.

목표를 세우지 못하면
V-지 못하다は、못 Vと意味・用法が同じです。

例 저는 수영을 하지 못해요.
= 저는 수영을 못 해요.
私は水泳ができません。

語彙 □성공하다：成功する □세상：世間、世の中 □실천：実践 □완벽하다：完璧だ □훈련하다：訓練する □사업가：事業家 □낭비하다：浪費する □종이：紙 □붙이다：貼り付ける

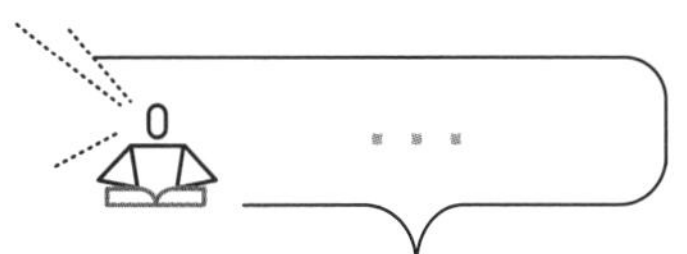

(1) この文章はエリックさんの発表文です。エリックさんはこの発表文を書く前に、次のように内容を整理しました。空欄に当てはまる語句を書いてください。

발표 주제 소개	①＿＿＿＿＿＿의 방법
발표 내용에 대한 자세한 설명	〈성공한 사람들의 이야기 소개〉 • 야구 선수: ②＿＿＿＿＿＿에 이룰 일을 계획해 놓고 훈련했다. • 사업가: ③＿＿＿＿＿＿도 낭비하지 않게 할 일을 계획했다. • 가수: ④＿＿＿＿＿＿을/를 적어 놓고 매일 보면서 연습했다.
발표 내용 정리	먼저 목표를 세우고 이를 ⑤＿＿＿＿＿＿ 미래를 계획하고 실천해야 한다.

(2) 皆さんが考える成功するための方法はどんなことですか？ どうしてそう思いますか？ それぞれの項目について書き出し、話してください。

내가 생각하는 성공의 방법	
그 이유	

表現plus

세우다

① (計画を) 立てる
② (動いているものを) 止める

• 여행을 가기 위해 계획을 **세우고** 있어요.
旅行に行くために計画を立てています。

• 여기에 차를 **세워** 놓고 화장실에 다녀올게요.
ここに車を止めておいて、トイレに行ってきます。

13課

やってみよう

1 音声を聞いて質問に答えてください。

(1) 들은 내용과 같은 것을 고르세요.

① 한국에서 숫자 ‘4’는 ‘죽다’를 뜻한다.
② 안나 씨는 한국에 온 지 3년이 되었다.
③ 안나 씨는 친절한 성격이라서 인기가 많다.
④ 독일에서는 축구 경기를 보면서 선수들을 응원한다.

(2) 다음은 안나 씨가 발표하기 전에 쓴 내용입니다. 빈칸에 알맞은 말을 써 보세요.

발표 주제 소개	나의 ①＿＿＿＿＿＿
발표 내용에 대한 자세한 설명	〈한국에서 한 재미있는 경험 소개〉 • 한국 병원의 엘리베이터에는 ②＿＿＿＿＿＿이/가 없다. • 한국 사람들은 축구 경기를 ③＿＿＿＿＿＿할 때 ④＿＿＿＿＿＿ 옷을 입고 거리에 모인다.
발표 내용 정리	열정적인 한국 사람들처럼 나도 ⑤＿＿＿＿＿＿ 노력하고 있다.

2 皆さんの国の人たちが嫌ったり避けたりする数字はありますか？　その理由は何ですか？　それぞれの項目について書き出し、話してください。

싫어하거나 피하는 숫자	
그 이유	

語彙 □대신：代わりに　□죽다：死ぬ　□열정적：情熱的　□피하다：避ける

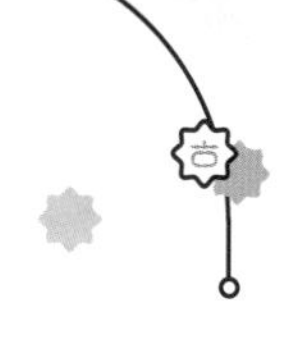

3 皆さんは"韓国"というと何を思い浮かべますか？　それぞれの項目について書き出し、"韓国"について発表してください。

(1) '한국'과 관계있는 발표 주제를 정하고 발표할 내용을 메모해 보세요.

발표 주제 소개	
발표 내용에 대한 자세한 설명	
발표 내용 정리	

(2) (1)에 메모한 내용을 보고 발표해 보세요. 친구들의 발표를 듣고 궁금한 것이 있으면 질문해 보세요.

4 3で話した内容を整理し、発表したテーマについて作文してください。

今日の日記

この日記には間違いが３か所あります。よく読んで間違いを直してください。

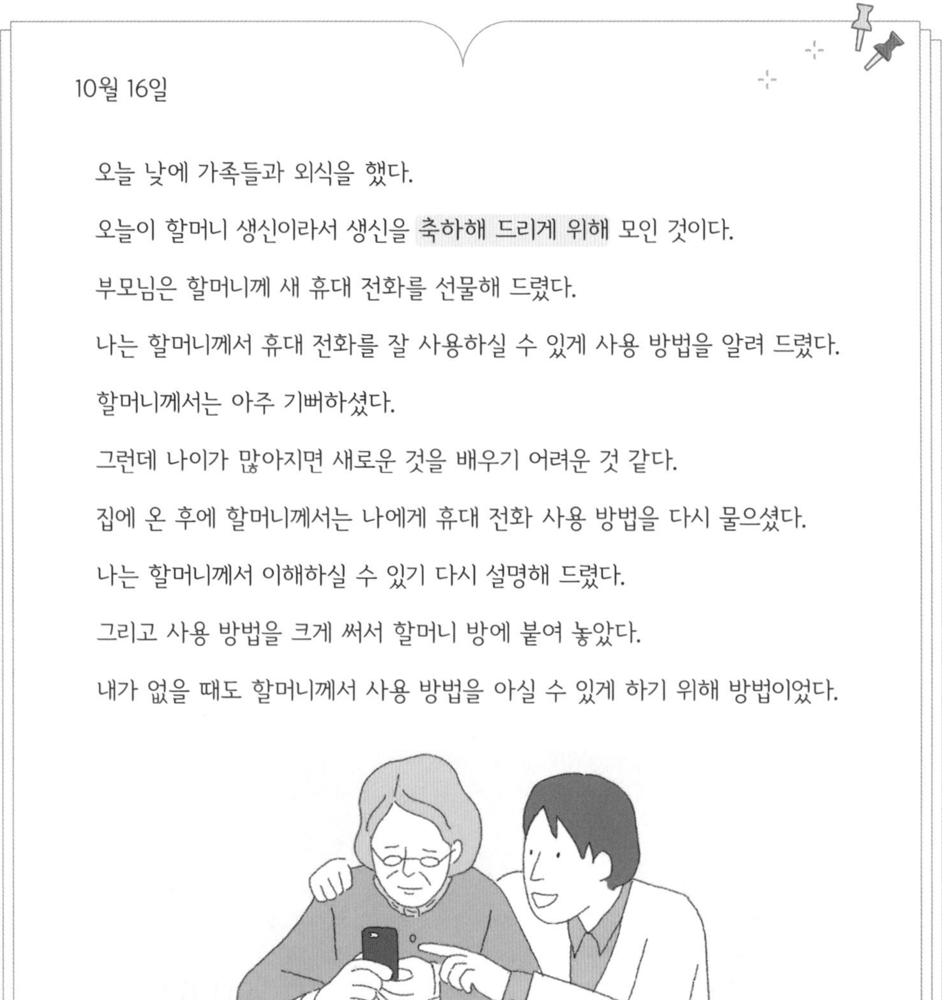

10월 16일

오늘 낮에 가족들과 외식을 했다.
오늘이 할머니 생신이라서 생신을 축하해 드리게 위해 모인 것이다.
부모님은 할머니께 새 휴대 전화를 선물해 드렸다.
나는 할머니께서 휴대 전화를 잘 사용하실 수 있게 사용 방법을 알려 드렸다.
할머니께서는 아주 기뻐하셨다.
그런데 나이가 많아지면 새로운 것을 배우기 어려운 것 같다.
집에 온 후에 할머니께서는 나에게 휴대 전화 사용 방법을 다시 물으셨다.
나는 할머니께서 이해하실 수 있기 다시 설명해 드렸다.
그리고 사용 방법을 크게 써서 할머니 방에 붙여 놓았다.
내가 없을 때도 할머니께서 사용 방법을 아실 수 있게 하기 위해 방법이었다.

1	축하해 드리게 위해	▶ 축하해 드리기 위해
2		▶
3		▶

語彙 □외식：外食

理解度チェック

語彙

1 この課の新出語彙です。覚えた語彙には✓を付けてください。

□ 글쎄	□ 웬	□ 작가	□ 노력하다
□ 환경	□ 맡다	□ 최선을 다하다	□ 집중하다
□ 배경	□ 치우다	□ 깨다	□ 성공하다
□ 세상	□ 실천	□ 완벽하다	□ 훈련하다
□ 사업가	□ 낭비하다	□ 종이	□ 붙이다
□ 세우다	□ 대신	□ 죽다	□ 열정적
□ 피하다	□ 외식		

分からない語彙が5つ以上あれば、学習内容をおさらいして覚えてください。

13課

表現

2 与えられた語句をこの課で習った適切な表現にして、文を完成させてください。

A 아이가 자고 있어요. □□□□ 조용히 들어와요.
(깨지 않다)

B 알겠어요. □□□□□□□ 선물을 사 왔는데 내일 줘야겠어요.
(우리 딸)

・-기 위해서、을/를 위해서、-게を使って目的や意図を表現できますか？ □

分からない表現があれば、文法のページを復習してください。

14

몇 시에 시작하는지 알아요?

何時に始まるか知っていますか？

CONCERT
PM 6:00

学習目標
- -는지 알다/모르다、-(으)ㄴ지 알다/모르다を使って、ある事実を知っているか尋ねたり答えたりできる
- -ㄴ/는대요、-대요、(이)래요を使って、聞いた話を他者に伝えられる

文法
- ～するのか知っている／知らない、～なのか知っている／知らない
- ～するそうです、～だそうです

14-1

ジウンさんとスンユンさんの会話を聞いて答えてください。

1 公演は何時に行いますか？

2 皆さんは、好きな歌手の公演を見たことがありますか？

文法

❶ V-는지 알다/모르다, A-(으)ㄴ지 알다/모르다 ～するのか知っている／知らない、～なのか知っている／知らない

ある事実について知っているか尋ねたり答えたりするときに使う表現です。

1

지은 요즘 안나 씨 못 본 지 오래되었네. 어떻게 **지내는지 알아**?

유라 사실 나도 연락 안 한 지 오래되었어. 아직 한국에 있을까?

지은 글쎄. 내가 연락해 볼게. 한국에 있으면 한번 만나자고 할까?

유라 응. 언제 시간이 **괜찮은지 물어봐.**

2

민호 내일 결혼식에 가야 하는데 거기까지 어떻게 **가는지** 잘 **몰라요.**

지은 인터넷으로 찾아보면 어떻게 **가는지 알 수 있어요.**
그리고 시간이 얼마나 **걸리는지 알 수 있고요.**

민호 그래요? 고마워요. 인터넷으로 찾아볼게요.

参考 この表現の前には普通、언제（いつ）、어디서（どこで）、어떻게（どのように）、누가（誰が）、왜（なぜ）のような表現を使います。알다（知っている、分かる）、모르다（知らない、分からない）の代わりに물어보다（尋ねる）、확인하다（確認する）、알아보다（調べる）のような動詞も使えます。

練習 1 それぞれの文の表現が適切であれば○を、そうでなければ×を付けてください。

(1) 친구가 왜 바쁘는지 몰라요.　（　　）

(2) 아까 동생이 왜 전화를 했는지 몰라요.　（　　）

(3) 리나 씨가 어디로 이사를 가는지 알아요?　（　　）

練習 2 例のa、bの部分を(1)～(3)のa、bの語句と入れ替え、それぞれ適切な表現にして話す練習をしてみましょう。

例
A [a]언제 모이는지 알아요?
B [b]금요일 오후 5시에 모여요.

(1) [a]누가 오다 / [b]에릭 씨하고 안나 씨가 오다

(2) [a]어디에서 만나다 / [b]항상 모이는 카페에서 만나다

(3) [a]승윤 씨가 왜 안 오다 / [b]승윤 씨는 다른 약속이 있다고 하다

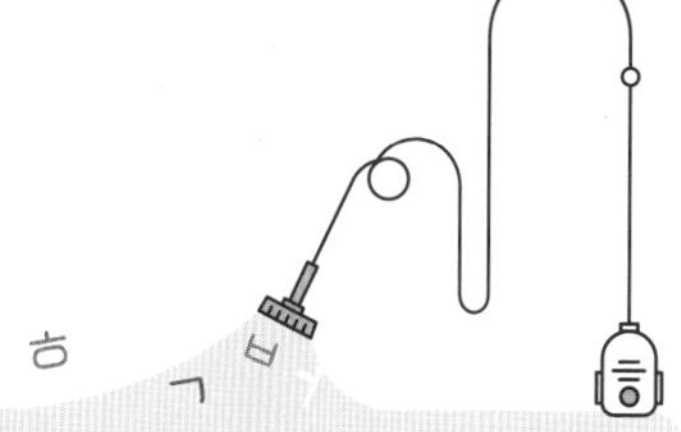

❷ V-ㄴ/는대요, A-대요, N(이)래요 ～するそうです、～だそうです

聞いた話を他者に伝える表現です。

14-3

14課

1

지은 늦어서 미안해요. 부장님이 갑자기 일을 시키셔서요.

민호 괜찮아요. 아직 승윤 씨도 안 왔어요. 조금 **늦는대요.** [는는대요]

지은 서준 씨는요?

민호 서준 씨는 지금 **오고 있대요.**

2

민호 내일 지은 씨가 좋아하는 가수의 공연이 **있대요.** [읻때요]

지은 정말요? 어디에서 **한대요?**

민호 시청 광장에서 5시에 **시작한대요. 무료래요.**

지은 그래요? 내일 꼭 가 봐야겠어요. 알려 줘서 고마워요.

参考 この表現は、-다고 하다を略して使っている表現です。

練習 3 それぞれの文の表現が適切であれば○を、そうでなければ×を付けてください。

(1) 내일 눈 오는대. ( )

(2) 이 영화는 정말 재미있대요. ( )

(3) 친구가 교통사고로 다리를 다쳐서 입원했대요. ( )

練習 4 例のaの部分を(1)～(3)の語句と入れ替え、それぞれ適切な表現にして話す練習をしてみましょう。

例
A 얀토 씨가 뭐라고 했어요?
B [a]내일까지 숙제 때문에 바쁘대요.

(1) 사랑하는 사람이 생겼다

(2) 감기에 걸려서 몸이 안 좋다

(3) 지금 친구들하고 여행을 가다

語彙 □광장：広場

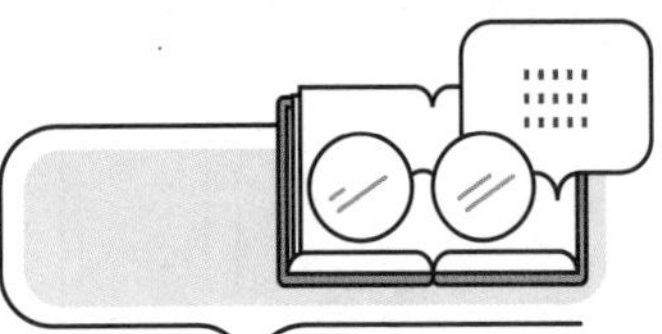

リーディング練習

1 文を読んで質問に答えてください。

“이번에 우리 회식 대신 뭐 **하는지 알아요**? 모두 같이 공연을 보러 **간대요**.”

며칠 전에 우리 팀 미나 씨가 이렇게 말했다. 저녁에 회식을 하는 대신 공연을 본다고 하니까 정말 설레었다. 공연을 아주 좋아하지만 볼 기회가 별로 없었기 때문이다.

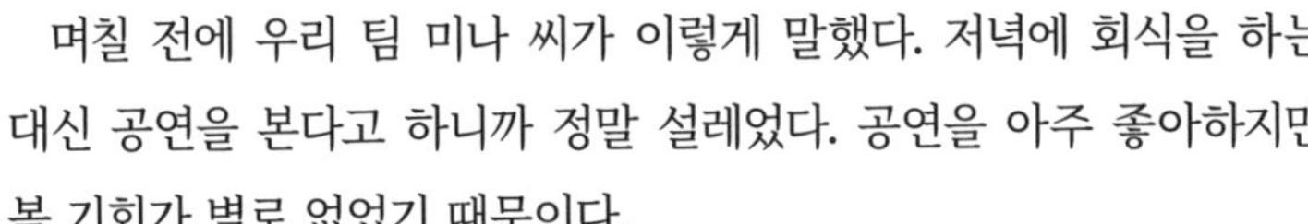

드디어 오늘 공연을 보러 갔다. 동료들과 이야기를 하면서 공연이 시작되기를 기다렸다. 공연은 신나는 사물놀이로 시작했다. ‘흥부와 놀부 이야기’라서 아주 익숙한 내용이었지만 노래와 춤으로 보니까 더 재미있었다. 배우들의 연기도 좋고 노래도 좋았다. 그래서 이미 알고 있는 이야기였지만 지루하지 않았다.

이 공연은 무대도 화려했다. 특히 흥부가 부자가 되는 장면에서는 무대가 더욱 화려해졌다. 그리고 마지막에는 관객들이 무대에 올라가서 배우들과 같이 춤추고 즐길 수 있는 시간도 있었다.

공연을 보면서 웃고 즐기니까 스트레스가 싹 사라지는 느낌이 들었다. 앞으로 가끔은 회식을 하는 대신 공연을 봤으면 좋겠다.

볼 기회가 별로 없었기 때문이다.

V/A-기 때문이다（～するからだ、～だからだ）は理由を表すときに使う表現です。N 때문에（～のせいで）のように、V/A-기 때문에（～するせいで、～なせいで）の形でも使います。

例 요즘 바쁘기 때문에 안나 씨랑 놀러 갈 시간이 없다.
最近忙しくてアンナさんと遊びに行く時間がない。

(1) この文の内容と同じものとして最も適切なものを選んでください。

① 이 사람은 평소에 공연을 자주 보러 다니는 편이다.

② 이 사람은 회사 동료들 때문에 스트레스를 많이 받았다.

③ 이 사람이 다니는 회사는 앞으로 회식을 하지 않기로 했다.

④ 이 공연은 이 사람에게 익숙한 이야기였지만 지루하지 않았다.

語彙 □드디어：ついに　□동료：同僚　□사물놀이：サムルノリ（伝統楽器を用いた韓国の現代音楽）　□무대：舞台、ステージ　□화려하다：華やかだ　□부자：金持ち、裕福な者　□관객：観客　□올라가다：上る、上がる　□즐기다：楽しむ

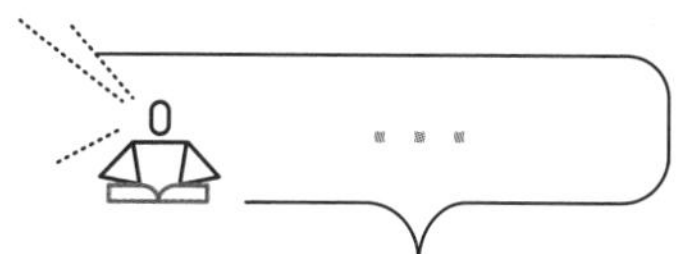

(2) この文の筆者が見た公演の内容を整理して、空欄に当てはまる語句を書いてください。

- 제일 처음 ①＿＿＿＿＿＿＿＿로 시작되었다.
- '흥부와 놀부 이야기'가 ②＿＿＿＿＿＿와/과 ③＿＿＿＿＿＿(으)로 표현되었다.
- 공연의 마지막에는 관객들이 ④＿＿＿＿＿＿에 올라가서 배우들과 같이 즐겼다.

14課

(3) この人はこの公演を見ながらどんな気持ちになりましたか？

➡ ＿＿＿＿＿＿＿＿＿＿＿＿＿＿＿＿

(4) 皆さんは思い出に残る公演がありますか？　どんな公演でしたか？　それぞれの項目について書き出し、話してください。

기억에 남는 공연	
그 이유	

表現plus

싹　さっと、すっぱり、すっかり、少しも残さずにすべて

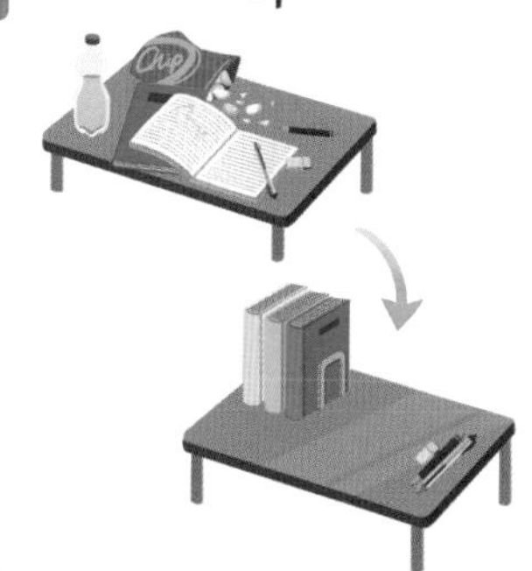

- 더러운 책상 위를 **싹** 정리하니까 기분이 좋았다.
  汚い机の上をさっと片付けたら気分が良かった。
- 노래방에서 신나게 놀았다. 스트레스가 **싹** 없어지는 것 같았다.
  カラオケで楽しく遊んだ。ストレスがすっかりなくなるようだった。

やってみよう

1 音声を聞いて質問に答えてください。

(1) 들은 내용과 같은 것을 고르세요.

① 남자가 만든 영화가 곧 개봉한다.
② 이 영화에 나오는 배우는 상을 받은 적이 없다.
③ 이 영화의 내용은 아버지가 딸을 찾는 이야기다.
④ 이 영화의 감독은 소설을 쓴 후에 영화를 만들었다.

(2) 여자가 이어서 할 행동으로 알맞은 것을 고르세요.

① 남자가 말한 소설을 읽어 본다.
② 이 영화가 언제 개봉하는지 알아본다.
③ 이 영화에 나오는 음악을 미리 들어 본다.
④ 남자와 함께 보기 위해 영화표를 사 놓는다.

2 音声を聞いて質問に答えてください。

14-5

(1) 여자가 아이돌 가수의 노래를 좋아하는 이유는 무엇입니까?

노래 가사가 ＿＿＿＿＿＿＿＿＿＿(-고) 노래를
＿＿＿＿＿＿＿＿＿＿＿＿＿(-아서/어서) 좋아합니다.

(2) 들은 내용과 같은 것을 고르세요.

① 여자의 고향 사람들은 한국 아이돌 가수를 모른다.
② 남자는 아이돌 가수가 왜 인기가 있는지 잘 알고 있다.
③ 한국 아이돌 가수들은 가수가 되기 위해 많은 노력을 한다.
④ 여자는 한국 아이돌 가수를 좋아하지만 콘서트에는 가지 않는다.

語彙 □감독：監督 □개봉하다：(映画が) 封切られる、公開になる □아이돌：アイドル
□실력：実力 □가사：歌詞 □따르다：従う、まねする □세계적：世界的

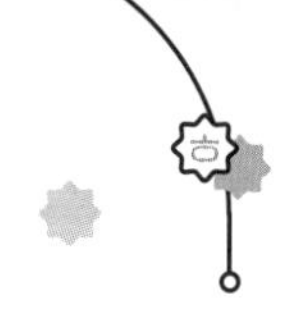

14課

3 皆さんは、好きな映画や歌、公演がありますか？　それぞれの項目について書き出し、例を参考にして話してください。

저는 ○○○ 감독의 영화를 좋아해요. 처음 이 감독의 영화를 봤을 때 그 상상력 때문에 놀랐어요. 영화 내용도 재미있고 영화 음악도 좋았어요. 그래서 이 감독의 영화가 개봉하면 꼭 보러 가요. 며칠 전에 뉴스에서 봤는데 이번 영화에 아주 멋있는 장면이 나온대요.

좋아하는 영화 / 노래 / 공연	
처음 봤을 때 / 들었을 때 느낌이 어땠어요?	
좋아하는 이유가 뭐예요?	

4 3で話した内容を整理し、「私が好きな映画／歌／公演」のテーマで作文してください。

語彙 □상상력：想像力

今日の日記

この日記には間違いが4か所あります。よく読んで間違いを直してください。

8월 10일

날씨가 너무 더워서 카페에 가서 숙제를 했다. 숙제를 하고 있는데 수업을 마친 친구가 카페로 들어왔다. 친구는 나를 보고 이렇게 말했다.

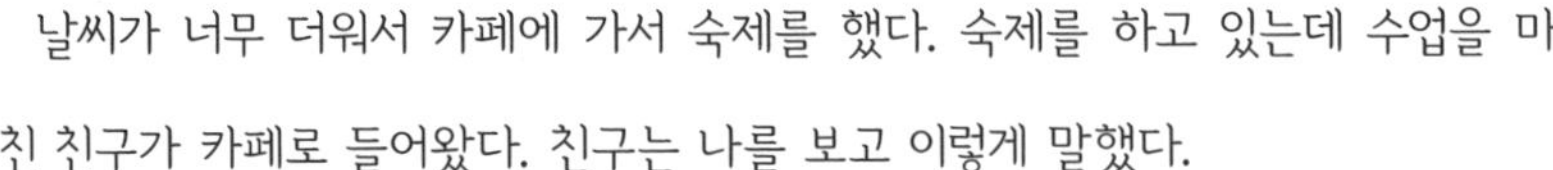

"여기 있었네. 이따가 승윤 씨랑 밥 먹기로 했는데 너도 같이 가자. 승윤 씨도 수업 끝나고 여기에 오는대."

그래서 우리는 승윤 씨를 기다렸다.

잠시 후에 승윤 씨한테 이런 메시지가 왔다. "유라 씨가 아픈대."

그리고 승윤 씨는 카페에 오지 않았다. 연락을 했지만 전화도 안 받고 메시지도 안 읽었다. 승윤 씨 수업이 끝나는 시간이 언제있는지 몰라서 계속 기다리다가 집에 왔다. 지금도 승윤 씨가 왜 안 오지 모른다. 무슨 일이 있는 것일까? 걱정된다.

1	오는대	▶	온대
2		▶	
3		▶	
4		▶	

理解度チェック

語彙

1 この課の新出語彙です。覚えた語彙には✓を付けてください。

□ 광장	□ 드디어	□ 동료	□ 사물놀이
□ 무대	□ 화려하다	□ 부자	□ 관객
□ 올라가다	□ 즐기다	□ 싹	□ 감독
□ 개봉하다	□ 아이돌	□ 실력	□ 가사
□ 따르다	□ 세계적	□ 상상력	

分からない語彙が5つ以上あれば、学習内容をおさらいして覚えてください。

表現

2 与えられた語句をこの課で習った適切な表現にして、文を完成させてください。

A 우리 내일 몇 시에 □□□□□□□? (만나다)

B 안나 씨한테 물어봤는데 6시에 □□□□. (모이다)

A 알겠어요. 고마워요.

- -는지 알다/모르다、-(으)ㄴ지 알다/모르다を使って、ある事実を知っているか尋ねたり答えたりできますか？ □
- -ㄴ/는대요、-대요、(이)래요を使って、聞いた話を他者に伝えられますか？ □

分からない表現があれば、文法のページを復習してください。

15

요즘 바쁜가 봐요

最近忙しいみたいですね

学習目標

- -나 보다、-(으)ㄴ가 보다を使ってある状況から推測を表せる
- -(으)ㄹ까 봐(서)を使って心配な状況を推測して表現できる

文法

- ～するみたいだ、～みたいだ、～(な)ようだ
- ～するかと思って、～(である)かと思って

スンユンさんとミノさんの会話を聞いて答えてください。

1 ミノさんは最近なぜ忙しいのですか？

2 皆さんは最近、何をして過ごしていますか？

文法

❶ V-나 보다, A-(으)ㄴ가 보다
～するみたいだ、～みたいだ、～(な)ようだ

ある事実や状況を見て推測をする表現です。

1

지은　이 가수는 누구예요? 목소리가 정말 좋네요.

민호　이 가수를 **모르나 봐요.**

지은　이름은 들은 적이 있는 것 같은데 노래는 처음 들어요. **유명한가 봐요.**

민호　요즘 유명해진 가수예요. 해외에서도 인기가 많대요.

2

승윤　형, 요즘 많이 **바빴나 봐.** 방이 엉망이네. 주말인데 나가서 운동하자.

서준　난 그냥 밀린 잠 좀 자야겠어.

승윤　많이 **피곤한가 보네.** 그래도 운동을 좀 해야지.

서준　싫어. 너무 피곤해. 그리고 이렇게 주말에 밀린 잠을 자야 다음 주 월요일에 안 피곤해.

練習 1 それぞれの文の表現が適切であれば○を、そうでなければ×を付けてください。

(1) 지금 밖에 눈이 오나 봤어요.　(　　)

(2) 민호 씨는 친구가 많은가 봐요.　(　　)

(3) 저는 지금 도서관에 가나 봐요.　(　　)

練習 2 例のa、bの部分を(1)～(3)のa、bの語句と入れ替え、それぞれ適切な表現にして話す練習をしてみましょう。

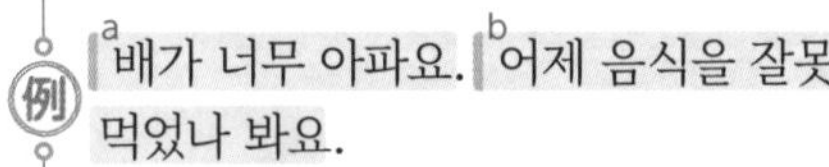

例　[a]배가 너무 아파요. [b]어제 음식을 잘못 먹었나 봐요.

(1) [a]사람들 표정이 안 좋다 / [b]영화가 재미없다

(2) [a]승윤 씨가 건강해 보이다 / [b]운동을 열심히 하다

(3) [a]캐서린 씨가 발표를 잘했다 / [b]준비를 많이 했다

語彙 □목소리：声　□엉망：めちゃくちゃ、ぐちゃぐちゃ

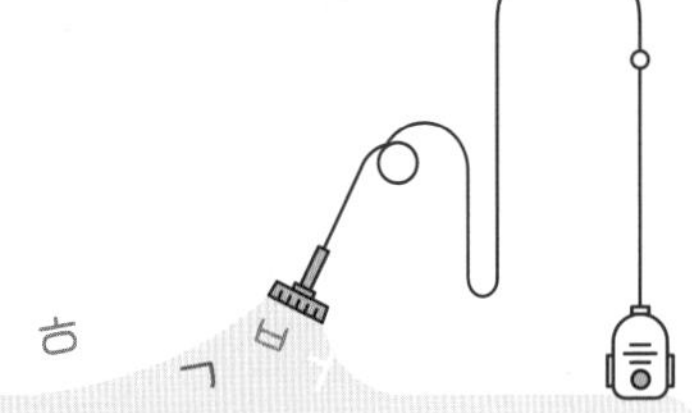

❷ V/A-(으)ㄹ까 봐(서)　～するかと思って、～(である)かと思って

ある状況についての推測を表す表現ですが、普通、そのような状況になりそうなことを心配する意味で使います。

15-3

1

민호　지은 씨, 저 왔어요. **늦을까 봐서** 걱정했는데 안 늦었네요.

지은　저도 지금 왔어요. 그런데 우산은 왜 가지고 왔어요? 오늘 비 온대요?

민호　아니요. 비가 **올까 봐** 가지고 왔어요. 날씨가 흐려서요.

지은　민호 씨는 미리 준비를 잘 하는 편이네요.

2

지은　내일 면접이 있는데 잘 못 **볼까 봐** 걱정이에요.

승윤　그동안 열심히 준비했으니까 잘할 거예요.

지은　제가 걱정이 좀 많은 편이라서요. **실수할까 봐서** 많이 걱정되네요.

승윤　너무 걱정하지 마세요. 지은 씨라면 잘할 수 있어요.

参考 -(으)ㄹ까 봐(서) の後には、ある事実が起こることを心配して行う内容を表します。

練習3 それぞれの文の表現が適切であれば○を、そうでなければ×を付けてください。

(1) 시험을 못 볼까 봐 걱정하세요.　(　　)

(2) 메일이 안 갔을까 봐 한 번 더 보냈어요.　(　　)

(3) 제가 산 선물이 동생 마음에 안 들까 봐 걱정이에요.　(　　)

練習4 例のa、bの部分を(1)～(3)のa、bの語句と入れ替え、それぞれ適切な表現にして話す練習をしてみましょう。

例
A 그건 왜 가지고 가요?
B [a]이따가 비가 올까 봐 [b]우산을 가지고 가는 거예요.

(1) [a]길을 잃다 / [b]지도를 가지고 가다

(2) [a]춥다 / [b]옷을 하나 더 가지고 가다

(3) [a]휴대 전화가 꺼지다 / [b]배터리를 하나 더 가지고 가다

語彙 □길을 잃다：道に迷う、迷子になる　□배터리：バッテリー

リーディング練習

1 文を読んで質問に答えてください。

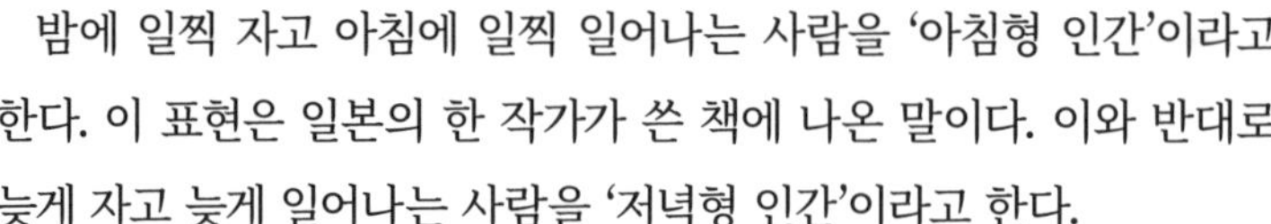

밤에 일찍 자고 아침에 일찍 일어나는 사람을 '아침형 인간'이라고 한다. 이 표현은 일본의 한 작가가 쓴 책에 나온 말이다. 이와 반대로 늦게 자고 늦게 일어나는 사람을 '저녁형 인간'이라고 한다.

이 말이 유행했을 때 아침형 인간이 되어야 성공한다고 생각하는 사람들이 많았다. 그리고 이때 아침형 인간과 우울증의 관계에 대한 연구도 있었다. 이 연구에서 저녁형 여성들과 비교했을 때, 아침형 여성들이 우울증에 걸릴 가능성이 더 낮다는 결과가 나왔다. 그 이유는 아침에 일찍 일어나서 햇빛을 많이 받기 때문이라고 한다.

이런 연구 때문에 아침형 인간이 되어야 할 것 같은 느낌을 받을 수 있다. 그리고 저녁형 인간을 보면서, "저 사람은 **게으른가 봐**." 이렇게 말할 수도 있다. 하지만 저녁형 인간이 꼭 성공하지 못하거나 우울증에 많이 걸리는 것은 아니다. 따라서 성공하지 **못할까 봐**, 우울증에 **걸릴까 봐** 자신에게 맞지 않는 생활을 할 필요는 없다.

자고 일어나는 시간이 중요한 것이 아니다. 스스로 시간을 어떻게 사용해야 하는지 알고, 각자 자신의 생활 방식에 맞게 생활하는 것이 더 중요하다.

아침형 인간과 우울증의 관계에 대한 연구
N에 대한は、あるテーマや話題を説明するときに使う表現です。

例 그 영화를 보면 사랑에 대한 감독의 생각을 알 수 있다.
その映画を見れば、愛に対する監督の考えが分かる。

(1)「朝型人間」とはどんな人ですか？

➡ ______________________

語彙 □우울증：うつ病 □연구：研究 □비교하다：比較する □가능성：可能性
□햇빛：日光、日ざし □따라서：従って、よって □스스로：自ら □각자：それぞれ □방식：方式

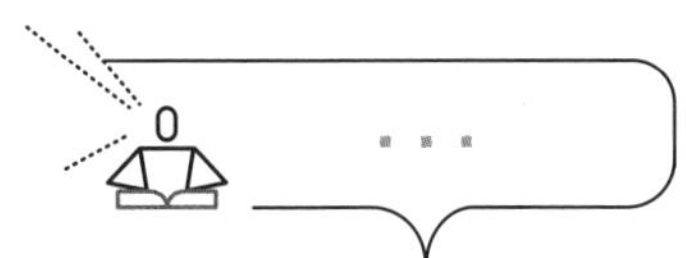

(2) 朝型の女性たちがうつ病にかかる可能性が低い理由は何ですか？

(3) この文のテーマとしてふさわしいものを選んでください。

① 아침형 인간이 되어야 성공할 수 있다.
② 저녁형 인간은 좀 더 부지런하게 생활해야 한다.
③ 자신의 생활 방식에 맞게 생활하는 것이 중요하다.
④ 저녁형 인간은 성공하기 힘들기 때문에 생활 방식을 바꿔야 한다.

15課

(4) 皆さんは早起きして仕事をするほうですか？　夜遅くまでするほうですか？
話してください。

表現plus

걸리다　① （病気に）かかる
② （時間が）かかる

• 동생이 감기에 **걸려서** 계속 기침을 한다.
弟／妹が風邪をひいてずっとせきをしている。

• 서울에서 부산까지 기차를 타고 가면 3시간 정도 **걸린다.**
ソウルから釜山まで汽車に乗って行くと3時間ほどかかる。

やってみよう

1 音声を聞いて空欄に当てはまる語句を書いてください。

(1) 남자는 ＿＿＿＿＿로 발표를 하는데 ＿＿＿＿＿＿(−(으)ㄹ까 봐(서)) 걱정이 된다.

(2) 여자는 남자의 발표를 듣고 ＿＿＿＿＿도 좋고 ＿＿＿＿＿도 좋다고 했다.

2 音声を聞いて質問に答えてください。

(1) 여자가 말한 속담 '세 살 버릇이 여든까지 간다'의 의미로 알맞은 것을 고르세요.

① 어릴 때부터 좋은 습관을 가져야 한다.
② 세 살 때 일은 오랫동안 기억에 남는다.
③ 다리를 떠는 습관은 오랫동안 계속된다.
④ 어릴 때 생긴 습관은 빨리 고칠 수 있다.

(2) 여자의 물음을 듣고, 남자가 이어서 할 이야기로 알맞은 것을 고르세요.

① 습관의 중요성에 대해 설명한다.
② 여러 가지 좋은 습관에 대해 말한다.
③ 나쁜 습관 때문에 생긴 자신의 경험을 이야기한다.
④ 습관에 대한 다른 나라의 속담을 찾아서 이야기한다.

3 習慣に関することわざを知っていますか？　それぞれの項目について書き出し、ことわざを紹介してください。

습관에 대한 속담	속담의 의미

語彙 □버릇：癖　□떨다：揺する　□중요성：重要性

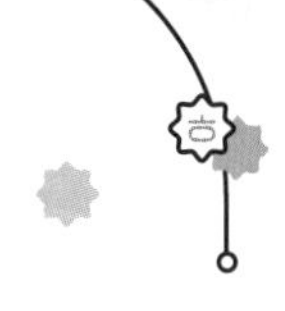

4 皆さんにはどんな習慣がありますか？　それぞれの項目について書き出し、例を参考にして話してください。

例

저는 아플까 봐 걱정을 많이 하는 편이에요. 하지만 바빠서 운동할 시간이 없어요. 그래서 요즘에는 지하철을 타고 출퇴근할 때 그 안에서 간단한 스트레칭을 해요. 간단한 운동이라서 힘들지 않고 지하철에서도 할 수 있어서 좋아요. 예전에는 출퇴근할 때 잠만 잤는데 이제는 운동을 하니까 좋아요. 앞으로는 자기 전에도 간단한 스트레칭을 하는 습관을 가져 보려고요. 그러면 더 건강해질 수 있을 것 같아요.

나의 습관	
가지고 싶은 습관	

5 4で話した内容を整理し、「私の習慣」のテーマで作文してください。

語彙 □간단하다：簡単だ

今日の日記

この日記には間違いが5か所あります。よく読んで間違いを直してください。

10월 27일

요즘 내 친구가 많이 힘들은가 보다. 표정이 우울하고 고민이 많아 보인다.

어제 모임에 와서도 계속 누구랑 통화하는 것 같았다.

무슨 일이 있는지 물어보고 싶은데 친구가 말하고 싶어 하지 않는 것 같아서 물어보지 못했다. 친구가 힘들을까 봐 걱정이 된다.

하지만 무슨 일인지 몰라서 도와줄 방법이 없다. 나에게 말하기 힘든 큰일이 생겼은가 보다. 아니면 내가 걱정하는까 봐 말하지 않나 봤다.

친구는 무슨 일이 생기면 이야기하는 성격이니까 좀 기다려 봐야겠다.

1	힘들은가 보다	▶ 힘든가 보다
2		▶
3		▶
4		▶
5		▶

理解度チェック

語彙

1 この課の新出語彙です。覚えた語彙には✓を付けてください。

□ 목소리	□ 엉망	□ 길을 잃다	□ 배터리
□ 우울증	□ 연구	□ 비교하다	□ 걸리다
□ 가능성	□ 햇빛	□ 따라서	□ 스스로
□ 각자	□ 방식	□ 버릇	□ 떨다
□ 중요성	□ 간단하다		

分からない語彙が5つ以上あれば、学習内容をおさらいして覚えてください。

15課

表現

2 与えられた語句をこの課で習った適切な表現にして、文を完成させてください。

A 승윤 씨가 아직 안 □□□□.
왔다

B 승윤 씨는 아까 왔어요. 에릭 씨가 모임에서 읽을 책을 가지고 오고 있는데 혼자 들기 □□□□□ 도와주러 갔어요.
무겁다

・-나 보다、-(으)ㄴ가 보다を使ってある状況から推測を表せますか？ □

・-(으)ㄹ까 봐(서)を使って心配な状況を推測して表現できますか？ □

分からない表現があれば、文法のページを復習してください。

16

바빠도 만나 봐

忙しくても会ってみて

学習目標

・-아도/어도を使って、前節の内容が後節の内容と関係ないことを表現できる

・-는데도、-(으)ㄴ데도を使って、前節の内容と関係なく後節の状況が起こることを表現できる

文法

・～しても、～ても

・～するのに、～のに

16-1

ジウンさんとユラさんの会話を聞いて答えてください。

1 昨日、ソジュンさんはユラさんに何と言いましたか？

2 皆さんは、告白されたり告白したりしたことはありますか？　そのときどんな気持ちでしたか?

文法

❶ V/A-아도/어도　～しても、～ても

前節の事実や仮定が後節の内容と関係ないことや、後節の内容に影響を与えないことを表す表現です。

1

유라　승윤 씨는 어렸을 때 어떤 아이였어요?

승윤　저는 **힘들어도** 그냥 열심히 하는 아이였어요.

유라　아, 지금처럼요? 승윤 씨는 아무리 몸이 안 **좋아도** 항상 열심히 공부하는 것 같아요. 다른 친구들이 다 **놀아도** 혼자 공부했죠?

승윤　하하, 맞아요.

2

서준　선배님, 이 서류는 언제까지 준비해야 될까요?

선배　**늦어도** 내일 회의 전까지 정리해야 돼요.

서준　알겠습니다. 빨리 작성해서 회의 전에 보여드리겠습니다.

선배　시간이 별로 **없어도** 꼼꼼하게 해야 돼요.

参考 -아도/어도の前に아무리を使うこともよくあります。

練習 1　それぞれの文の表現が適切であれば○を、そうでなければ×を付けてください。

(1) 제 친구는 많이 먹어도 살이 안 찐대요.　(　　)

(2) 저는 아무리 시끄러워도 집중을 잘해요.　(　　)

(3) 이 책은 어려워서 계속 읽어도 내용을 잘 모르겠어요.　(　　)

練習 2　例のaの部分を(1)～(3)の語句と入れ替え、それぞれ適切な表現にして話す練習をしてみましょう。

例
A 내일 여행 갈 거예요?
B 네. [a]비가 와도 갈 거예요.

(1) 날씨가 나쁘다

(2) 무슨 일이 있다

(3) 친구들이 못 가다

語彙 □아무리：どんなに、いくら　□작성하다：作成する　□꼼꼼하다：几帳面だ　□살이 찌다：太る

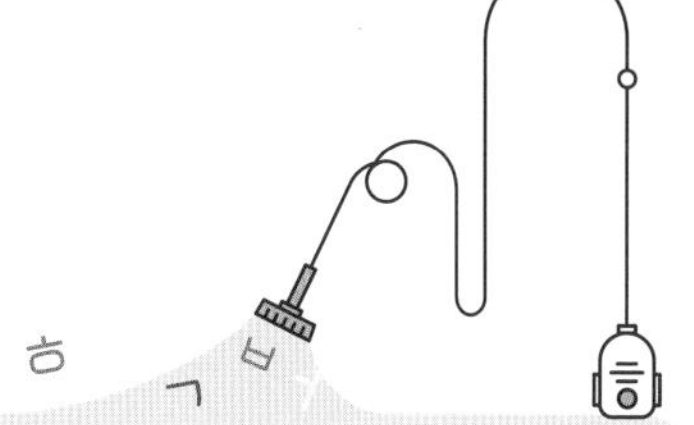

❷ V-는데도, A-(으)ㄴ데도　～するのに、～のに

前節の内容と関係なく後節の状況が起こることを表します。主に、後節の状況が前節で期待していることと違う場合や相反する場合に使われます。이다は인데도、아니다は이/가 아닌데도の形になります。

16-3

1

지은　제 친구는 매일 약속에 **늦는데도** 집에서 일찍 안 나와요.

서준　맞아요, 그런 친구가 꼭 한 명씩 있는 것 같아요. 제 친구 중에도 있거든요.

지은　시간이 별로 **없는데도** 서두르지 않아요. 너무 답답해요.

서준　제 친구도 그래요.

2

유라　열심히 **공부하는데도** 독일어 실력이 안 느는 것 같아.

지은　너 독일어 잘하잖아.

유라　아니야. 잘하려면 멀었어. 매일 **연습하는데도** 제자리인 것 같아.

지은　다른 사람하고 독일어로 말할 기회가 없어서 그렇게 느끼는 것 같아.

16課

練習 3　**それぞれの文の表現が適切であれば○を、そうでなければ×を付けてください。**

(1) 유라 씨는 눈이 많이 온데도 외출했다.　(　　)

(2) 조금 전에 밥을 먹었는데도 또 배가 고파요.　(　　)

(3) 바쁘시는데도 이 자리에 참석해 주셔서 감사합니다.　(　　)

練習 4　**例のa、b、cの部分を(1)～(3)のa、b、cの語句と入れ替え、それぞれ適切な表現にして話す練習をしてみましょう。**

例　[a]이 책은 어려워요. [b]여러 번 읽었는데도 [c]이해가 안 돼요.

(1) [a]이 영화는 정말 재미있다 / [b]네 번 봤다 / [c]또 보고 싶다

(2) [a]이 노래 가사는 어렵다 / [b]여러 번 불렀다 / [c]못 외우겠다

(3) [a]다이어트는 힘들다 / [b]열심히 운동하다 / [c]안 날씬해지다

語彙　□서두르다：急ぐ　□제자리：元の場所、元の位置　□기회：機会　□참석하다：参列する、出席する

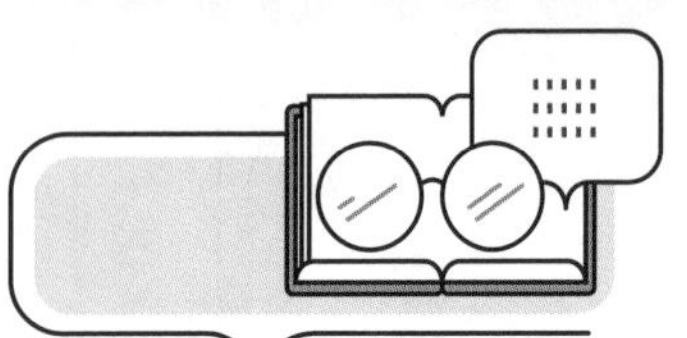

リーディング練習

1 文を読んで質問に答えてください。

얼마 전 신문에서 로봇이 요리하는 식당에 대해 읽은 적이 있다. 이 식당은 요리사 대신 여러 로봇들이 공장처럼 음식을 만든다고 한다. 그런데 이 식당에 많은 손님들이 온다고 한다. 한국 사람들은 요리에 정성이 들어 있어야 맛있다고 생각하는데, 로봇이 음식을 **만들어도** 맛이 있을까? 정성이 **없는데도** 맛있을까?

기술이 발전하면서 이렇게 로봇은 우리 일상생활 속에 많이 들어와 있다. 로봇 청소기가 집 청소를 해 주고 있고, 공장에서 물건을 만드는 일도 로봇이 하고 있다. 마음에 병이 있는 아이들을 치료하기 위해서 만든 로봇도 있다고 한다.

앞으로 또 어떤 로봇이 **나올까**? 내 마음을 대신 고백해 주는 로봇도 나오지 않을까? 이렇게 많은 로봇들이 나오면서 사람이 할 일을 로봇이 하면 세상은 어떻게 바뀔까? 우리 생활이 정말 편리해질 수도 있고 영화에서처럼 로봇 때문에 여러 문제가 생길 수도 있다. 로봇에 대해 생각해 보고 로봇과 함께 살 수 있는 방법을 준비해야겠다.

⑴ この文の内容と同じものとして最も適切なものを選んでください。

① 로봇이 요리하면 정성이 없지만 맛은 있다.
② 로봇 식당은 사람이 많이 오지만 맛이 없다.
③ 일상생활에서 로봇이 여러 역할을 하고 있다.
④ 로봇이 많아지면 사람이 할 일이 없을 것이다.

語彙 □로봇：ロボット □공장：工場 □정성：まごころ、誠意 □일상생활：日常生活
□청소기：掃除機 □병：病気 □치료하다：治療する

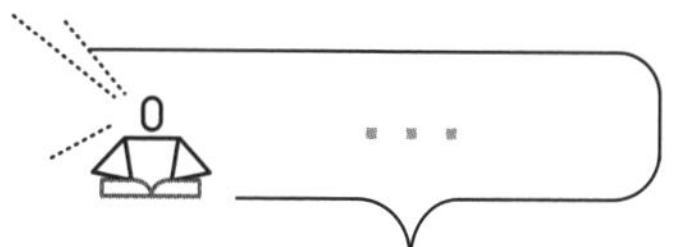

(2) この文に出てきたロボットの例を整理して、以下に書き出してください。

① ______________________________

② ______________________________

③ ______________________________

④ ______________________________

(3) ロボットが増えるとどのような点が便利になると思いますか？　また、どのような問題が起きる可能性があると思いますか？　それぞれの項目について書き出し、話してください。

로봇 때문에 편리한 점	
로봇 때문에 생기는 문제	

16課

表現plus

나오다

① (内から外へ) 出る、出てくる
② (新しい商品などが) 生産される、売り出される
③ (注文した食事などが) 用意される、できる

- 어제 6시에 집에서 **나왔어요.**
  昨日6時に家を出ました。
- 이번 달에 새 디자인의 차가 **나온대요.**
  今月、新しいデザインの車が出るそうです。
- 아까 주문한 된장찌개가 이제 **나왔어요.**
  さっき注文したみそチゲができましたよ。

語彙 □새：新しい　□상품：商品

やってみよう

16-4 1 音声を聞いて質問に答えてください。

(1) 빈칸에 알맞은 말을 쓰세요.

① 남자는 아무리 힘들어도 아침에 ______________을/를 꼭 한다.

② 여자는 아무리 피곤해도 ______________을/를 꼭 먹는다.

(2) 들은 내용과 다른 것을 고르세요.

① 남자는 자기 전에 책을 읽는 습관이 있다.
② 여자는 잠보다 식사가 중요하다고 생각한다.
③ 남자는 책을 많이 읽어야 머리가 좋아진다고 생각한다.
④ 여자는 운동을 했지만 별로 건강해지지 않았다고 생각한다.

2 次のような状況でもすることがありますか？　相手にインタビューしてください。

	이름:	이름:
힘들어도 꼭 하는 일		
하기 싫어도 꼭 하는 일		
기분이 나빠도 하는 일		

16-5 3 音声を聞いて空欄に当てはまる語句を書いてください。

(1) 여자는 ________________________이/가 나오는 뉴스를 봤다.

(2) 여자는 ______________을/를 도와주는 로봇이 있었으면 좋겠다고 생각한다.

(3) 남자는 기술이 발전해도 사람의 ______________________을/를 잃어버리지 않았으면 좋겠다고 생각한다.

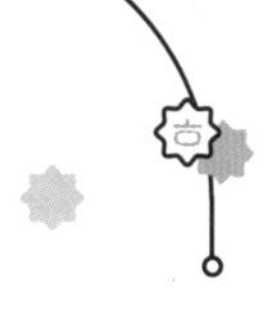

4 今後、どんなロボットに登場してほしいですか？　なぜそのロボットが必要ですか？　それぞれの項目について書き出し、例を参考にして話してください。

例

100년 후에는 강아지를 돌봐 주는 로봇이 있을 것 같아요. 제가 바쁠 때 저 대신 강아지랑 산책도 하고 강아지한테 밥도 주는 로봇요. 저는 지금 강아지를 키우고 있는데 야근을 해서 힘들어도 강아지를 돌봐야 해요. 제가 힘들 때 로봇이 강아지 돌보는 일을 대신 해 주면 좋을 것 같아요.

어떤 로봇이 나올까요?	
어떤 로봇이 있었으면 좋겠어요?	
그렇게 생각한 이유가 뭐예요?	

5 4で話した内容を整理し、「未来のロボット」のテーマで作文してください。

16課

今日の日記

この日記には間違いが4か所あります。よく読んで間違いを直してください。

12월 23일

날씨가 좀 춥고 아침부터 눈이 왔다. 나는 눈이 와서 기분이 좋아졌다.

그래서 쑤언 씨한테 밖이 좀 춥어도 명동에 나가서 놀자고 했다.

쑤언 씨 고향은 겨울이 되었도 눈이 오지 않아서 쑤언 씨는 눈을 본 적이 없다고 했다.

우리는 명동을 구경하면서 놀았다. 눈이 와서 복잡하는데도 사람이 정말 많았다.

쑤언 씨는 눈을 보고 신이 나서 날씨가 춥운데도 집에 갈 생각을 하지 않았다.

우리는 눈을 보면서 저녁까지 즐거운 시간을 보냈다.

1	춥어도	▶ 추워도
2		▶
3		▶
4		▶

理解度チェック

어휘

1 この課の新出語彙です。覚えた語彙には✓を付けてください。

☐ 여유	☐ 용기	☐ 아무리	☐ 작성하다
☐ 꼼꼼하다	☐ 살이 찌다	☐ 서두르다	☐ 제자리
☐ 기회	☐ 참석하다	☐ 로봇	☐ 공장
☐ 정성	☐ 일상생활	☐ 청소기	☐ 병
☐ 치료하다	☐ 나오다	☐ 새	☐ 상품

分からない語彙が5つ以上あれば、学習内容をおさらいして覚えてください。

표현

2 与えられた語句をこの課で習った適切な表現にして、文を完成させてください。

A 우리 약속에 늦을 것 같아. 빨리 가자.

B 아니야. 천천히 ☐☐（가다） 괜찮아. 아직 시간이 있어.

A 너는 약속 시간에 ☐☐☐☐（늦다） 걱정이 안 돼? 빨리 가자.

・-아도/어도を使って、前節の内容が後節の内容と関係ないことを表現できますか？ ☐

・-는데도、-(으)ㄴ데도を使って、前節の内容と関係なく後節の状況が起こることを表現できますか？ ☐

分からない表現があれば、文法のページを復習してください。

16課

17

오늘 개교기념일이잖아요

今日は開校記念日じゃないですか

学習目標

- -잖아요、(이)잖아요を使って、すでに知っている事柄を確認することができる
- -(으)ㄴ/는/(으)ㄹ 줄 몰랐다/알았다、인 줄 몰랐다/알았다を使って、すでに知っていたり考えていたりしたことと違うということを表せる

文法

- ～するじゃないですか、～じゃないですか
- ～すると思わなかった／思った、～(だ)と思わなかった／思った

スンユンさんとお母さんさんの会話を聞いて答えてください。

1 スンユンさんは今日なぜ学校に行きませんか？

2 学校や会社に行かない日の朝は、何をしますか？

文法

❶ V/A-잖아요, N(이)잖아요　～するじゃないですか、～じゃないですか

すでに知っている事柄を確認する表現です。

1

지은　민호 씨, 내일 올 거예요?

민호　내일요? 내일이 무슨 날이에요?

지은　우리가 모이는 **날이잖아요**. 모여서 친구들이랑 영화 보기로 **했잖아요**.

민호　아, 맞아요. 요즘 바빠 가지고 깜빡했어요.

2

민호　출출하네요.

지은　네? 조금 전에 밥 **먹었잖아요**.

민호　하하, 제가 원래 많이 **먹잖아요**. 방금 밥 먹었는데도 또 뭘 먹고 싶네요.
우리 아이스크림 먹을까요?

지은　민호 씨, 어제 배 아프다고 **말했잖아요**. 배 아픈데 자꾸 먹어도 돼요?

練習1 それぞれの文の表現が適切であれば○を、そうでなければ×を付けてください。

(1) 오늘은 월요일이잖아.　(　　)

(2) 어제 감기에 걸려서 아파잖아요. (　　)

(3) 우리 작년에 프랑스에서 만나잖아요.　(　　)

練習2 例のa、bの部分を(1)～(3)のa、bの語句と入れ替え、それぞれ適切な表現にして話す練習をしてみましょう。

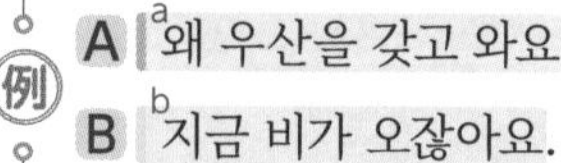

例
A [a]왜 우산을 갖고 와요?
B [b]지금 비가 오잖아요.

(1) [a]왜 짐을 싸다 / [b]내일부터 출장이다

(2) [a]지금 뭘 준비하고 있다 / [b]30분 후에 회의를 하기로 했다

(3) [a]유라 씨는 어디에 있다 / [b]유라 씨는 오늘부터 휴가라서 여행을 갔다

語彙 □출출하다：小腹が空いている、空腹だ　□원래：元来、もともと　□자꾸：頻繁に、たびたび

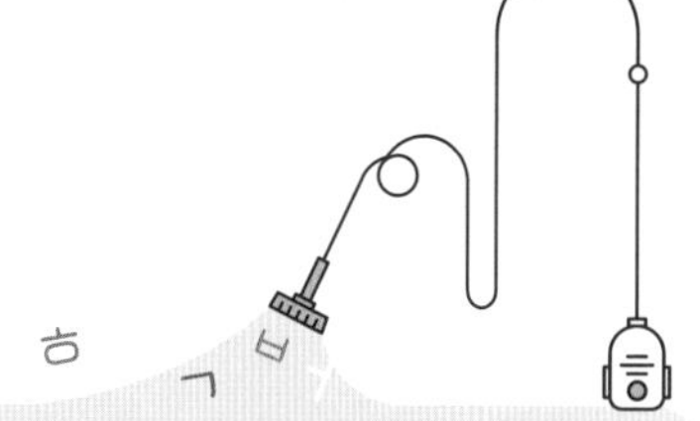

❷ V-(으)ㄴ/는/(으)ㄹ, A-(으)ㄴ, N인 줄 몰랐다/알았다 ～すると思わなかった／思った、～（だ）と思わなかった／思った

すでに知ってる事柄や考えていた事柄と違っていることを表す表現であり、ある事実を知らなかったことを表す表現です。

17-3

1

승윤 민호 씨? 여기 웬일이에요?

민호 어? 승윤 씨! 친구들이랑 밥 먹으러 왔어요. 승윤 씨는요?

승윤 그래요? 저 이 근처에 살아요. 이렇게 **만날 줄 몰랐네요.**

민호 아, 저는 승윤 씨가 여기 **사는 줄 몰랐어요.** 이렇게 만나니까 반갑네요.

2

유라 어제 회사에 신입 사원이 들어왔어.
일본 사람인데 한국어를 잘해서 처음에 **한국 사람인 줄 알았어.**

지은 정말? 요즘 한국어를 열심히 공부하는 외국 사람들이 많은 것 같아.
그런데 너희 회사에서 외국 사람도 **뽑는 줄 몰랐네.**

유라 이번에 처음으로 뽑힌 거래.

練習 3 それぞれの文の表現が適切であれば○を、そうでなければ×を付けてください。

(1) 쑤언 씨가 바쁘는 줄 몰랐어요. (　　)

(2) 저는 진우 씨가 학생인 줄 알았어요. (　　)

(3) 얀토 씨가 안나 씨를 아는 줄 몰랐네요. (　　)

練習 4 例のa、bの部分を(1)～(3)のa、bの語句と入れ替え、それぞれ適切な表現にして話す練習をしてみましょう。

例
A 캐서린 씨가 [a]한국말을 이렇게 잘하는 줄 몰랐어요.
B [b]그동안 열심히 공부했어요.

(1) [a]결혼하다 / [b]작년 12월에 결혼했다

(2) [a]김치를 좋아하다 / [b]김치를 아주 좋아하다

(3) [a]피아노를 이렇게 잘 치다 / [b]어릴 때부터 피아노를 배웠다

語彙 □웬일：何ごと、どうしたこと　□너희：君たち、おまえたち　□뽑히다：選ばれる、採用される

リーディング練習

1 文を読んで質問に答えてください。

유라 씨, 저 안나예요. 이렇게 손으로 쓰는 편지는 오랜만이네요.

저는 지금 폴란드에 여행 왔어요. 저는 여행 가면 그곳에서 친구나 가족한테 편지를 꼭 쓰는데 오늘은 갑자기 유라 씨가 생각났어요. 오늘이 유라 씨 **생일이잖아요**. 제가 기억하고 **있을 줄 몰랐죠**?

그래서 오늘은 유라 씨가 더 생각나요. 제가 한국에 있었을 때 저를 많이 **도와줬잖아요**. 저는 처음에 유라 씨가 이렇게 따뜻한 **사람인 줄 몰랐어요**. 유라 씨하고 친해져서 같이 여기저기 놀러 다닐 때 정말 즐거웠어요.

오늘은 갑자기 그때 생각이 많이 나네요. 우리 같이 여행을 하기로 **했잖아요**. 나중에 폴란드에 같이 와요. 저는 다음 달에 한국으로 돌아가요. 한국에 가면 연락할게요. 우리 앞으로도 쭉 친하게 지내요. 생일 축하해요.

- 안나

(1) この手紙の内容と同じものとして最も適切なものを選んでください。

① 안나 씨는 편지를 자주 쓰는 편이다.
② 안나 씨는 내일 한국에 갈 예정이다.
③ 안나 씨는 유라 씨하고 함께 폴란드에 왔다.
④ 안나 씨는 유라 씨한테 도움을 많이 받았다.

(2) アンナさんが旅行に行ったら必ずすることは何ですか？

語彙 □폴란드：ポーランド　□여기저기：あちこち　□예정：予定

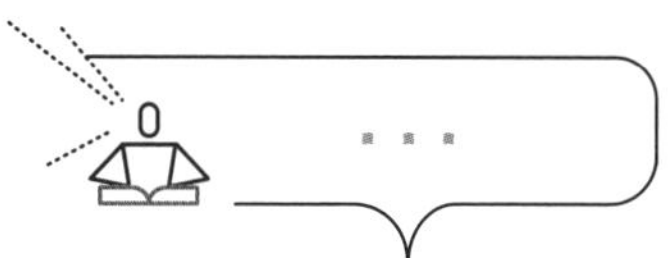

(3) アンナさんは今、ユラさんのことをどう思っていますか？

➡

(4) 友達からこのような手紙を受け取ったらどんな気持ちになると思いますか？
話してください。

2 ふだん考えていたことや期待していたことと違って驚いたことはありますか？それぞれの項目について書き出し、例を参考にして話してください。

例
저한테 한국 친구가 있는데 그 친구는 성격이 급한 편이에요.
다른 한국 사람들도 성격이 급한 것 같아요. 항상 빨리 빨리 하라고 해요.
저는 한국 사람들이 이렇게 성격이 급한 줄 몰랐어요.

평소의 생각이나 기대와 달라서 놀란 경험	
놀란 이유	

表現plus

쭉　　ずっと、続けて
ある行動や状態が続いている様子。

- 저는 이 회사에서 작년 8월부터 쭉 일하고 있어요.
  私はこの会社で昨年8月からずっと働いています。
- 안나 씨는 제가 어릴 때부터 쭉 같이 지낸 친구예요.
  アンナさんは私が幼いころからずっと一緒に過ごした友達です。

やってみよう

1 音声を聞いて空欄に当てはまる語句を書いてください。

17-4

(1) 오늘은 두 사람이 만난 지 ＿＿＿＿＿＿＿이/가 되는 날이다.

(2) 남자는 여자를 위해 ＿＿＿＿＿＿＿을/를 준비했다.

(3) 여자는 남자를 위해 ＿＿＿＿＿＿＿을/를 준비했다.

2 音声を聞いて空欄に当てはまる語句を書いてください。

17-5

(1) 내일은 여자 부모님의 ＿＿＿＿＿＿＿＿이다.

(2) 여자는 매년 부모님께 ＿＿＿＿＿＿＿와/과 ＿＿＿＿＿＿＿을/를 선물로 드렸다.

(3) 여자는 올해 다른 선물을 하고 싶었지만 ＿＿＿＿＿＿＿＿＿＿＿＿(-아서/어서) 하기 어렵다.

3 韓国には記念日がたくさんあります。そして、さまざまな方法でその日を祝います。皆さんが知っている韓国の記念日は何ですか？　また、皆さんの国にはどんな記念日がありますか？　それぞれの項目について書き出し、話してみてください。

한국의 기념일	여러분 나라의 기념일
•화이트 데이: 3월 14일. 남자가 사랑하는 여자한테 사탕을 주면서 사랑을 고백한다.	•
•	•
•	•

語彙 □결혼기념일：結婚記念日　□챙기다：準備する、取りそろえる　□멀리：遠く、遠くに　□떨어지다：離れる、落ちる　□감동하다：感動する　□다양하다：多様だ、さまざまだ　□사탕：あめ（飴）

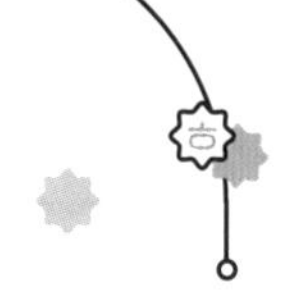

4 皆さんは記念日をきちんと祝うほうですか？ このように記念日を祝うことについてどう思いますか？ どう思っているかチェックを付け、その理由を書き出して自分の意見を話してください。

꼭 챙겨야 한다 □	꼭 챙기지 않아도 된다 □
그 이유	

例 **意見1**

저는 기념일을 꼭 챙겨야 한다고 생각해요. 기념일에 가족이나 친구, 애인한테 선물을 주면서 자신의 마음을 전할 수 있으니까 좋아요. 그리고 선물을 받는 사람도 기분이 좋아져서 서로 더 친해질 수 있어요.

意見2

저는 기념일을 꼭 챙기지 않아도 된다고 생각해요. 자신의 마음을 꼭 기념일에만 전할 수 있는 건 아니잖아요. 그리고 기념일이 너무 많아서 일 년 내내 기념일 같은 느낌이 들 때도 있어요. 그래서 기념일이 별로 특별하게 생각이 되지 않아요.

5 **4**で話した内容を整理し、「記念日に対する私の考え」のテーマで作文してください。

17課

語彙 □내내：終始、ずっと　□의견：意見

今日の日記

この日記には間違いが3か所あります。よく読んで間違いを直してください。

10월 6일

오늘은 폴란드의 바르샤바를 여행했다. 정말 아름다운 도시였다.

바르샤바를 구경하는데 친구 유라 씨가 갑자기 생각났다.

혼자 여행을 많이 해 봐서 외롭지 않았는데 친구가 생각날 줄 알았다.

그래서 유라 씨한테 편지를 썼다. 한국어 공부를 열심히 하고 있어서 한국어 실력이 많이 는 줄 알았는데 한국어로 편지 쓰는 일이 이렇게 어렵운 줄 몰랐다.

나중에 유라 씨가 이 편지를 읽고 나서 고맙다고 하면 이렇게 말할 거다.

"우리는 친구이잖아요."

좋은 친구가 있는 것은 정말 행복한 일이다.

1	생각날 줄 알았다	▶	생각날 줄 몰랐다
2		▶	
3		▶	

理解度チェック

語彙

1 この課の新出語彙です。覚えた語彙には✓を付けてください。

☐ 개교기념일	☐ 깜빡하다	☐ 깨우다	☐ 출출하다
☐ 원래	☐ 자꾸	☐ 웬일	☐ 너희
☐ 뽑히다	☐ 폴란드	☐ 여기저기	☐ 쭉
☐ 예정	☐ 결혼기념일	☐ 챙기다	☐ 멀리
☐ 떨어지다	☐ 감동하다	☐ 다양하다	☐ 사탕
☐ 내내	☐ 의견		

分からない語彙が5つ以上あれば、学習内容をおさらいして覚えてください。

17課

表現

2 与えられた語句をこの課で習った適切な表現にして、文を完成させてください。

A 우산을 왜 안 갖고 왔어요?

B 아침에 날씨가 맑아 가지고 오후에 비가 ☐☐☐☐☐☐.（오다）

A 캐서린 씨한테 우산을 빌려 봐요.

캐서린 씨는 항상 우산을 ☐☐☐☐☐☐☐.（갖고 다니다）

- -잖아요、(이)잖아요を使って、すでに知っている事柄を確認することができますか？ ☐
- -(으)ㄴ/는/(으)ㄹ 줄 몰랐다/알았다、인 줄 몰랐다/알았다を使って、すでに知っていたり考えていたりしたことと違うということを表せますか？ ☐

分からない表現があれば、文法のページを復習してください。

18

기능이 다양할 뿐만 아니라 속도도 빨라요

機能が多様なだけでなく速度も速いです

学習目標
前節の内容に別の内容を加える表現ができる

文法
- ～するだけでなく、～(な)だけでなく
- ～するうえに、～したうえに、～(な)うえに

(18-1) スンユンさんとミノさんの会話を聞いて答えてください。

1 スンユンさんは昨日何を買いましたか？

2 皆さんは、最近買いたいと思っている物がありますか？　なぜ買いたいですか？

文法

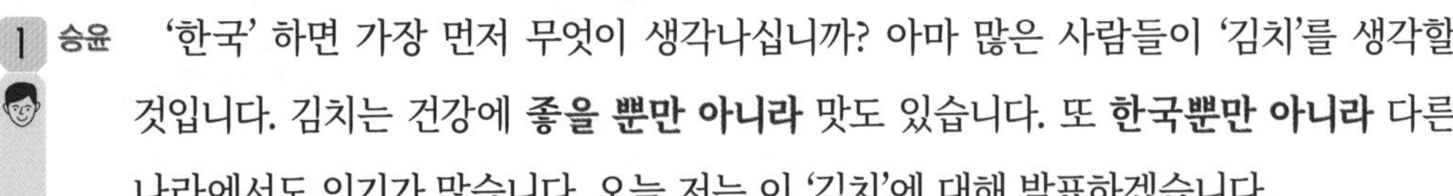

❶ V/A-(으)ㄹ 뿐만 아니라, N뿐만 아니라 ~するだけでなく、~(な)だけでなく

前節の内容に後節の内容を加えて伝える表現です。

18-2

1 승윤 '한국' 하면 가장 먼저 무엇이 생각나십니까? 아마 많은 사람들이 '김치'를 생각할 것입니다. 김치는 건강에 **좋을 뿐만 아니라** 맛도 있습니다. 또 **한국뿐만 아니라** 다른 나라에서도 인기가 많습니다. 오늘 저는 이 '김치'에 대해 발표하겠습니다.

2

승윤 유라 씨는 옷을 살 때 뭘 중요하게 생각해요?

유라 **디자인뿐만 아니라** 가격도 생각해요. 디자인이 예뻐도 너무 비싸면 안 되니까요.

승윤 맞아요. 하지만 가격이 **저렴할 뿐만 아니라** 품질도 좋은 옷을 찾기가 어려워요.

参考 -(으)ㄹ 뿐만 아니라の前が好ましい内容ならば後ろに来る内容も好ましい内容に、前の内容が好ましくない内容ならば後ろに来る内容も好ましくない内容にしなければなりません。

練習 1 それぞれの文の表現が適切であれば○を、そうでなければ×を付けてください。

(1) 내 동생은 키가 큰 뿐만 아니라 날씬해요. (　　)

(2) 그 가수는 멋있을 뿐만 아니라 노래도 잘 부른다. (　　)

(3) 오늘 모임에 윤오 씨뿐만 아니라 민호 씨도 왔어요. (　　)

練習 2 例のa、b、cの部分を(1)～(3)のa、b、cの語句と入れ替え、それぞれ適切な表現にして話す練習をしてみましょう。

例 [a]제가 살고 있는 집은 [b]방값이 저렴할 뿐만 아니라 회사에서 가까워서 [c]좋아요.

(1) [a]유라 씨 / [b]잘 웃다 + 친절하다 / [c]친구가 많다

(2) [a]저 식당 / [b]서비스가 좋다 + 음식도 맛있다 / [c]자주 가다

(3) [a]이 배우 / [b]연기를 잘하다 + 목소리도 좋다 / [c]인기가 있다

語彙 □가격：価格　□저렴하다：値段が安い　□품질：品質

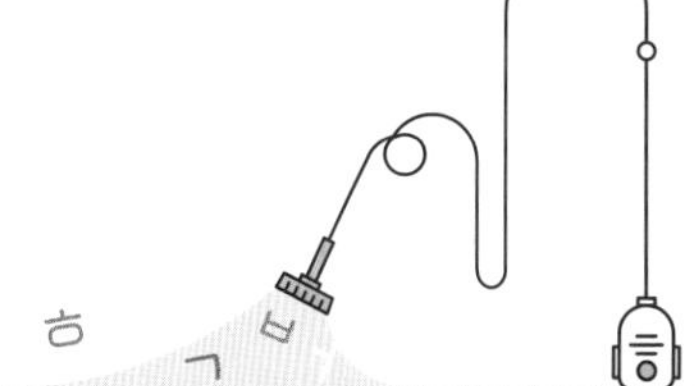

❷ V-(으)ㄴ/는 데다(가), A-(으)ㄴ 데다(가)
〜するうえに、〜したうえに、〜（な）うえに

前節の内容に後節の内容を加えて伝える表現です。

18-3

1

유라　지은아, 우리 이 뮤지컬 보러 가자. 내용도 **좋은 데다** 유명한 배우가 주인공이래.

지은　좋아. 이 배우 나도 알아. 연기도 **잘하는 데다가** 매력이 있어서 인기가 많잖아.

유라　응. 그러니까 매진되기 전에 빨리 예매하자.

2

지은　저 이번에 아나운서 시험을 보려고요.

민호　지은 씨는 목소리도 **예쁜 데다가** 말도 잘하니까 아나운서가 될 수 있을 거예요.

지은　그렇게 말해 줘서 고마워요. 사실 많이 긴장돼요.
요즘 좀 **바쁜 데다** 집에 일도 생겨서 준비할 시간이 별로 없었거든요.

参考 -(으)ㄹ 뿐만 아니라'와と-(으)ㄴ/는 데다(가)は意味が似ているので、入れ替えて使ってもかまいません。

18課

練習3 それぞれの文の表現が適切であれば○を、そうでなければ×を付けてください。

(1) 이 집은 방이 넓은 데다가 위치도 좋아요.　（　　）

(2) 이 회사는 월급이 적은 데다가 일도 너무 많아요.　（　　）

(3) 아까 점심을 급하게 먹었는 데다가 많이 먹었어요.　（　　）

練習4 例のa、bの部分を(1)〜(3)のa、bの語句と入れ替え、それぞれ適切な表現にして話す練習をしてみましょう。

例 [a]이 곳은 [b]경치도 좋은 데다가 깨끗하네요.

(1) [a]여기 / [b]사람이 많다 + 교통도 안 좋다

(2) [a]이 책 / [b]내용이 재미있다 + 디자인도 예쁘다

(3) [a]그 연예인 / [b]춤을 잘 추다 + 얼굴도 잘생겼다

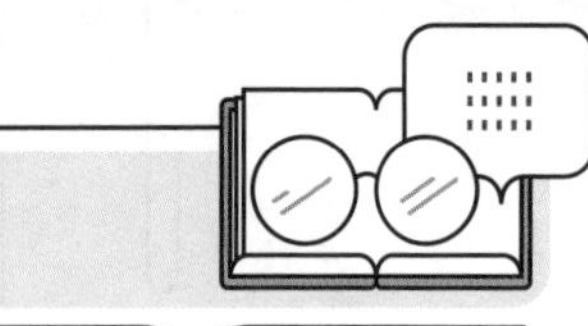

リーディング練習

1 文を読んで質問に答えてください。

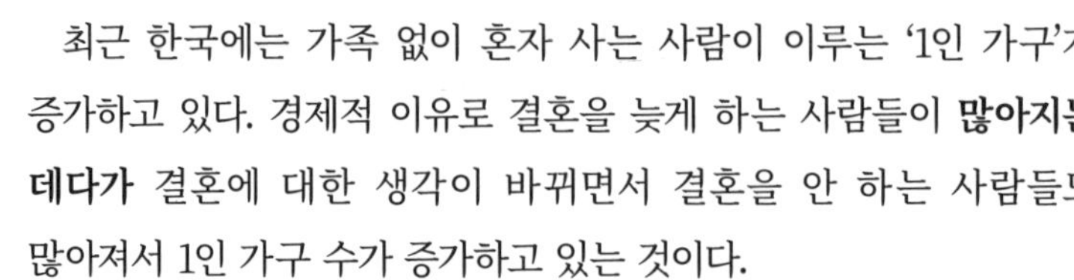

최근 한국에는 가족 없이 혼자 사는 사람이 이루는 '1인 가구'가 증가하고 있다. 경제적 이유로 결혼을 늦게 하는 사람들이 **많아지는 데다가** 결혼에 대한 생각이 바뀌면서 결혼을 안 하는 사람들도 많아져서 1인 가구 수가 증가하고 있는 것이다.

이렇게 혼자 사는 사람들이 많아지면서 그에 맞는 생활용품들이 인기를 끌고 있다. 식품의 경우 식품을 조금씩 포장해서 파는 상품이 늘고 있는데 혼자 사는 사람들이 먹기 알맞게 식품을 작게 포장한 것이다. **음식뿐만 아니라** 1인 가구를 위한 세탁기나 냉장고 등 혼자 쓰기 편리한 제품들도 나오고 있다. 이제는 소비의 형태도 '가족'을 위해 소비하는 것에서 '나'를 위해 소비하는 것으로 바뀌고 있다.

지금도 1인 가구의 수가 많지만 20~30년 후에는 1인 가구가 더 많아질 것이라고 한다. 이렇게 혼자 사는 사람들이 증가하면 지금처럼 1인 가구를 위해서 다양한 생활용품들이 **나올 뿐만 아니라** 사회적으로 많은 변화가 생길 것이다.

(1)「単身世帯」とは何ですか？

➡ ____________________

(2) 最近、単身世帯が増えている理由は何ですか？

① 더 이상 가족을 위해 소비하지 않아서
② 식품을 조금씩 포장해서 파는 상품이 늘어서
③ 생활용품을 혼자 사용하는 것이 더 편리해서
④ 결혼을 늦게 하거나 안 하는 사람들이 많아져서

語彙 □가구：世帯 □증가하다：増加する □경제적：経済的 □생활용품：生活用品
□끌다：（人気や注目を）集める、引きつける □식품：食品 □소비：消費 □형태：形態 □사회적：社会的

(3) この文章に続く内容として最も適切なものを選んでください。

① 1인 가구가 많아지면 좋은 점
② 결혼에 대한 생각이 바뀌는 이유
③ 1인 가구가 증가하면서 생기는 사회적 변화
④ 혼자 사는 사람들을 위해 나온 다양한 제품

(4) 皆さんの国では結婚についてどう思いますか？ それぞれの項目について書き出し、例を参考に話してください。

한국에는 결혼을 꼭 해야 한다고 생각하는 사람이 많았어요. 그리고 보통 28~34살 정도에 결혼을 했어요. 하지만 지금은 35살보다 늦게 결혼하거나 결혼을 안 하는 사람도 많아요. 그리고 결혼을 꼭 해야 한다고 생각하는 사람도 많지 않아요. 결혼할 때 돈이 많이 드는 데다가 결혼을 안 해도 행복하게 살 수 있다는 생각이 많아졌기 때문인 것 같아요.

결혼에 대한 생각	
보통 결혼을 하는 나이	
결혼을 할 때 필요한 조건	

18課

表現plus

인기 人気
＊主に인기가 있다／없다／많다（人気がある／ない／高い）、인기를 끌다／얻다（人気を集める／得る）の形で使います。

• 이 가게에서는 저 가방이 **인기**를 끌고 있어요.
この店ではあのかばんが人気を集めています。

• 그 노래는 요즘 대학생들 사이에서 **인기**가 많아요.
その歌は最近大学生の間で人気が高いです。

語彙 □기운：気配、勢い　□얻다：得る

やってみよう

1 音声を聞いて質問に答えてください。

18-4

(1) 빈칸에 알맞은 말을 쓰세요.

여자는 집에 ___________이/가 없고, 내일 손님도 오시기로 해서 _______을/를 봤다.

(2) 들은 내용과 같은 것을 고르세요.

① 여자의 집에 우유가 없었다.
② 남자는 여자에게 우유를 사 오라고 부탁했다.
③ 여자는 마트에 갈 때 항상 사야 할 물건을 메모한다.
④ 남자는 여자에게 물건을 사기 전에 계획을 세워야 한다고 했다.

2 音声を聞いて空欄に当てはまる語句を書くか、(　) 内の適切なほうを選んでください。

18-5

(1) 여자는 이번 달 _____________이/가 부족해서 걱정하고 있다.

(2) 여자는 _____________와/과 식비에 돈을 많이 쓰는 편이다.

(3) 남자는 여자에게 외식을 { 줄이라고 / 늘리라고 } 했다.

3 皆さんはマートに行く前に必要な物をメモするほうですか？　買うべき物をメモするとどんな点が良いのか、以下に書き出し、話し合ってください。

마트에 가기 전에 필요한 물건을 메모하면 좋은 점	• 집에 있는 물건을 또 안 살 수 있다. • •

語彙 □생활비 : 生活費　□부족하다 : 足りない　□물가 : 物価　□나가다 : 出掛ける
□아무래도 : どうしても　□식비 : 食費　□서너 : 3、4 (さんよん)　□늘리다 : 増やす

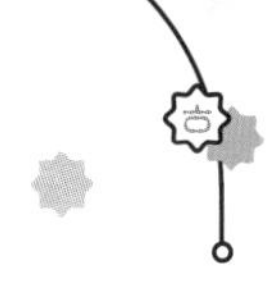

4 皆さんの消費スタイルはどうですか？　それぞれの項目について書き出し、例を参考にして話してください。

보기

저는 먹는 것을 좋아해서 식비가 많이 드는 편인데요. 간식비뿐만 아니라 커피값도 많이 써요. 커피를 좋아해서 하루에 두 잔은 꼭 사서 마시거든요. 계산해 보니까 한 달에 커피값으로 30만 원 정도 쓰는 것 같아요. 이렇게 커피값을 많이 쓰는 줄 몰랐어요. 커피를 하루에 한 잔으로 줄여야겠어요. 그리고 돈을 아끼기 위해서 어디에 돈을 썼는지 공책에 매일 적을 생각이에요.

생활비 / 용돈에서 돈을 많이 쓰는 일	① ______ ② ______ ③ ______
돈을 아낄 수 있는 일	
돈을 아끼기 위한 방법	

5 4で話した内容を整理し、「私の消費スタイル」のテーマで作文してください。

語彙 □간식비：おやつ代　□공책：ノート
□적다：書く、記す　□용돈：こづかい

18課

今日の日記

この日記には間違いが３か所あります。よく読んで間違いを直してください。

10월 15일

요즘 회사 일 때문에 너무 힘든 뿐만 아니라 집에도 일이 많아서 바쁘다.

어제도 바빠서 저녁을 급하게 먹는 데다가 물도 많이 안 마셨다.

그런데 저녁을 먹은 후에 갑자기 배가 아프기 시작했다.

배가 너무 아파서 병원을 찾아갔는데 집 근처의 병원은 모두 문을 닫을 데다가 약국도 연 곳이 없었다. 그래서 119에 전화를 했다.

사람들은 보통 119를 불이 났을 때 신고하는 전화번호라고 알고 있다. 하지만 119는 불이 났을 때뿐만 아니라 아플 때에도 전화할 수 있다. 아플 때 119에 전화하면 가까운 병원을 알려 준다.

119 덕분에 문을 연 병원을 찾아서 치료를 받았다. 큰일 날 뻔했는데 다행이었다.

語彙 □신고하다：知らせる、通報する　□불이 나다：火が出る、火事になる

理解度チェック

語彙

1 この課の新出語彙です。覚えた語彙には✓を付けてください。

□ 기능	□ 속도	□ 가격	□ 저렴하다
□ 품질	□ 가구	□ 증가하다	□ 경제적
□ 생활용품	□ 인기	□ 끌다	□ 식품
□ 소비	□ 형태	□ 사회적	□ 기운
□ 얻다	□ 생활비	□ 부족하다	□ 물가
□ 나가다	□ 아무래도	□ 식비	□ 서너
□ 늘리다	□ 간식비	□ 공책	□ 적다
□ 용돈	□ 신고하다	□ 불이 나다	

分からない語彙が5つ以上あれば、学習内容をおさらいして覚えてください。

18課

表現

2 与えられた語句をこの課で習った適切な表現にして、文を完成させてください。

A 어서 오세요. 무엇을 보여 드릴까요?

B 가격이 □□□□□□□□ 디자인도 좋은 에어컨 보여 주세요.
(저렴하다)

A 이 에어컨이 괜찮아요. 품질도 □□□□□ 디자인도 예뻐요.
(좋다)

가격도 비싸지 않은 편이에요.

・前節の内容に別の内容を加える表現ができますか？ □

分からない表現があれば、文法のページを復習してください。

19

제가 자주 가던 떡볶이 가게예요

私がよく行っていたトッポッキ屋さんです

学習目標

- -게 하다を使って、ある事柄をさせることを表せる
- -던を使って、まだ終わっていない事柄や過去に頻繁にしていた事柄について表現できる

文法

- ～するようにさせる、～させる
- ～していた…

19-1

ユラさんとスンユンさんの会話を聞いて答えてください。

1 ユラさんとスンユンさんは今どこにいますか？

2 小学校のころの思い出で、記憶に残っている出来事はありますか？

文法

❶ V-게 하다　～するようにさせる、～させる

動詞の後に付いて、ある事柄をさせることを表します。似ている表現にV-게 만들다があります。

1

민호　룸메이트가 매일 밤마다 음악을 크게 들어서 잠을 못 **자게 해요.**

승윤　소리를 좀 줄이라고 말해 봤어요?

민호　말했는데 소용이 없어요.

승윤　그래도 다시 말해서 그렇게 못 **하**게 하세요. 아니면 이어폰을 끼고 **듣**게 하세요.

2

지은　어렸을 때 우리 엄마는 사탕을 못 **먹게 하셨어.** 이가 썩어서 먹으면 안 된다고 하셨어.

유라　우리 엄마도 사탕을 못 **먹게 하셨는데** 나는 그냥 먹었어. 맛있잖아.

지은　우리 엄마는 혼자 여행도 못 **가게 하셨어.** 나는 나중에 내 딸한테 안 그럴 거야.

유라　하하, 그래도 엄마가 널 사랑해서 그러신 거잖아.

練習 1　それぞれの文の表現が適切であれば○を、そうでなければ×を付けてください。

(1) 언니가 그 옷을 못 입게 했어요. (　　)

(2) 선생님께서 저한테 숙제를 하게 하셨어요. (　　)

(3) 어릴 때 엄마가 할아버지 앞에서 춤을 췄게 했어요. (　　)

練習 2　例のa、bの部分を(1)～(3)のa、bの語句と入れ替え、それぞれ適切な表現にして話す練習をしてみましょう。

例
A [a]너무 시끄러워요.
B [b]아이들이 못 떠들게 하세요.

(1) [a]아이가 너무 피곤해하다 / [b]일찍 자다

(2) [a]혼자 청소하기 힘들다 / [b]동생한테 하다

(3) [a]오빠가 기침을 많이 하다 / [b]따뜻한 차를 마시다

語彙 □소용이 없다：無駄だ　□썩다：腐る

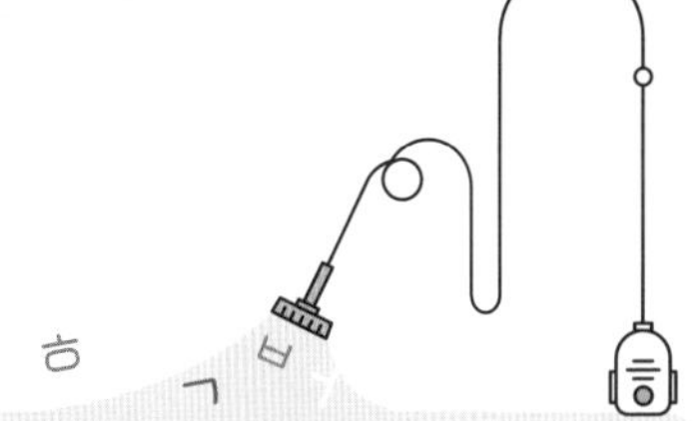

❷ V/A-던 N　～していた…

後ろに来る名詞を修飾する表現で、過去に始めてまだ終わっていない事柄や、過去に頻繁にしていた事柄について回想するときに使います。

19-3

1

유라　민호 씨, 여기 좀 봐요. 이건 어렸을 때 제가 자주 **읽던** 책인데 아직 있네요.

민호　저도 이 이야기 좋아했는데……. 자기 전에 어머니께서 읽어 **주시던** 책이었어요.

유라　오랜만에 이 책을 보니까 옛날 생각이 나네요.

2

승윤　민호 씨, 여기 **있던** 신문 못 봤어요?

민호　이 신문요? 쓰레기인 줄 알았어요. 버리려고 했는데…….

승윤　제가 **읽던** 거예요. 아직 다 못 읽었어요. 읽고 버릴게요.
그리고 그건 제가 **마시던** 커피예요. 다 마신 후에 제가 정리할게요.

민호　미안해요. 다 마신 건 줄 알았어요.

19課

練習3　それぞれの文の表現が適切であれば○を、そうでなければ×を付けてください。

(1) 이건 아침에 먹던 빵이에요.　(　　)

(2) 여기는 제가 자주 오던 커피숍이에요.　(　　)

(3) 내 친구는 활발해서 인기가 많던 아이였어.　(　　)

練習4　例のa、bの部分を(1)～(3)のa、bの語句と入れ替え、それぞれ適切な表現にして話す練習をしてみましょう。

例
A [a]이건 제가 좋아하던 노래예요.
B [b]정말 좋네요.

(1) [a]여기는 제가 살다 + 곳 / [b]아름답다

(2) [a]이곳이 제가 자주 옷을 사다 + 가게 / [b]예쁜 옷이 많다

(3) [a]사진 속 이 사람은 저랑 같이 다니다 + 후배 / [b]저도 아는 사람이다

リーディング練習

1 文を読んで質問に答えてください。

어느 추운 겨울, 배가 고픈 호랑이가 여기저기 다니면서 먹을 것을 찾고 있었다. 그때 호랑이는 그 옆을 **지나가던** 토끼를 보았다. 토끼는 호랑이한테 잡혔다. 토끼는 너무 무서웠지만 당황하지 않고 이렇게 말했다.

"호랑이님, 맛있는 물고기를 많이 **먹게 해** 드릴게요. 저는 하나지만 물고기는 아주 많아요."

호랑이는 토끼의 말을 듣기로 했다. 토끼는 호랑이를 근처 호수에 데려가서 이렇게 말했다.

"이 호수에는 물고기가 아주 많아요. 호수에 꼬리를 넣고 기다리면 물고기들이 꼬리를 칠 거예요. 그때 물고기들을 잡아서 드시면 돼요."

욕심이 생긴 호랑이는 꽁꽁 언 호수에 꼬리를 넣고 물고기가 칠 때까지 기다리기로 했다. 긴 시간이 지난 후에 호랑이는 꼬리가 무거워진 것을 느끼고 꼬리를 꺼내려고 했다. 하지만 날씨가 너무 추워서 호랑이의 꼬리도 물속에서 꽁꽁 얼었다. 호랑이는 언 꼬리 때문에 움직일 수 없었다.

토끼는 웃으면서 이렇게 말했다.

"호랑이님, 추운 호수에서 오래오래 잘 지내세요."

(1) この文の内容と同じものとして最も適切なものを選んでください。

① 호랑이는 토끼를 못 잡아서 당황했다.
② 호랑이는 물고기를 먹고 싶지 않았다.
③ 호랑이는 꼬리가 얼었지만 움직일 수 있었다.
④ 호랑이는 호수에 꼬리를 넣고 오랫동안 있었다.

語彙 □토끼：ウサギ □잡히다：捕まる □당황하다：うろたえる □물고기：（生きている）魚 □호수：湖 □꼬리：しっぽ □잡다：捕まえる □욕심：欲 □얼다：凍る □꺼내다：取り出す □움직이다：動く

⑵ この話に出てくるトラは、どんな性格ですか？

➡

⑶ 皆さんがこのトラだったらどうしますか？　話してください。

2 幼いころによく聞いていた歌やお話、よく見ていた本や映画がありますか？ それぞれの項目について書き出し、例を参考に話してください。

例

저는 어렸을 때 옛날이야기를 자주 들었어요. 어릴 때 어머니께서 읽어 주시던 이야기에는 호랑이가 많이 나왔는데 호랑이는 무서웠지만 바보 같은 느낌도 있었어요.

자주 듣던 노래 / 이야기	
자주 보던 책 / 영화	

19課

表現plus

꽁꽁

かちかち、こちこち
水や物体が硬く凍りついている様子。

- 날씨가 너무 추워서 강이 **꽁꽁** 얼었어요.
  とても寒くて川がかちかちに凍りました。
- **꽁꽁** 언 아이스크림을 먹으니까 이가 아프다.
  かちかちに凍ったアイスクリームを食べたから歯が痛い。

語彙 □바보：ばか、まぬけ

やってみよう

1

音声を聞いて質問に答えてください。

(1) 여자가 늦은 이유는 무엇입니까?

______________________ (-아서/어서) 늦었어요.

(2) 여자가 전화를 못 한 이유는 무엇입니까?

______________________ (-아서/어서) 전화를 못 했어요.

(3) 여자의 이야기를 들은 남자는 무슨 생각을 했습니까?

______________________ (-다고) 생각했어요.

2

音声を聞いて空欄に当てはまる語句を書いてください。

(1) 지금 두 사람은 여자가 어렸을 때 ______________________에 있다.

(2) 여자는 어렸을 때 이곳에 혼자 오면 ______________ (-(으)면서) 쉬었고, 친구들하고 같이 오면 친구들과 ______________ (-(으)면서) __________을/를 했다.

(3) 남자는 이곳 사람들이 ______________ 보인다고 말했다.

3

皆さんはよく行っていた場所がありますか？　そこはどんな場所ですか？　それぞれの項目について書き出し、話してください。

자주 가던 곳	
어떤 곳이에요?	

語彙 □예고：予告　□기대되다：楽しみにする　□여유롭다：余裕がある

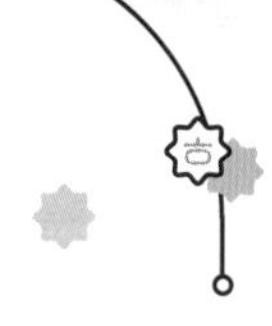

4 1～3の絵を見て、4にふさわしい内容を想像しストーリーを作ってください。

19課

5 4で作ったストーリーを整理し、文章にしてください。

今日の日記

この日記には間違いが４か所あります。よく読んで間違いを直してください。

11월 27일

내 동생은 착하고 내 말을 잘 듣는 편이다. 그런데 동생은 물건들을 정리하는 습관이 있다. 그래서 내가 다 하지 않은 일도 정리해 놓을 때가 있다.

오늘 아침에도 동생은 내가 먹던 빵을 치웠고, 내가 읽고 있을 책도 책장에 다시 꽂아 놓았다. 그렇게 못 해게 해도 동생은 계속 정리를 한다.

저녁에 과일이 먹고 싶어서 동생한테 과일을 사 왔게 했다. 동생의 정리하는 습관 때문에 가끔 힘들 때도 있지만, 이렇게 내 말을 잘 들어 줄 때도 많다.

과일을 먹으면서 어렸을 때 동생과 내가 함께 자주 듣는 노래를 들었다.

오랜만에 그 노래를 동생과 같이 들으니 옛날 생각이 많이 났다.

1	읽고 있을	▶	읽고 있던
2		▶	
3		▶	
4		▶	

語彙 □책장：机　□꽂다：差し込む

理解度チェック

語彙

1 この課の新出語彙です。覚えた語彙には✓を付けてください。

□ 소용이 없다	□ 썩다	□ 토끼	□ 잡히다
□ 당황하다	□ 물고기	□ 호수	□ 꼬리
□ 잡다	□ 욕심	□ 꽁꽁	□ 얼다
□ 꺼내다	□ 움직이다	□ 바보	□ 예고
□ 기대되다	□ 여유롭다	□ 책장	□ 꽂다

分からない語彙が5つ以上あれば、学習内容をおさらいして覚えてください。

19課

表現

2 与えられた語句をこの課で習った適切な表現にして、文を完成させてください。

A 우리 가게에 손님이 많이 [ ][ ][ ][ ] (오다(-는)) 방법은 없을까요?

B 예전에 제가 자주 [ ][ ] (가다) 음식점에서는 이렇게 했어요.

A 어떻게요? 이야기해 주세요.

・-게 하다を使って、ある事柄をさせることを表せますか？ □

分からない表現があれば、文法のページを復習してください。

20

좀 더 열심히 공부했어야 했는데

もっと一生懸命勉強しなきゃいけなかったのに

学習目標

-(으)ㄹ걸 그랬다や-았어야/었어야 했는데を使って、後悔していることを表せる

文法

- ～すればよかった、～したらよかった
- ～すべきだったのに、～すればよかったのに、～であるべきだったのに、～だったらよかったのに

スンユンさんとユラさんの会話を聞いて答えてください。

1 ユラさんはどうして試験があまりできなかったのですか？

2 皆さんはうまくできなくて残念に思った経験はありますか？

文法

❶ V-(으)ㄹ걸 그랬다
～すればよかった、～したらよかった

動詞の後に付いて、すでに終わったことに対する後悔を表します。

1

민호 어제 파티 재미있었는데. 친구들도 많이 오고 맛있는 음식도 많았어요.

승윤 그래요? 저도 **갈걸 그랬네요.**

민호 왜 안 왔어요? 왔으면 좋았을 거예요.

승윤 과제 때문에 못 갔어요. 과제를 미리 해 **놓을걸 그랬어요.**

2

승윤 형, 요즘 왜 그래? 유라 씨 때문에 그래?

서준 그냥 좀 괴로워. 그때 **고백하지 말걸 그랬어.**
고백하지 않았으면 유라 씨하고 이렇게 어색하지 않을 것 같아.

승윤 유라 씨도 형을 싫어하는 건 아닌 것 같아.

서준 그래도 좀 더 생각을 해 보고 **말할걸 그랬어.**

練習 1 それぞれの文の表現が適切であれば○を、そうでなければ×を付けてください。

(1) 케이크를 만들을걸 그랬어요. (　　)

(2) 방을 더 깨끗하게 청소할걸 그랬어요. (　　)

(3) 머리가 너무 아픈데 약을 먹을걸 그래요. (　　)

練習 2 例のa、bの部分を(1)～(3)のa、bの語句と入れ替え、それぞれ適切な表現にして話す練習をしてみましょう。

例
A [a]이 음식점이 오늘 쉬네요.
[b]미리 전화할걸 그랬어요.
B 그러게요.

(1) [a]길이 막히다 / [b]지하철을 타다

(2) [a]날씨가 춥다 / [b]두꺼운 옷을 입다

(3) [a]영화가 재미없다 / [b]다른 영화를 보다

語彙 □괴롭다：つらい、悩ましい　□어색하다：気まずい

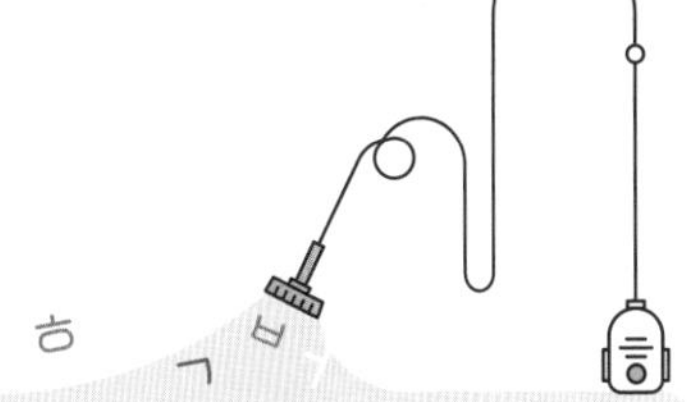

❷ V/A-았어야/었어야 했는데　～すべきだったのに、～すればよかったのに、～であるべきだったのに、～だったらよかったのに

すでに終わったことに対する後悔や残念さを表します。-(으)ㄹ걸 그랬다が“あの時ああすればよかったのにしなかった”ことを後悔しているのに対して、-았/었어야 했는데は“あの時しないといけなかったのにしなかった”ことに対する後悔を表します。

20-3

1

민호　어제 길에서 친구를 봤는데 인사를 못 했어요. 인사를 **했어야 했는데**…….

승윤　왜 인사를 안 했어요?

민호　친구하고 좀 오해가 있어서 싸웠거든요. **싸우지 말았어야 했는데.**

승윤　친구도 후회하고 있을 거예요. 먼저 연락해 보세요.

2

지은　얼마 전에 서준 씨를 봤는데 많이 힘들어 보였어. 너도 서준 씨가 싫은 건 아니잖아.

유라　응. 그때는 내가 여유가 없었어. 그때 **거절하지 말았어야 했는데**…….

지은　그럼 네가 먼저 사귀자고 말해.

유라　어떻게 그래? 더 생각해 보고 **말했어야 했는데.**

20課

練習 3　それぞれの文の表現が適切であれば○を、そうでなければ×を付けてください。

(1) 밥을 많이 먹었야 했는데.　(　　)

(2) 그 물건을 더 비싸게 팔았어야 했는데.　(　　)

(3) 친구들 모두 같이 단풍을 보러 갔어야 했는데.　(　　)

練習 4　例のaの部分を(1)～(3)の語句と入れ替え、それぞれ適切な表現にして話す練習をしてみましょう。

例
A　면접 잘 봤어요?
B　아니요, 잘 못 봤어요.
[a]더 잘 준비했어야 했는데…….

(1) 더 열심히 연습하다

(2) 평소에 신문을 많이 읽다

(3) 대답할 때 자신 있게 말하다

語彙 □오해：誤解　□후회하다：後悔する　□거절하다：拒む、断る

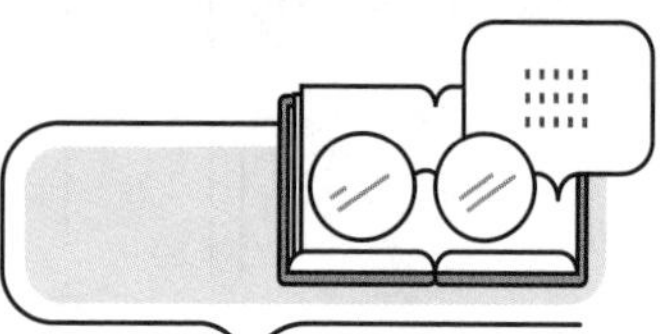

リーディング練習

1 文を読んで質問に答えてください。

나는 지난주에 차 사고가 나서 병원에 입원했다.

출근 시간에 늦을까 봐 급하게 운전하다가 사고가 나서 죽을 뻔했다.

좀 더 **조심했어야 했는데**……. 그 사고를 생각하면 아직도 무서워서 가슴이 두근두근한다.

사고가 난 후 병원에 있으면서 내 인생에 대해 다시 생각해 보았다.

그래서 죽기 전에 꼭 해야 할 일을 써 보았다.

〈죽기 전에 꼭 해야 할 일〉

1. 매일 부모님과 30분 이상 대화한다.
2. 사랑하는 사람들에게 사랑한다고 말한다.
3. 혼자 여행을 해 본다.
4. 외국에서 혼자 한 달 동안 생활해 본다.
5. 어려운 이웃을 위해 봉사 활동을 한다.

이걸 쓰면서 결심했다. 나는 이제부터 후회하는 일 없게 인생을 더 소중하게 생각하면서 살 것이다. "더 열심히 **살걸 그랬어**." 이렇게 말하면서 후회하고 싶지 않다.

(1) この文の内容と同じものとして最も適切なものを選んでください。

① 이 사람은 조심해서 걷지 않아서 사고가 났다.

② 이 사람은 외국에서 혼자 생활하는 것이 힘들다고 생각한다.

③ 이 사람은 살면서 하고 싶은 일이 너무 많아서 걱정하고 있다.

④ 이 사람은 사고 후에 부모님과 매일 이야기해야겠다고 생각했다.

語彙 □이상：~以上　□결심하다：決心する　□소중하다：大切だ

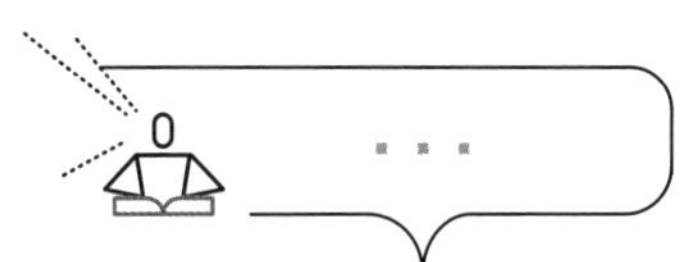

⑵ この人は、今後どのように生きていくと言っていますか？

➡ ________________

⑶ 皆さんも「死ぬ前に必ずすべきこと」について考えたことはありますか？　死ぬ前にすべきことを書き出して、なぜそれをしたいのか話し合ってください。

죽기 전에 꼭 해야 할 일
1
2
3
4
5

20課

表現plus

두근두근하다　　どきどきする、わくわくする
驚いたり期待したりして胸が高鳴る様子。

• 사랑하는 사람한테 고백할 때 너무 떨려서 가슴이 **두근두근했다.**
愛する人に告白するとき、とても震えて胸がどきどきした。

• 많은 사람 앞에서 발표를 하는데 너무 긴장돼서 가슴이 **두근두근했어요.**
大勢の人の前で発表をするのですが、とても緊張して胸がドキドキしました。

やってみよう

1 音声を聞いて質問に答えてください。

(1) 빈칸에 알맞은 말을 쓰세요.

① 남자의 ________________ 이/가 고장 났다.

② 여자는 남자한테 ____________________ 에 가서 이야기해 보라고 했다.

(2) 들은 내용과 같은 것을 고르세요.

① 남자는 휴대 전화를 안 사서 후회하고 있다.

② 여자는 휴대 전화가 또 고장 나서 짜증이 났다.

③ 남자는 휴대 전화를 바닥에 떨어뜨린 적이 있다.

④ 여자는 휴대 전화를 자주 떨어뜨려서 고장이 났다.

2 皆さんは物を買った後に後悔したことはありますか？　どうして後悔したのですか？　それぞれの項目について書き出し、話してください。

물건을 산 후에 후회한 경험	
그 이유	

3 音声を聞いて空欄に当てはまる語句を書いてください。

(1) 두 사람은 ______________________________ 에 대해 이야기하고 있다.

(2) 여자는 고등학교 때, 하고 싶은 일을 열심히 ____________ (−아서/어서) 후회하고 있다.

(3) 남자는 고등학교 때, 부모님 말씀을 ____________ (−아서/어서) 후회하고 있다.

語彙 □바닥：床　□떨어뜨리다：落とす　□암튼：とにかく　□짜증이 나다：いらつく　□후회되다：悔やまれる

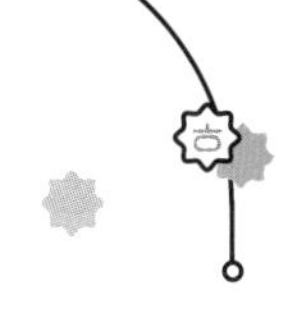

4 皆さんは、過去に行けるとしたらいつに行きたいですか？　それぞれの項目について書き出し、例を参考にして話してください。

과거로 갈 수 있으면 저는 초등학교 때로 돌아가고 싶어요. 그때 친하게 지내던 친구와 크게 싸운 적이 있어요. 제가 그 친구의 마음에 상처를 주는 말을 한 것 같아요. 그렇게 말하지 말았어야 했는데……. 그때로 돌아가면 그렇게 말하지 않고 친구와 싸우지 않을 거예요.

언제로 돌아가고 싶어요?	
그때 무슨 일이 있었어요?	
왜 그때로 돌아가고 싶어요?	
그때로 돌아가면 어떻게 하고 싶어요?	

5 4で話した内容を整理し、「戻りたい時」のテーマで作文してください。

語彙 □과거：過去　□상처：傷

今日の日記

この日記には間違いが３か所あります。よく読んで間違いを直してください。

10월 1일

오늘은 우리 가족이 제주도로 여행을 가기로 한 날이다.
그런데 아침부터 비가 왔다. 날씨가 좋아야 했는데……. 정말 아쉬웠다.
공항에 도착했을 때, 집에 지갑을 놓고 온 것을 알았다.
집을 떠나기 전에 가방에 지갑이 있는지 봤을걸 그랬다. 속상했다.
집에 돌아가서 지갑을 찾아서 다시 공항으로 가는 버스를 탔다.
그런데 그 버스에서 첫사랑을 만났다. 그 버스를 타지 말았어야 했는데…….
다른 버스를 타지 말걸 그랬다. 다른 버스를 탔으면 그 사람을 만나지 않았을 것이다. 그 사람을 또 만나는 일은 없었으면 좋겠다.

1	좋아야 했는데	▶ 좋았어야 했는데
2		▶
3		▶

語彙 □첫사랑：初恋

理解度チェック

語彙

1 この課の新出語彙です。覚えた語彙には✓を付けてください。

☐ 괴롭다	☐ 어색하다	☐ 오해	☐ 후회하다
☐ 거절하다	☐ 두근두근하다	☐ 이상	☐ 결심하다
☐ 소중하다	☐ 바닥	☐ 떨어뜨리다	☐ 암튼
☐ 짜증이 나다	☐ 후회되다	☐ 과거	☐ 상처
☐ 첫사랑			

分からない語彙が5つ以上あれば、学習内容をおさらいして覚えてください。

表現

2 与えられた語句をこの課で習った適切な表現にして、文を完成させてください。

A 그 영화는 오늘 매진이래요. ☐☐☐☐☐☐☐☐ (예매하다). 어떡하죠?

B 어쩔 수 없지요. 다른 영화를 봐요.

A 미리 ☐☐☐☐☐☐☐☐☐☐ (확인하고 오다).

・-(으)ㄹ걸 그랬다や-았어야/었어야 했는데を使って、後悔していることを表せますか？ ☐

分からない表現があれば、文法のページを復習してください。

20課

復習 2

익선동이 어디인지 알아요?

益善洞がどこなのか分かりますか？

- ミノさんは今日どこに行くでしょう？
- 昔の人たちが住んでいた家屋に行ったことがありますか？

音声を聞きながら、11～20課で習った文法と語彙を復習してください。

민호 지은 씨, 익선동이 **어디인지 알아요**?

지은 익선동요? 네, 알아요.
유라가 **가자고 해서** 가 본 적이 있어요.

민호 그래요? 어떻게 **가는지 알려 주세요**.

지은 익선동에 가려면 지하철 종로3가역에서 내려서
4번 출구로 나가면 돼요.

민호 익선동이 종로에 있어요?

지은 네, 서울에서 가장 오래된 한옥 **마을이래요**.
1920년에 **생겼대요**.
그런데 익선동에 가는 걸 보니 데이트가 **있나 봐요**.

민호 하하, 데이트는 아니고요. 익선동에 예쁜 카페가
많다고 들었어요. 그래서 사진을 찍으려고요.

지은 아, 저는 민호 씨한테 여자 친구가 **생긴 줄 알았어요**.
익선동에는 데이트를 하러 가는 사람들이 **많거든요**.

민호 그래요? 저는 지은 씨한테 같이 **가자고 할** 생각이었는데요.

지은 저도 같이 **가고 싶기는 하지만** 요즘 바빠서 시간이 없어요.
승윤 씨한테 같이 **가자고 해 보세요**.

민호 어쩔 수 없죠. 그럼 승윤 씨한테
연락해 봐야겠네요.

1. 지하철을 타고 익선동에 가려면 어디에서 내려야 합니까?
2. 민호 씨는 익선동에서 뭘 할 것입니까?

•한옥 마을 韓屋村（朝鮮時代の伝統的な家屋が保存されている地域）

復習 2

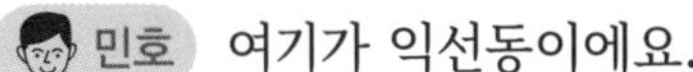

민호 여기가 익선동이에요.

승윤 오, 여기 정말 예쁘네요. 데이트를 하는 사람들도 많고요.
사진 찍으면 잘 나올 것 같아요.

민호 하하, 그래서 제가 한번 가 봐야 한다고 **말했잖아요**.

승윤 그러게요. 와 보니까 좋네요. 그런데 길이 좀 좁은 것 같아요.

민호 길이 **좁은데도** 복잡하지 않죠?
좀 따뜻한 느낌이 들지 않아요?

승윤 그런 것 같네요.
여기에 가게 말고 사람들이 살고 있는 집도 있어요?

민호 사람들이 살고 있는 집도 조금 있을 것 같아요.
우리 저쪽으로 가 봐요.

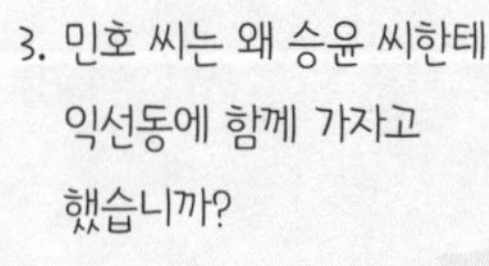

3. 민호 씨는 왜 승윤 씨한테 익선동에 함께 가자고 했습니까?

승윤 이 카페도 특이하네요. 여기에서 뭐 좀 마시고 갈까요?

민호 네. 제가 살게요.

승윤 고마워요.

민호 그런데 승윤 씨가 기분 **나쁠까 봐** 이야기 안 했는데요.
사실 지은 씨한테 **가자고 했는데** 지은 씨가 바쁘다고 **했거든요**.
그래서 승윤 씨한테 **가자고 한** 거예요.

익선동 거리

승윤 저도 알고 있었어요. 알고 **있는데도** 같이 온 거예요.

민호 정말요? 하하. 고마워요.

승윤 여기는 옛날 같은 느낌도 **있는 데다가** 현대적인 느낌도 있어요.

민호 네. 그래서 요즘 인기가 점점 많아지고 **있대요.** 데이트를 하는 **사람들뿐만 아니라** 가족들과 함께 온 사람들도 많아요.

4. 익선동에는 어떤 사람들이 많습니까?

•현대적 現代的

승윤 예전에 북촌 한옥 마을에 가 본 적이 **있거든요.** 거기는 사진 찍기 좋은 곳도 **많은 데다** 방송에도 자주 소개되어서 사람이 정말 많았어요. 그리고 사람들도 많이 살고 있는 곳이었어요.
익선동은 조금 작은 한옥 마을 같은 느낌이네요.

민호 네, 맞아요. 건물도 높지 않아서 예전에 제가 **살던** 곳을 **생각나게 해요.** 어, 지은 씨한테 문자가 왔네요.

승윤 **뭐래요?**

민호 오늘 일이 일찍 끝나서 여기로 **온대요.**

지은 승윤 씨, 민호 씨. 많이 기다렸죠? **기다리게 해서** 미안해요.

민호 지은 씨, 오늘 시간이 없다고 **했잖아요**.
그래서 못 **오는 줄 알았어요**.

지은 아무리 **바빠도** 두 사람은 만나야지요. 여기 어때요?

승윤 정말 예쁜 것 같아요. 제가 자주 **다니던** 동네와 다른 느낌이에요. 서울의 예전 모습을 볼 수 있어서 신기했어요.

지은 네, 익선동만의 느낌이 있는 것 같아요. 익선동 사람들은 동네의 옛날 모습을 잘 **지키기 위해 노력했대요**.
아, 여기 유라도 정말 좋아했을 것 같아요.
유라도 같이 **왔어야 했는데**…….

승윤 퇴근 시간이 거의 다 된 것 같은데요.
지금 전화해서 이쪽으로 올 수 **있느냐고 물어보세요**.

지은 네. 연락해 볼게요.

민호 그럼 우리 가게들을 좀 더 구경하러 나가 볼까요?

승윤 여기는 많이 봤으니까 인사동이나 삼청동 쪽으로 가 보면 어떨까요?

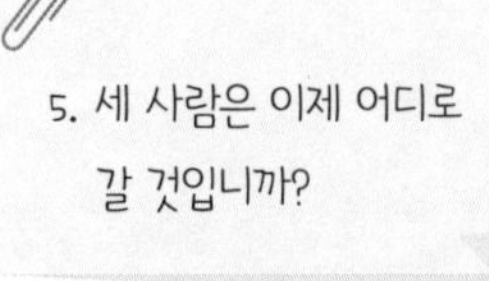

•한정식 韓定食（韓国の伝統的な献立で複数の種類の料理が並ぶ定食）

지은 그것도 좋을 것 같아요. 인사동에 한정식이 유명한 집을 알고 있어요. 거기로 가서 저녁 먹어요.

민호 네. 좋아요. 유라 씨도 그쪽으로 올 수 **있는지 물어봐** 주세요.

지은 네. 그럴게요.

지은 유라가 왔네요. 유라야, 여기야.

유라 저 왔어요. **기다리게 해서** 미안해요. 익선동 구경 잘했어요?

민호 네, 예쁜 카페와 특이한 가게가 많았어요.

유라 저도 좀 일찍 **올걸 그랬어요**. 아쉽네요.
하지만 여기도 좋아요. 인사동도 오랜만에 와요.
어렸을 때는 그래도 가끔 왔는데.

지은 맞아. 인사동에 미술관도 있어서 가끔 구경하러 왔는데.
여기도 좀 변한 것 같아.

민호 예전의 모습을 잘 지키고 있는 곳은 그렇게 많지 않은 것 같아요.
계속 변하고 또 변하고…….

6. 민호 씨는 무엇을 아쉬워합니까?

승윤 그래도 공원도 많이 생기고 문화 행사도 점점 많아지니까
더 좋아지는 것 같아요.

민호 좋아지고 **있기는 하지만** 옛날 모습이 없어지니까 추억도
없어지는 느낌이에요. 좀 아쉬워요.

•미술관 美術館
•파전 パジョン（ねぎの入ったチヂミ、お焼き）

지은 자, 우리 이야기 그만하고 주문부터 해요.

승윤 그래요. 뭐가 맛있어요?

지은 한정식 주문할게요. 4인분만 시키면 될까요?

유라 응. 그리고 다 같이 **먹게** 파전도 하나 더 시킬까?

민호 좋아요. 맛있겠네요.

音声スクリプトと訳

1 이해하기 어려운 것도 있는 것 같다 理解するのが難しいこともあるようだ

1-1 P. 21

ミノさんの日記の内容を聞いて答えてください。

최근 텔레비전에 외국인들이 한국을 여행하는 방송이 많아지고 있다. 외국인들이 한국에 많이 오는 것은 알고 있었는데 여행하는 모습을 방송으로 보니까 더 재미있었다. 그런데 우리 문화 중에는 외국인들이 이해하기 어려운 것도 있는 것 같다. 어제 내가 본 방송에서는 중국 사람이 찬물을 마시는 한국인들을 보고 놀라는 모습이 나왔다.

最近、テレビで外国人が韓国を旅行する番組が増えている。外国人たちが韓国に大勢来ているのは知っていたが、旅行する姿を番組で見るとさらに面白かった。でも、私たちの文化の中には外国人たちにとって理解しにくいものもあるようだ。昨日私が見た番組では中国人が冷たい水を飲む韓国人たちを見て驚く姿があった。

- 최근 最近
- 방송 番組（放送）
- 이해하다 理解する
- 놀라다 驚く
- 외국인 外国人
- 모습 姿
- 찬물 冷たい水、お冷や

1-4 P. 26

1 音声を聞いて質問に答えてください。

男 한국에서 버스를 타 봤어요?

女 네. 처음에는 길을 몰라서 버스를 타기 무서웠어요. 그런데 요즘은 자주 타요.

男 저는 버스 정류장 위치를 몰라서 잘 안 타요.

女 스마트폰을 이용하면 버스 정류장의 위치도 알 수 있고 버스가 오는 시간도 알 수 있어요.

男 韓国でバスに乗ったことがありますか？

女 はい。最初は道が分からなくてバスに乗るのが怖かったです。でも最近はよく乗ります。

男 私はバス停の場所が分からないのであまり乗りません。

女 スマホを使えばバス停の場所も分かりますし、バスが来る時間も分かります。

1-5 P. 26

2 音声を聞いて、内容と合っていれば○を、違っていれば×を付けてください。

서울시에서는 외국인들에게 한국 생활 안내 책을 드립니다. 이 책에는 한국에서 생활할 때 필요한 정보들이 있습니다. 아플 때 병원과 약국 위치를 몰라서 힘드셨죠? 이 책에는 집 주변의 병원과 약국의 전화번호가 있습니다. 또 병원과 약국에서 사용할 수 있는 한국어 표현을 영어, 중국어, 일본어로 설명해 드립니다. 또 동네에서 쓰레기를 버릴 수 있는 날짜와 방법도 알려 드립니다.

ソウル市では外国人たちに韓国の生活案内の冊子を配っています。この冊子には韓国で生活するときに必要な情報があります。病気のときに病院や薬局の場所が分からなくて困りませんでしたか？　この冊子には家の近くの病院や薬局の電話番号があります。また、病院や薬局で使える韓国語の表現を、英語、中国語、日本語で説明しています。さらに地域のゴミを出す日と出し方もお知らせしています。

2 회사에 다닌 지 2년이 됐어요 会社に勤めて2年になりました

2-1 P. 31

スンユンさんとユラさんの会話を聞いて答えてください。

男 유라 씨, 그 회사에 다닌 지 얼마나 됐어요?

女 회사에 다닌 지 2년이 됐어요.

男 회사 일은 어때요?

女 재미있어요. 하지만 공부를 더 하고 싶어서 대학원에 갈 생각이에요.

男 ユラさん、その会社に勤めてどのくらいたちますか？

女 会社に勤めて２年になります。

男 会社の仕事はどうですか？

女 楽しいです。でももっと勉強したいので大学院に行くつもりです。

2-4 P. 36

1 音声を聞いて質問に答えてください。

女 여자 친구하고 만난 지 얼마나 됐어요?

男 만난 지 3년이 됐어요.

女 두 사람은 결혼 안 해요?

男 내년 11월에 결혼할 생각이에요.

女 아, 왜 그때 해요?

男 돈을 더 모아서 집을 구해야 돼서요.

女 ガールフレンドと付き合ってどのくらいになりますか？

男 付き合って３年になります。

女 二人は結婚しないんですか？

男 来年 11 月に結婚するつもりです。

女 あの、なんでその時期にするんですか？
男 お金をもっとためて家を買わなければならないからです。

2-5 P. 36

2 音声を聞き、（　）内の表現を使って空欄に当てはまる語句を書いてください。

女 민호야, 지금 어디에 가?
男 여행 책을 보러 서점에 가려고.
女 어디로 여행 가려고?
男 이번 방학에 일본으로 여행을 갈 생각이야.
女 예전에 일본에 다녀오지 않았어?
男 응, 한 번 가 본 적이 있어. 그런데 요즘 일본어를 배우고 있어서 일본에 다시 가 보고 싶어졌어. 여행 가서 일본어 연습도 할 수 있을 것 같아.

女 ミノ、これからどこに行くの？
男 旅行の本を見に本屋さんに行こうと思って。
女 どこに旅行するつもり？
男 今度の休みに日本へ旅行するつもりだよ。
女 前に日本に行ってこなかった？
男 うん、一度行ったことがあるよ。でも最近日本語を習っているから日本にまた行ってみたくなったんだ。旅行で日本語の練習もできると思う。

3 짐이 많아 가지고 힘들었어요 荷物が多くて大変でした

3-1 P. 41

ジウンさんとミノさんの会話を聞いて答えてください。

女 민호 씨, 이사 잘 끝냈어요?
男 네. 그런데 짐이 많아 가지고 힘들었어요. 그래도 친구들이 도와준 덕분에 빨리 끝낼 수 있었어요. 지은 씨도 도와줘서 고마워요.
女 뭘요. 짐은 다 정리했어요?
男 아니요. 이사한 지 일주일이 됐는데 아직 다 정리 못 했어요.

女 ミノさん、引っ越しは無事に終わりましたか？
男 はい。でも、荷物が多くて大変でした。それでも友達が手伝ってくれたおかげで、早く終わりました。ジウンさんも手伝ってくれて感謝します。
女 そんな。荷物は片付きましたか？
男 いいえ。引っ越しから１週間たちましたが、まだ片付いていません。

3-4 P. 46

1 音声を聞いて質問に答えてください。

男 캐서린 씨, 어제 뭐 했어요?
女 친구를 만나 가지고 쇼핑했어요. 구두도 사고 모자도 샀어요. 사실 가방이 필요했는데 그건 못 샀어요.
男 왜 못 샀어요?
女 가방이 너무 비싸 가지고 못 샀어요.

男 キャサリンさん、昨日何をしましたか？
女 友達に会ってショッピングをしました。靴も買って帽子も買いました。実はかばんが必要だったのですが、買えませんでした。
男 なんで買えなかったんですか？
女 かばんがとても高くて買えませんでした。

3-5 P. 46

2 音声を聞いて空欄に当てはまる語句を書いてください。

女 여보세요? 에릭 씨, 저 안나예요.
男 안나 씨, 무슨 일이에요?
女 제가 주말에 여의도에 놀러 가는데요. 거기에 있는 맛있는 식당을 물어보려고요. 에릭 씨는 잘 알 것 같아 가지고요.
男 아, 여의도에 맛있는 식당이 많아요. 제가 문자 메시지로 식당 위치 보내 줄게요.
女 고마워요. 에릭 씨 덕분에 맛있는 음식을 먹을 수 있을 것 같아요.

女 もしもし。エリックさん、アンナです。
男 アンナさん、どうしました？
女 週末に汝矣島に遊びに行くんですが、おいしいお店を聞こうと思って。エリックさんはよく知っているようですから。
男 はい、汝矣島はおいしいお店がたくさんあります。ショートメールでお店の場所を送りますね。
女 ありがとうございます。エリックさんのおかげでおいしいものが食べられそうです。

4 밝은 색 옷을 안 입는 편이에요 明るい色の服を着ないほうです

4-1 P. 51

ユラさんとミノさんの会話を聞いて答えてください。

女 민호 씨, 노란색이 잘 어울리는데 노란색 티셔츠로 사세요.
男 하지만 저는 밝은 색 옷을 안 입는 편이에요.

女 남자들은 보통 까만색이나 하얀색, 회색 옷을 많이 입는 것 같아요. 그래서 남자들 옷 색깔이 비슷해 보여요.
男 예전에는 그런 편이었어요. 그런데 요즘은 옷을 밝게 입는 남자들도 많아진 것 같아요.

女 ミノさん、黄色がよく似合うから、黄色のTシャツを買いなさい。
男 でも明るい色の服はあまり着ないほうです。
女 男の人はたいてい黒とか白やグレーの服をよく着ていると思います。だから男の人の服の色が同じように見えます。
男 前はそんな感じでした。でも最近は明るい服を着る男の人も増えていると思います。

・밝다 明るい　・회색 グレー（灰色）

4-4 P. 56

1 音声を聞いて質問に答えてください。

女 민호 씨, 라디오 좀 켜 줄래요?
男 알겠어요. 그런데 지은 씨는 라디오를 자주 들어요?
女 네, 저는 라디오를 자주 듣는 편이에요. 라디오는 다른 일을 하면서 들을 수 있어서요.
男 저도 고등학생 때부터 공부하면서 라디오를 많이 들었어요. 그런데 요즘은 들을 시간이 별로 없어서 운전할 때만 들어요.

女 ミノさん、ラジオをつけてくれますか？
男 わかりました。ところで、ジウンさんはラジオをよく聞くんですか？
女 ええ、ラジオをよく聞くほうです。ラジオは他のことをしながら聞けますから。
男 私も高校生のときから勉強しながらよくラジオを聞いていました。でも最近は聞く時間があまりなくて、運転する時だけ聞いています。

4-5 P. 56

2 音声を聞いて空欄に当てはまる語句を書いてください。

男 지은 씨는 여행을 자주 가는 것 같아요.
女 저는 새로운 걸 경험할 때 기분이 좋아요. 그래서 여행 가는 것도 좋아하고 다른 나라 음식을 먹는 것도 좋아해요.
男 저는 변화를 별로 안 좋아하는 편이에요. 그래서 항상 가는 곳만 가고, 음식도 먹는 것만 먹어요. 가끔은 이런 제 성격이 좀 답답해요.
女 그럼 새로운 것에 조금씩 도전해 보는 건 어때요? 항상 가는 길로 집에 가지 말고, 일부러 다른 길로 가 보는 것도 좋아요.
男 아, 그거 좋은 방법이네요. 그럼 오늘 날씨도 좋은데 우리 학교까지 다른 길로 걸어서 가요.

男 ジウンさんはよく旅行するようですね。
女 新しいことを経験すると気分がいいです。だから旅行するのも好きですし、外国の食べ物を食べるのも好きです。
男 私は変化をあまり好まないほうです。だからいつも同じ所ばかり行って、同じものばかり食べています。時々こういう自分の性格がいやになります。
女 じゃあ、新しいことに少しずつ挑戦してみるのはどうですか？　いつもの道順で帰るのではなく、わざと違う道を通ってみるのもいいですよ。
男 ああ、それはいい方法ですね。では今日は天気もいいので、一緒に学校まで違う道を歩いてみましょう。

5 물건을 확인하자마자 반품하는 게 좋아요 品物を確認したらすぐ返品したほうがいいです

5-1 P. 61

スンユンさんとジウンさんの会話を聞いて答えてください。

男 인터넷에서 산 물건이 마음에 안 들면 어떻게 해요?
女 물건을 받고 나서 마음에 안 들면 반품하고 환불을 신청해요.
男 환불 받기 어렵지 않아요?
女 별로 어렵지 않아요. 그런데 물건을 확인하자마자 반품하는 게 좋아요. 보통 일주일 안에 그 물건을 회사로 보내야 돼요.

男 インターネットで買ったものが気に入らなかったら、どうしたらいいですか？
女 商品を受け取って気に入らなかったら、返品して返金の手続きをします。
男 返金してもらうのは大変じゃないですか？
女 別に大変ではありません。ただ、商品を確認したらすぐに返品したほうがいいです。たいてい一週間以内に商品をお店に送らなければなりません。

・환불 返金　・확인하다 確認する

5-4 P. 66

1 音声を聞いて質問に答えてください。

男 갑자기 전자레인지가 안 되는데 어떻게 하지?
女 설명서 읽어 봐. 읽어 보고 나서 고쳐 보자. 못 고치면 서비스 센터에 가자.

男 어? 그거 상자를 뜯자마자 버렸는데.

女 설명서를 읽고 나서 사용해야 되는데 안 읽은 거야? 어휴, 어서 서비스 센터에 가자.

男 急に電子レンジが壊れたんだけど、どうしよう？

女 説明書を読んでみて。読んだら直してみよう。直らなかったらサービスセンターに行こう。

男 え？　それって箱を開けてすぐに捨てちゃったけど。

女 説明書を読んでから使わなきゃならないのに、読んでないってこと？　まったく、早くサービスセンターに行こう。

🎧 5-5 P. 66

3 音声を聞いて空欄にあてはまる語句を書いてください。

男 이 코트를 인터넷에서 보자마자 마음에 들어서 샀는데 잘못 산 것 같아요.

女 왜요?

男 코트가 생각보다 무겁고 색깔도 인터넷으로 본 것과 달라요. 너무 어두워서 저한테 잘 안 어울리는 것 같아요.

女 그 옷을 살 때 사람들이 쓴 후기를 안 읽어 봤어요?

男 후기요? 그냥 모델이 입은 것만 보고 샀는데요.

女 저는 인터넷으로 물건을 살 때 사람들이 쓴 후기를 읽고 나서 사는 편이에요. 사람들이 물건을 사용하고 나서 쓴 거라서 믿을 수 있어요.

男 このコート、ネットで見てすぐ気に入って買ったんだけど、失敗したようです。

女 どうしてですか？

男 コートが思ったより重くて色もネットで見たのと違うんです。暗すぎて私には似合わないと思います。

女 その服を買うとき、他の人の口コミを読んでみませんでしたか？

男 口コミですか？　モデルが着ているのを見ただけで買ったんですけど。

女 私はネットで買い物する場合、他の人が書いた口コミを読んでから買うほうです。他の人が商品を使ってから書いたものだから信用できます。

6 스페인어도 할 줄 알아요? スペイン語もできますか？

🎧 6-1 P. 71

ミノさんとスンユンさんの会話を聞いて答えてください。

男1 승윤 씨, 저 이번에 교환 학생 가는 거 신청했어요. 합격하면 내년에는 스페인에서 공부할 수 있어요.

男2 민호 씨, 스페인어도 할 줄 알아요? 와, 대단해요.

男1 잘 못해요. 고등학교 때 공부하다가 그만뒀어요.

男2 발표가 언제예요? 꼭 합격했으면 좋겠어요.

男1 スンユンさん、今回の交換留学に申し込みました。合格したら来年、スペインで勉強できます。

男2 ミノさん、スペイン語もできるんですか？　わあ、すごいです。

男1 上手ではありません。高校の時勉強してそれきりです。

男2 発表はいつですか？　合格するといいですね。

• 교환 학생 交換学生　• 대단하다 すごい

🎧 6-4 P. 76

1 音声を聞いて質問に答えてください。

女 수강 신청이 내일인데 어떤 수업이 좋을까요? 박은주 교수님의 수업은 어때요? 컴퓨터를 할 줄 모르는데 이 수업은 어렵지 않을까요?

男 컴퓨터를 할 줄 모르면 이 수업은 좀 어려울 거야. 컴퓨터로 해야 하는 게 많아. 그래서 수업을 듣다가 포기하는 학생들도 많았어.

女 그래요? 알려 주셔서 감사해요, 선배님. 그런데 인터넷으로 수강 신청하는 게 어렵지 않아요?

男 별로 어렵지 않아. 하지만 인기 있는 수업은 인터넷 신청을 시작하자마자 끝나니까, 인터넷이 빠른 곳에서 수강 신청을 해야 돼.

女 受講申請が明日なんですが、どんな授業がいいでしょうか？　パク・ウンジュ教授の授業はどうですか？　パソコンが使えないのですが、この授業は難しくないでしょうか？

男 パソコンが使えないとこの授業は難しいと思うよ。パソコンを使わなきゃならないことが多いよ。だから授業をとっても途中であきらめる学生も多かったよ。

女 そうですか？　教えてくれてありがとうございます、先輩。ところでインターネットで受講申請するのは難しくないですか？

男 別に難しくないよ。でも人気のある授業はインターネット申請が始まるとすぐに埋まるから、インターネットの速度が速いところで受講申請する必要があるよ。

6-5 P. 76

2 音声を聞いて空欄に当てはまる語句を書いてください。

女 인터넷 와이파이(Wifi) 연결할 줄 알아요?

男 네. 와이파이 아이디를 찾고 나서 비밀번호를 입력하면 돼요.

女 고마워요. 한번 해 볼게요.

男 그런데 뭐 때문에 인터넷 연결을 해야 돼요?

女 아, 속담의 뜻을 찾아봐야 돼서요. 요즘 한국어 능력 시험을 준비하고 있어요. 그래서 한국 속담을 외우고 있는데 좀 어려워요.

男 공부하다가 모르면 말하세요. 가르쳐 줄게요.

女 고마워요. 그런데 '밤말은 쥐가 듣고 낮말은 새가 듣는다' 이 속담은 무슨 뜻이에요?

男 '어떤 이야기도 누군가 들을 수 있으니까 항상 말을 조심해야 한다' 이런 뜻이에요.

女 インターネットのWi-Fiをつなげられますか？

男 はい。Wi-FiのIDを見つけて暗証番号を入力すればできます。

女 ありがとうございます。一度やってみますね。

男 ところで、何のためにインターネットをつなげなきゃならないんですか？

女 あの、ことわざの意味を調べないとならないからです。最近、韓国語能力試験の準備をしています。それで韓国のことわざを覚えているんですが、ちょっと大変です。

男 勉強していてわからないことがあれば言ってください。教えてあげますよ。

女 ありがとうございます。それじゃ「夜の話はネズミが聞いて昼の話は鳥が聞く」っていうことわざはどういう意味ですか？

男 「どんな話も誰かが聞いているかもしれないから、常に言葉に気をつけなければならない」という意味です。

7 저기에 걸려 있는 원피스 어때? あそこに掛かっているワンピースはどう？

7-1 P. 81

ユラさんとジウンさんの会話を聞いて答えてください。

女1 지은아, 저기에 걸려 있는 원피스 어때?

女2 괜찮은데? 한번 입어 봐. 너한테 잘 어울릴 것 같아.

女1 아니다, 조금만 더 돌아보자. 다른 가게 옷이 더 예쁜 것 같아.

女2 유라야, 벌써 이 근처를 두 바퀴나 돌았어. 그러지 말고 저 원피스를 입어 봐. 가방은 여기에 걸어 놓고. 나는 여기서 기다리고 있을게.

女1 ジウン、あそこに掛かっているワンピースはどう？

女2 いいんじゃない？ 一度着てみなよ。あなたに似合うと思うよ。

女1 やめた、もうちょっと見て回ろう。他の店の服のほうがかわいいと思う。

女2 ユラ、もうこのあたりは2周もしたよ。そんなことしないで、あのワンピースを着てみなよ。かばんはここに掛けて、私はここで待っているよ。

• 돌아보다 見て回る　• 바퀴 ～周り　• 걸다 掛ける

7-4 P. 86

1 音声を聞いて質問に答えてください。

女 우리 이번에 회사에서 여행 갈 때 같이 입을 티셔츠를 맞추는 게 어때요?

男 아, 회사 이름이 쓰여 있는 티셔츠요? 친구 집에 그런 티셔츠가 걸려 있는 걸 본 적이 있어요.

女 네, 그런데 요즘은 그냥 회사 이름보다 좀 웃기는 말을 많이 써요. '우리가 제일 멋있어.' 이런 말들요.

男 그런 옷을 같이 입고 사진 찍으면 재밌겠네요. 그런데 무슨 말을 써야 하죠?

女 그건 좀 천천히 고민해요. 정하면 제가 주문해 놓을게요.

女 今度会社で旅行するときにみんなで着るTシャツを作るのはどうですか？

男 ああ、会社の名前が入っているTシャツですか？ 友達の家でそういうTシャツが掛かっているのを見たことがあります。

女 ええ、でも最近は会社の名前より面白い言葉をよく入れていますね。「僕らが一番カッコいい」とか。

男 そういう服を一緒に着て写真を撮ったら楽しいでしょうね。でもどんな言葉を書いたらいいですか？

女 それはゆっくり考えましょう。決まったら私が注文しておきますね。

7-5 P. 86

3 音声を聞いて質問に答えてください。

女 이번 토요일에 벼룩시장을 하는데 같이 갈래요?

男 벼룩시장요?

女 네. 고양이를 좋아하는 사람들이 모여서 물건을 사고 파는 벼룩시장을 해요.

男 정말 재밌겠네요. 그런데 유라 씨가 직접 물건을 파는 거예요?

女 네. 제가 시간이 있을 때 만들어 놓은 액세서리를 팔려고요. 그런데 혼자서 장사를 하는 게 자신이 없어요. 좀 도와줄래요?

男 좋아요. 제가 예전에 옷 가게에서 아르바이트를 한 적이 있어요. 걱정하지 마세요. 그럼 토요일에 어디로 갈까요?

女 고마워요. 여기에 쓰여 있는 곳으로 오면 돼요.

女 今度の土曜日にフリーマーケットがありますが、一緒に行きますか？

男 フリーマーケットですか？

女 ええ、ネコ好きな人が集まって、売り買いするフリーマーケットをします。

男 実に面白そうですね。それでユラさんが直接何か売るんですか？

女 ええ。時間のある時に作っておいたアクセサリーを売ろうと思います。でも一人で売るのは自信がありません。ちょっと手伝ってくれますか？

男 いいですよ。私は以前、服屋さんでアルバイトしたことがあります。心配しないでください。では土曜日にどこに行きましょうか？

女 ありがとうございます。ここに書いてあるところに来れば大丈夫です。

8 승무원이 되려면 어떻게 해야 될까요? 乗務員になるにはどうすればいいでしょうか？

8-1 P. 91

先輩と後輩の会話を聞いて答えてください。

女1 저는 승무원이 되는 게 꿈인데요. 승무원이 되려면 어떻게 해야 될까요?

女2 승무원이 되려면 외국어 하나는 할 줄 알아야 돼. 또 운동도 열심히 해야 되고.

女1 외국어 공부는 계속 하고 있어요. 그런데 운동은 생각 못 했어요.

女2 건강해야 승무원이 돼서 일할 수 있어.

女1 私はキャビンアテンダントになるのが夢なんです。キャビンアテンダントになるにはどうすればいいでしょうか？

女2 キャビンアテンダントになろうと思うなら、外国語が一つはできなければならないよ。それから運動も頑張らないとね。

女1 外国語の勉強は続けています。でも運動は考えていませんでした。

女2 健康でないとキャビンアテンダントになって働けないでしょう。

• 승무원 キャビンアテンダント(乗務員)

8-4 P. 96

1 音声を聞いて質問に答えてください。

男 취직을 했는데 또 공부를 하는 거예요?

女 요즘은 직장에 다니면서 자격증 공부를 하는 사람들이 많아요. 나이 들어서 자기 일을 하려면 자격증이 있어야 돼요.

男 아, 요즘 취직해서 계속 한 직장에 다니는 사람이 별로 없지요? 자격증이 있어야 불안하지 않겠네요.

女 네, 그래서 저도 요리사 자격증을 따려고 주말마다 요리 학원에 다니고 있어요.

男 대학생만 힘든 게 아니었네요. 직장인들도 많이 힘들겠어요.

男 就職したのに、また勉強しているんですか？

女 最近、仕事をしながら資格の勉強をしている人たちがたくさんいます。年を取って自分の仕事をしようと思ったら、資格がないとできません。

男 そうですね、最近、就職してずっと同じ会社にいる人ってあまりいませんよね？　資格がないと不安なんでしょうね。

女 ええ、だから私も調理師の資格を取ろうと思って、週末に料理学校に通っています。

男 大学生だけが大変なんじゃありませんね。サラリーマンもとても大変そうですね。

8-5 P. 96

3 音声を聞いて空欄に当てはまる語句を書いてください。

男 다음 주에 회사 면접이 있는데 뭘 입는 게 좋을까요?

女 어떤 회사예요? 회사마다 원하는 모습이 다를 거예요.

男 은행이에요. 어떤 옷을 입어야 좋은 인상을 줄 수 있을까요?

女 은행은 신뢰감을 주는 것이 중요해요. 신뢰감을 주려면 남색 정장이 어떨까요?

男 아, 남색 정장이 좋겠네요. 머리는 어때 보여요? 지금 이 스타일 괜찮아요?

女 지금도 괜찮은데 머리를 좀 잘라 보는 건 어때요? 머리가 깔끔해야 믿음직해 보일 것 같아요.

男 네, 고마워요. 면접 잘 보면 한턱낼게요.

男 来週、会社の面接があるんですが、何を着るのがいいでしょうか？

女 どんな会社ですか？　会社によって好ましい格好が違うと思います。

男 銀行です。どんな服を着れば良い印象を与えられるでしょうか？

女 銀行は信頼感を与えることが大事です。信頼感を与えるには藍色のスーツはどうでしょうか？

男 なるほど、藍色のスーツがよさそうですね。髪はどうですか？　今の髪型で大丈夫ですか？

女 今も大丈夫ですが、髪を少し切ってみるのはどうですか？　髪がすっきりすると頼もしくみえると思います。

男 はい、ありがとうございます。面接がうまくいったらご馳走しますね。

9 정말 큰일 날 뻔했어 本当に大ごとになるところだった

9-1 P. 101

ソジュンさんとスンユンさんの会話を聞いて答えてください。

男1 형, 나 오늘 유에스비(USB)를 집에 놓고 와서 발표를 못 할 뻔했어.

男2 정말? 너무 곤란했겠다. 그래서 어떻게 해결했어?

男1 근처에 사는 친구한테 부탁해서 해결했어. 정말 큰일 날 뻔했어.

男2 잘 해결해서 다행이네. 나도 다음 주에 중요한 회의가 있는데 미리 잘 준비해야겠다.

男1 スンユンさん、今日、USBを家に忘れてきて、発表できないかと思ったよ。

男2 本当？　それは困っただろうね。それでどうやって解決したの？

男1 近所の友達にお願いして解決したよ。本当に大変なことになりそうだった。

男2 無事解決して良かったね。僕も来週、大事な会議があるんだけど、ちゃんと準備しておかないと。

- 유에스비 USB
- 곤란하다 困る、苦しい
- 해결하다 解決する
- 큰일 大変なこと

9-4 P. 106

1 音声を聞いて空欄に当てはまる語句を書いてください。

男 어제 과자를 잘못 먹어서 정말 죽을 뻔했어요. 제가 땅콩 알레르기가 있는데요. 땅콩이 들어 있는 과자인 걸 모르고 먹었어요.

女 어머, 에릭 씨한테 땅콩 알레르기가 있었어요? 몰랐네요. 그런데 음식에 알레르기 주의 표시가 되어 있는데 못 봤어요? 음식을 먹을 때 조심해야 돼요.

男 한국어를 잘 몰라서 그 표시를 모르고 먹었어요. 한국어를 더 열심히 공부해야겠어요.

女 정말 큰일 날 뻔했네요. 앞으로는 음식에 들어간 재료 표시를 잘 보세요.

男 昨日、お菓子を食べて死ぬかと思いました。私はピーナッツアレルギーがあるんです。ピーナッツが入っているお菓子だと知らずに食べてしまいました。

女 あら、エリックさんはピーナッツアレルギーがあるんですか？　知りませんでした。ちなみに食品にアレルギー注意の表示がされていますが、気づきませんでしたか？　物を食べるときには気をつけないといけませんね。

男 韓国語が分からないので、表示に気づかず食べました。韓国語をもっと勉強しないと。

女 本当に大変なことになるところでしたね。これからは食べ物に入っている材料の表示をちゃんと見てくださいね。

9-5 P. 106

3 音声を聞いて質問に答えてください。

男 지은 씨, 어제 잘 들어갔어요?

女 승윤 씨, 어제 왜 그렇게 연락이 안 된 거예요? 연락이 안 돼서 계속 걱정했어요.

男 아, 어제 술 마시고 집에 가다가 휴대 전화를 잃어버렸어요.

女 어머, 그래서 어떻게 찾았어요?

男 못 찾을 뻔했는데, 인터넷으로 휴대 전화 위치를 알 수 있게 해 놓아서 찾을 수 있었어요.

女 찾아서 다행이에요. 저도 당장 인터넷으로 휴대 전화 위치를 알 수 있게 해 놓아야겠어요.

男 ジウンさん、昨日は無事に帰れましたか？

女 スンユンさん、昨日、なんであんなに連絡がつかなかったんですか？　連絡がつかなくてずっと心配でした。

男 ああ、昨日お酒を飲んだ帰りに携帯電話を失くしてしまいました。

女 あら、それでどうやって見つけたんですか？

男 見つからないと思いましたが、インターネットで携帯電話の位置がわかるようにしておいたので、見つけられました。

女 見つかってよかったですね。私もとりあえずインターネットで携帯電話の位置が分かるようにしておかなくちゃ。

10 친구들이 그 빵이 맛있다고 했어요 友達が、あのパンがおいしいと言っていました

10-1 P. 111

スンユンさんとジウンさんの会話を聞いて答えてください。

男 지은 씨, 이번에 경주로 여행 가면 뭘 하고 싶어요?

女 한복을 입어 보고 싶어요. 유라가 경주에 가면 꼭 한복을 입고 사진을 찍으라고 했어요.

男 네, 좋아요. 사진 찍고 나서 그 유명한 경주빵도 먹으러 가요.

女 좋아요. 친구들이 그 빵이 맛있다고 했어요.

男 ジウンさん、今回、慶州旅行に行ったら何をしたいですか？

女 韓服を着てみたいです。ユラが慶州に行ったらぜひ韓服を着て写真を撮れって言っていました。

男 ええ、いいですね。写真を撮って、あの有名な慶州パンも食べに行きましょう。

女 いいですね。友達が、あのパンがおいしいと言っていました。

10-4 P. 116

1 音声を聞いて質問に答えてください。

男 유라 씨, 여행 준비는 다 했죠? 그런데 긴 바지랑 스카프도 준비했어요?

女 아니요, 더운 나라에 가는데 그걸 준비해야 돼요?

男 그 나라는 불교 국가라서요. 짧은 반바지를 입거나 어깨가 보이는 옷을 입으면 입장이 안 되는 곳이 있다고 해요. 그래서 여행 다녀온 친구가 꼭 긴 바지랑 스카프를 가져가라고 했어요.

女 아, 몰랐어요. 짐에 꼭 넣어야겠네요. 승윤 씨 덕분에 준비를 잘할 수 있을 것 같아요. 고마워요.

男 ユラさん、旅行の準備はできましたか？　そういえば長ズボンとスカーフも準備しましたか？

女 いいえ。暑い国に行くのに、それって準備しなきゃなりませんか？

男 あの国は仏教国家だからです。短い半ズボンをはいたり、肩が見える服を着たりしたら中に入れないとことがあるそうです。だから旅行に行ってきた友達が必ず長ズボンとスカーフを持っていけと言っていました。

女 あら、知りませんでした。荷物に忘れずに入れておかなくちゃなりませんね。スンユンさんのおかげでちゃんと準備できそうです。ありがとう。

10-5 P. 116

3 音声を聞いて空欄に当てはまる語句を書いてください。

女 왜 이렇게 길이 막혀요?

男 오늘 7시 반부터 한강에서 불꽃놀이 축제를 한다고 해요. 그래서 길이 막히는 것 같아요.

女 아, 그래요? 한국에서는 한 번도 불꽃놀이 축제를 본 적이 없어요.

男 그래요? 오늘 저녁에 친구가 자기 집에 놀러 오라고 했어요. 친구 집에서 불꽃놀이가 잘 보인다고 해요. 같이 갈래요?

女 정말요? 너무 재밌겠어요. 그런데 제가 가도 돼요?

男 그럼요. 같이 가면 친구도 좋아할 거예요.

女 なんでこんなに渋滞してるんですか？

男 今日の７時半から漢江で花火大会があるそうです。それで道が混んでいるようです。

女 そうなんですか？ 韓国では一度も花火大会を見たことがありません。
男 そうですか？ 今日の夕方、友達が家に遊びに来いと言っていました。友達の家から花火が良く見えるそうです。一緒に行きますか？
女 本当ですか？ とても楽しみです。でも私が行ってもいいんですか？
男 もちろんです。一緒に行けば友達も喜ぶでしょう。

11 에스엔에스(SNS)를 안 하거든요 SNSをしないんですよ

11-1 P. 127

スンユンさんとユラさんの会話を聞いて答えてください。

男 유라 씨, 우리 주말에 홍대에 가요. 요즘 에스엔에스(SNS)에 많이 나오는 카페 알지요? 거기 가 봐요.
女 미안해요. 요즘 에스엔에스에서 유명한 카페를 몰라요. 전 에스엔에스를 안 하거든요.
男 요즘 많은 사람들이 에스엔에스를 하는데 유라 씨는 왜 안 해요?
女 제 친구들도 에스엔에스를 많이 하기는 하지만 전 별로 좋아하지 않아요. 다른 사람들이 저에 대해 너무 많이 아는 게 부담이 되거든요.
男 ユラさん、週末、一緒に弘大に行きましょう。最近、SNS によく出て来るカフェ、知っているでしょう？ そこに行ってみましょう。
女 ごめんなさい。最近 SNS で有名なカフェのことは知りません。私は SNS をやらないんですよ。
男 最近、みんな SNS をやっているのに、ユラさんはなんでやらないんですか？
女 私の友達もみんな SNS をやってはいるんですが、私はあまり好きじゃありません。ほかの人たちが私のことを何でも知っているのが、負担なんですよ。

- 에스엔에스(**SNS**) SNS
- 부담이 되다 負担になる、負担だ

11-4 P. 132

1 音声を聞いて質問に答えてください。

男 우리 저기 새로 생긴 식당에 갈비 먹으러 갈래요?
女 갈비요? 갈비가 좋기는 하지만 그 식당에서 먹으면 너무 비싸지 않아요?
男 좀 비싸기는 하지만 분위기가 좋고 음식도 맛있거든요.
女 그런데 저는 음식이 비싸지 않고 편하게 식사할 수 있는 식당이 좋아요. 지난번에 간 식당은 어때요?
男 아, 그 식당요? 그 식당도 맛있죠. 그럼 거기로 가요.
男 一緒に新しくできたお店にカルビを食べに行きませんか？
女 カルビですか？ カルビは好きではあるけど、そのお店で食べると、とても高くないですか？
男 高くはあるけど、雰囲気がいいし、おいしいんですよ。
女 でも私は高くなくて気楽に食べられるお店がいいです。この間行ったお店はどうですか？
男 ああ、あのお店ですか？ あのお店もおいしいですね。それじゃあ、そこに行きましょう。

11-5 P. 132

3 音声を聞いて質問に答えてください。

男 아직 멀었어요?
女 인터넷 지도에서는 거의 다 왔다고 하는데요.
男 지하철역에서 이렇게 먼데 사람들이 많이 와요?
女 네, 좀 멀기는 하지만 사진을 찍으면 예뻐서 이곳에 사람들이 많이 온다고 해요.
女 아! 여기예요. 어때요?
男 와, 벽에 그린 그림들이 예쁘네요. 지난번에 텔레비전 방송에 나온 거 본 것 같아요.
女 맞아요. 제가 좋아하는 방송 프로그램에 이곳이 나왔어요. 그래서 저도 꼭 한번 와 보고 싶었거든요.
男 자, 벽 앞에 서 보세요. 제가 예쁘게 사진 찍어 드릴게요.
男 まだ着きませんか？
女 ネットの地図だとほぼ着いたようなんですが。
男 地下鉄の駅からこんなに遠いのに、混んでるんですか？
女 ええ、ちょっと遠くはあるけれど、写真を撮るときれいなので、ここは人がたくさん来るそうです。
女 あ、ここです。どうですか？
男 へえ、壁の絵がきれいですね。この間テレビの番組に出ていたのを見たと思います。
女 そうです。私が好きな番組にここが出ていました。だから私もぜひ一度来てみたかったんですよ。
男 さあ、壁の前に立ってください。私がきれいに写真撮ってあげましょう。

12 이번 주에 한번 모이자고 해 今週一度集まろうと言ってよ

12-1 P. 137

ジウンさんとユラさんの会話を聞いて答えてください。

女1 유라야, 우리 등산 동호회 친구들하고 모인 지 오래됐지?

女2 그러게. 동호회 친구들 본 지 되게 오래된 것 같아.

女1 그렇지? 이번 주에 한번 모이자고 해. 다들 보고 싶다.

女2 그럴까? 그럼 내가 친구들한테 연락해서 이번 주에 시간이 되느냐고 물어볼게.

女1 ユラ、登山同好会の友達とみんなで集まってからずいぶんたったよね？

女2 確かに。同好会の友達に会ってから、ずいぶんたったと思う。

女1 でしょう？ 今週一度集まろうと言ってよ。みんなに会いたいね。

女2 そうしようか？ じゃあ、私が友達に連絡して今週時間があるかって聞いてみるね。

• 동호회 同好会　• 되게 ずいぶん、とても

12-4 P. 142

1 音声を聞いて質問に答えてください。

男 어? 이거 제가 주문한 음식 맞아요?

女 에릭 씨, 된장찌개 주문하지 않았어요?

男 네, 그런데 이건 된장찌개가 아니네요. 어떻게 하죠?

女 주문한 음식이 맞느냐고 물어봐야지요.

男 아니에요. 안 물어볼래요. 그냥 먹죠, 뭐. 음식이 다시 나오려면 시간이 많이 걸릴 것 같아요.

女 그래도 그냥 두면 안 되죠. 왜 다른 음식이 나왔느냐고 물어봐야 돼요.

男 あれ？ これ、僕が注文したものかな？

女 エリックさん、みそチゲ注文しませんでしたか？

男 はい、でもこれ、みそチゲじゃないですね。どうしましょう？

女 注文したもので合っているかって聞いてみないと。

男 いいえ、聞かなくていいです。これを食べますよ。別のものを頼んだら時間がかかると思います。

女 でもこのままにしたらだめですよ。なんで他のものが来たのかって聞くべきです。

12-5 P. 142

3 音声を聞いて空欄に当てはまる語句を書いてください。

男 여보세요? 캐서린 씨, 다음 주에 보령에서 머드 축제가 열려요. 우리 같이 갈래요?

女 머드 축제요? 뉴스에서 본 적이 있어요. 저도 가 보고 싶었어요. 같이 가요.

男 좋아요. 승윤 씨랑 유라 씨한테도 같이 가자고 해 볼까요?

女 네, 좋아요. 친구들하고 같이 가면 더 재미있을 거예요.

男 그러면 제가 승윤 씨한테 전화해 볼게요.

女 저는 유라 씨한테 전화해서 다음 주에 시간이 있느냐고 물어볼게요.

男 もしもし。キャサリンさん、来週、保寧でマッドフェスティバルがあります。一緒に行きませんか？

女 マッドフェスティバルですか？ ニュースで見たことがあります。私も行ってみたかったんです。一緒に行きましょう。

男 いいですよ。スンユンさんとユラさんにも一緒に行こうと言ってみましょうか？

女 ええ、いいですね。友達と一緒に行くほうが楽しいと思います。

男 それじゃ、私がスンユンさんに電話してみますね。

女 私はユラさんに電話して、来週時間があるかと聞いてみますね。

13 합격하기 위해서 열심히 공부했지요 合格するために一生懸命勉強しましたよ

13-1 P. 147

ジウンさんとミノさんの会話を聞いて答えてください。

女 민호 씨는 대학에 입학하기 위해서 어떻게 공부했어요?

男 글쎄요. 특별한 건 없었는데요. 합격하기 위해서 열심히 공부했지요.

女 대학 입학을 준비하는 후배들한테 도움이 될 수 있게 편지를 써 줄 생각인데요. 대학 시험에 합격할 수 있는 공부 방법에 대해 좀 알려 주세요.

男 그럼 좀 생각해 보고 나서 말해 줄게요.

女 ミノさんは大学に入学するためにどうやって勉強しましたか？

男 そうですね。特別なことはありません。合格するために勉強を頑張りましたよ。

女 大学の入学準備をしている後輩たちの力になるように手紙を書こうと思っています。大学の試験に合格できる勉強法について教えてください。

男 じゃあ、ちょっと考えてみてから、お話しますね。

• 글쎄 そうですね、さあ、さて

13-4 P. 152

1 音声を聞いて質問に答えてください。

안녕하세요? 저는 독일에서 온 안나라고 합니다. 한국에 온 지 벌써 2년이 되었습니다. 한국에 왔을 때 혼자 생활하는 것이 처음이라서 걱정이 많았습니다. 하지만 친절한 한국 친구들 덕분에 즐겁게 생활하고 있습니다. 오늘 저는 저의 즐거운 한국 생활을 말씀드리겠습니다. 한국에 살면서 재미있는 경험을 많이 했습니다. 처음 한국에서 병원에 갔을 때 엘리베이터에 4층이 없는 것을 보고 깜짝 놀랐습니다. 엘리베이터에는 숫자 '4' 대신 영어 'F'가 써 있었습니다. 그래서 어디에서 내려야 하는지 다른 사람에게 물어본 적이 있습니다. 한국에서는 숫자 '4'의 발음이 한자 '죽다'의 발음과 같아서 싫어하는 사람이 많다고 합니다.

그리고 축구 경기를 볼 때 같이 모여서 응원하는 모습이 재미있었습니다. 독일에서도 축구 경기를 볼 때 선수들이 힘을 낼 수 있게 응원을 합니다. 하지만 많은 사람들과 같은 빨간색 티셔츠를 입고 광화문에 모여서 응원하는 것은 처음이었습니다. 정말 재미있었습니다. 응원을 하기 위해 거리에 모이는 것은 대단한 것 같습니다. 이렇게 저는 한국에서 즐겁게 생활하고 있습니다. 가끔 힘들 때도 있지만, 한국 사람들의 열정적인 모습을 보면서 저도 열심히 살기 위해 노력하고 있습니다.

こんにちは。私はドイツから来たアンナといいます。韓国に来てもう２年になりました。韓国に来たときは一人暮らしが初めてだったので、ずいぶん心配しました。でも親切な韓国の友達のおかげで楽しく生活しています。今日は、私の楽しい韓国生活についてお話しします。

韓国で暮らしながら、面白い経験をたくさんしました。初めて韓国の病院に行ったとき、エレベーターに４階がないのを見て驚きました。エレベーターには数字の「4」のかわりに英語の「F」が書いてありました。それで、どこで降りればいいのか他の人に聞いたことがあります。韓国では数字の「4」の発音が漢字の「死」の発音と同じなので、嫌がる人が多いそうです。

それからサッカーの試合を見るとき、みんな一緒に集まって応援する姿が面白かったです。ドイツでもサッカーの試合を見るとき、選手たちが頑張れるように応援します。でもみんなと同じ赤いTシャツを着て光化門に集まって応援するのは、初めてでした。本当に楽しかったです。応援するために街に集まるのはすごいと思います。

このように私は韓国で楽しく生活しています。時々つらいこともありますが、韓国の人々の情熱的な姿を見ながら私も頑張って暮らすために努力しています。

14 몇 시에 시작하는지 알아요? 何時に始まるか知っていますか？

14-1 P. 157

ジウンさんとスンユンさんの会話を聞いて答えてください。

女 내일 승윤 씨가 좋아하는 가수의 공연이 있다고 들었어요. 어디에서 하는지 알아요?

男 네, 잠실에서 한대요.

女 몇 시에 시작하는지 알아요?

男 그럼요. 저녁 6시에 시작한대요. 하지만 표를 못 구했어요. 판매를 시작하자마자 표가 매진되었대요.

女 明日スンユンさんが好きな歌手のコンサートがあると聞きました。どこでやるのか知っていますか？

男 ええ、チャムシルでやるそうです。

女 何時に始まるのか知っていますか？

男 もちろんです。夕方6時に始まるそうです。でもチケット、買えませんでした。販売が始まってすぐチケットが売り切れたそうです。

14-4 P. 162

1 音声を聞いて質問に答えてください。

男 제가 좋아하는 감독이 만든 영화가 내일 개봉한대요.

女 무슨 내용인데요?

男 아버지가 잃어버린 딸을 찾는 내용인데요. 소설을 영화로 만들었대요. 재미있을 것 같아요. 그 감독이 만든 영화는 내용도 좋고 음악도 좋거든요. 이 영화에 누가 나오는지 알아요?

女 아니요. 누가 나오는데요?

男 지난번에 다른 영화에 나와서 큰 상을 받은 그 배우가 나오는데요. 연기를 아주 잘해요. 아마 이번 영화에서도 좋은 연기를 보여 줄 거예요.

女 저도 기대되네요. 내일 같이 보러 가요. 예매는 제가 할게요.

男 私の好きな監督が作った映画が明日公開されるそうです。

女 どんな内容ですか？

男 父親が、いなくなった娘を捜す内容です。小説を映画にしたそうです。面白いと思いますよ。この監督が作った映画は内容もいいし、音楽もいいんですよ。この映画に誰が出ているか知っていますか？

女 いいえ、誰が出ているんですか？

男 この前、別の映画に出て大きな賞をとったあの俳優が出ているんです。演技がとても上手です。多分今度の映画でもよい演技を見せてくれるでしょう。

女 私も楽しみです。明日一緒に見に行きましょう。前売りは私が買いますよ。

14-5 P. 162

2 音声を聞いて質問に答えてください。

女 어제 콘서트를 보고 왔어요. 정말 재미있었어요.

男 한국 노래를 좋아해요?

女 네. 저는 한국 아이돌 가수의 노래를 좋아해요.

男 아이돌요? 하하, 아이돌 가수들은 노래를 잘 못하지 않아요?

女 아니에요. 요즘 아이돌 가수들은 노래도 잘하고 춤도 잘 춰요. 가수가 되기 위해서 몇 년 동안 준비한대요. 그렇게 노력했기 때문에 실력이 대단해요.

男 그래요? 제가 잘못 생각하고 있었네요. 그런데 아이돌 가수의 노래가 왜 좋아요?

女 노래 가사도 재미있고, 따라서 부르기 쉬워요. 그래서 우리 나라에서도 한국 아이돌 가수들이 인기가 많아요.

男 세계적으로 한국 가수들이 인기가 많대요. 왜 그런지 이유를 잘 몰랐는데 이제 조금 알 것 같네요.

女 노래를 한번 들어 보세요. 제 말을 더 잘 이해할 수 있을 거예요.

女 昨日コンサートを見てきました。本当に楽しかったです。

男 韓国の歌が好きですか？

女 ええ。韓国のアイドル歌手の歌が好きです。

男 アイドルですか？　はは、アイドル歌手は歌がへたじゃないですか？

女 いいえ。最近のアイドル歌手は歌もうまいし、ダンスも上手です。歌手になるために何年も準備するんですって。そうやって努力するから実力もすごいです。

男 そうですか？　私の考えが間違っていましたね。でもアイドル歌手の歌がなんでいいんですか？

女 歌の歌詞も面白いし、一緒に歌いやすいんです。だから私の国でも韓国のアイドル歌手が人気ですよ。

男 世界的に韓国の歌手たちが人気だそうです。なぜなのか理由が分からなかったけれど、やっと少し分かる気がします。

女 一度歌を聞いてみてください。私が言ったことがもっとよく理解できると思います。

15 요즘 바쁜가 봐요 最近忙しいみたいですね

15-1 P. 167

スンユンさんとミノさんの会話を聞いて答えてください。

男1 민호 씨, 요즘 바쁜가 봐요.

男2 네. 일도 많은데 영어 공부도 해야 돼서 바쁘네요. 그리고 건강을 위해 운동도 해야 되니까 24시간이 모자라요.

男1 정말 바쁘게 사네요. 대단해요. 전 좀 게을러서 문제예요. 일이 잘 안될까 봐 걱정만 하고요.

男2 승윤 씨는 게으르지 않아요. 매일 열심히 사는 걸 모두들 알고 있는데요.

男1 ミノさん、最近忙しそうですね。

男2 はい。仕事も多いんですが、英語の勉強もしなくちゃならなくて忙しいですね。それに健康のために運動もしなければならないから、24 時間でも足りないです。

男1 本当に忙しくしてますね。すごいです。私は最近怠けているので問題です。仕事がうまくいかないかもしれないって気にしてばかりです。

男2 スンユンさんは怠けていませんよ。毎日頑張っていることはみんなよく分かっています。

15-4 P. 172

1 音声を聞いて空欄に当てはまる語句を書いてください。

男 다음 수업 때 한국어로 발표를 하는데요. 잘 못할까 봐서 걱정돼요.

女 에릭 씨는 한국어를 잘하니까 걱정하지 않아도 될 것 같은데요.

男 아니에요. 잘하려면 멀었어요. 아직 더 연습해야 돼요.

女 그럼 제가 좀 도와줄까요? 제가 한번 들어 볼게요.

男 정말요? 지은 씨가 도와주면 정말 좋지요. 그럼 지금 해 볼게요.

⋮

男 지금까지 제 발표를 들어 주셔서 감사합니다.

女 열심히 준비했나 봐요. 내용도 좋고 발음도 좋아요.

男 그래요? 실수할까 봐 많이 긴장했는데 다행이네요.

女 지금처럼 하면 될 것 같은데요. 아주 잘하네요.

男 고마워요.

男 今度の授業で、韓国語で発表をします。うまくできないかもしれないと心配です。

女 エリックさんは韓国語が上手だから心配しなくても大丈夫だと思います。

男 いいえ。まだまだ上手じゃありません。もっと練習しなければなりません。

女 じゃあ、私が手伝いましょうか？　一度聞いてみますよ。

男 本当ですか？　ジウンさんが手伝ってくれたら本当にうれしいです。では今やってみますね。

⋮

男 ご傾聴、ありがとうございます。

女 頑張って準備したようですね。内容もいいし、発音もいいです。

男 そうですか？　失敗するかもしれないととても緊張しましたが、よかったです。

女 今みたいにやれば大丈夫だと思います。とても上手ですよ。

男 ありがとうございます。

15-5 P. 172

2 音声を聞いて質問に答えてください。

女 '세 살 버릇이 여든까지 간다' 한국에는 이런 속담이 있습니다. 이 속담처럼 어렸을 때 습관이 나이가 든 후에도 계속될 수 있습니다. 그래서 어릴 때부터 좋은 습관을 가지는 것이 중요합니다.

男 네, 맞습니다. 저도 어렸을 때부터 다리를 떠는 습관이 있었는데 지금도 그 습관을 고치지 못하고 있습니다. 다리를 떠는 제 모습이 다른 사람들에게 안 좋게 보일까 봐 걱정이 됩니다. 어릴 때부터 좋은 습관을 가지는 것은 정말 중요한 것 같습니다.

女 그럼 어떤 습관을 가지는 게 좋을까요?

女「3 歳の癖は 80 歳まで続く (三つ子の魂百まで)」韓国にはこのようなことわざがあります。このことわざのように、幼いときの習慣が年をとった後もそのまま続くことがあります。だから幼いときから良い習慣を身につけることが大事です。

男 はい、その通りです。私も幼いときから足を揺する習慣がありますが、今もその習慣を直せていません。足をゆする自分の姿がほかの人に良く思われないんじゃないかと心配です。幼いときから良い習慣を身につけることは本当に大事だと思います。

女 ではどんな習慣を身につけるのが良いでしょうか？

16 바빠도 만나 봐 忙しくても会ってみて

16-1 P. 177

ジウンさんとユラさんの会話を聞いて答えてください。

女1 유라야, 어제 서준 씨가 뭐래? 고백했어?

女2 응. 학원에서 처음 보자마자 첫눈에 반했대.

女1 정말? 넌 서준 씨를 어떻게 생각해?

女2 서준 씨가 나를 좋아해 주는 건 고마운 일이지만, 난 지금 남자 친구를 사귈 여유가 없어.

女1 바빠도 만나 봐. 좋아하는데도 고백 못 하는 남자들보다 용기도 있고 멋있네.

女1 ユラ、昨日ソジュンさん、なんだって？　告白した？

女2 うん。塾で最初に会ってすぐ一目ぼれしたんだって。

女1 本当？　あなたはソジュンさんのことどう思ってるの？

女2 ソジュンさんが私のことを好きになってくれるのはありがたいことだけど、私は今ボーイフレンドと付き合う余裕はないわ。

女1 忙しくても付き合ってみなよ。好きなのに告白できない男たちより勇気があってカッコいいわよ。

• 여유 余裕　　　　• 용기 勇気

16-4 P. 182

1 音声を聞いて質問に答えてください。

女 아무리 힘들어도 꼭 하는 일이 있어요?

男 네. 아무리 힘들어도 아침 운동은 꼭 해요. 운동을 안 하면 하루를 시작하지 않은 느낌이거든요.

女 저는 피곤해도 아침밥은 꼭 먹어요. 아침에 잠을 자는 것보다 밥을 먹는 것이 더 중요하다고 생각해요.

男 아침밥을 먹으면 건강에 좋대요. 아, 그리고 제가 꼭 하는 일이 또 있어요. 저녁에 자기 전에 책을 읽고 자요.

女 대단하네요. 저도 책도 열심히 읽고 운동도 열심히 해야겠어요. 최근에 건강을 위해서 운동을 시작했는데요. 운동을 열심히 하는데도 건강해지는 느낌이 별로 안 들어요.

男 저도 처음에는 잘 몰랐어요. 하지만 계속 운동하면 건강이 좋아질 거예요.

女 どんなにつらくても必ずやっていることはありますか？

男 はい。どんなにつらくても朝の運動は必ずやります。運動をしないと一日が始まらない気がするんですよ。

女 私は疲れていても朝ごはんは必ず食べます。朝、寝ているよりごはんを食べるほうが大事だと思います。

男 朝ごはんを食べると健康にいいそうです。ああ、それから私が必ずやっていることがもう一つあります。夜寝る前に本を読んでから寝ます。

女 すごいですね。私も、本も頑張って読んで運動も頑張らないと。最近健康のために運動を始めました。頑張って運動していますが、健康になっている感じがあまりしません。

男 私も最初はよくわかりませんでした。でも運動を続ければ健康になると思いますよ。

16-5 P. 182

3 音声を聞いて空欄に当てはまる語句を書いてください。

女 어제 뉴스에서 로봇 강아지를 봤어요.

男 아, 저도 봤어요. 생각보다 강아지 모습과 아주 비슷했어요.

女 영화에서 본 과학 기술을 우리 생활에서 직접 보니까 정말 신기해요.

男 네, 맞아요. 기술이 정말 많이 발전한 것 같아요.

女 저는 집안일을 도와주는 로봇이 나오면 좋겠어요. 퇴근하고 집안일을 하려면 정말 힘든데 그때 로봇이 다 해 주면 좋을 것 같아요.

男 그런 로봇이 있으면 잘 팔릴 것 같네요. 하지만 기술이 발전해도 사람의 따뜻한 마음은 잃어버리지 않았으면 좋겠어요.

女 昨日のニュースでロボット犬を見ました。

男 あ、私も見ました。思ったより犬の姿に近かったです。

女 映画で見た科学技術を実際の生活で直接見るなんて、本当に不思議です。

男 ええ、本当に。技術がとても発展したと思います。

女 私は家事を手伝ってくれるロボットができたらうれしいです。仕事から帰って家事をするのは本当に大変ですが、そういうときにロボットが全部やってくれたらうれしいです。

男 そういうロボットがあったらよく売れそうですね。でも技術が発展しても人間の温かい気持ちが失われないといいです。

17 오늘 개교기념일이잖아요 今日は開校記念日じゃないですか

17-1 P. 187

スンユンさんとお母さんの会話を聞いて答えてください。

女 승윤아! 빨리 일어나. 지금 몇 시인데 안 일어나? 학교 갈 준비해야지.

男 아, 엄마. 오늘 개교기념일이잖아요. 그래서 어제 제가 오늘 학교 안 간다고 말했잖아요.

女 어? 맞네. 내가 깜빡해서 너 학교 가는 줄 알았어. 미안해. 좀 더 자.

男 아니에요. 잠이 깼어요.

女 깨워서 미안해. 그럼 아침 먹자.

女 スンユン！　早く起きなさい。今何時だと思ってるの？ 学校に行く準備しないと。

男 母さん、今日は開校記念日じゃないですか。だから昨日、今日は学校に行かないって言ったじゃないですか。

女 え？　そうだった。うっかりして学校に行くんだと思ってた。ごめん。もっと寝てなさい。

男 いいえ。目が覚めました。

女 起こしてごめんね。じゃあ、朝ごはんを食べよう。

• 개교기념일 開校記念日
• 깜빡하다 うっかりする　• 깨우다 起こす

17-4 P. 192

1 音声を聞いて空欄に当てはまる語句を書いてください。

女 웬 꽃이에요? 예쁘네요.
男 오늘은 우리가 만난 지 일 년이 되는 날이잖아요.
女 벌써 그렇게 됐어요?
男 시간 참 빠르죠? 그동안 고마웠어요. 앞으로도 우리 싸우지 말고 잘 지내요.
女 하하, 저도 고마웠어요. 사실 저도 선물을 준비했어요.
男 잊어버린 줄 알았는데 기억하고 있었네요.
女 당연하죠. 어떻게 잊어버려요?

女 お花なんて、どうしたんですか？　きれいですね。
男 今日は付き合って１年になる日じゃないですか？
女 もうそんなにたちますか？
男 時間は早いですよね？　これまでありがとう。これからもけんかせずに仲良く過ごしましょう。
女 ふふ、こちらこそありがとう。実は私もプレゼントを用意しました。
男 忘れてると思いましたが、覚えていたんですね。
女 もちろんですよ。忘れるはずがありません。

17-5 P. 192

2 音声を聞いて空欄に当てはまる語句を書いてください。

女 내일은 우리 부모님의 결혼기념일이에요. 한국 사람들은 이런 날 무슨 선물을 해요?
男 글쎄요. 사실 저는 기념일을 잘 챙기지 않아서요.
女 저는 매년 부모님 결혼기념일에 꽃이랑 영화표를 선물로 드려요. 두 분이 데이트를 하시면 좋을 것 같아서요.
男 와, 정말 대단하네요. 그러면 올해도 같은 선물을 해 드리면 어떨까요?
女 사실 올해는 좀 다른 선물을 하고 싶었거든요. 그런데 부모님과 멀리 떨어져 있으니까 쉽지 않네요.
男 부모님께서는 선물보다 안나 씨 마음에 감동하실 것 같아요. 멀리 있는 딸이 결혼기념일까지 챙길 거라고 생각하시기는 어렵잖아요. 저도 올해는 부모님 결혼기념일을 좀 챙겨야겠어요.

女 明日はうちの両親の結婚記念日です。韓国の人々はこういう日にどんなプレゼントをしますか？
男 そうですね。実は私は記念日をあまり祝いませんので。
女 私は毎年両親の結婚記念日に花や映画のチケットをプレゼントします。二人がデートするとうれしいので。
男 本当にえらいですね。では今年も同じプレゼントをしたらどうですか？
女 実は今年は少し違うプレゼントをしたかったんですよ。でも両親と離れているので簡単じゃないですね。
男 ご両親はプレゼントよりアンナさんの気持ちに感動すると思います。遠くにいる娘が結婚記念日まで準備するなんて思わないじゃないですか。私も今年は両親の結婚記念日を祝わなければなりませんね。

18 기능이 다양할 뿐만 아니라 속도도 빨라요 機能が多様なだけでなく速度も速いです

18-1 P. 197

スンユンさんとミノさんの会話を聞いて答えてください。

男1 어제 이 노트북을 샀어요. 제가 좋아하는 디자인인 데다가 세일도 해서 싸게 샀어요.
男2 오, 좋겠네요. 노트북 어때요?
男1 기능이 다양할 뿐만 아니라 속도도 빨라요. 잘 산 것 같아요.
男2 저도 하나 사고 싶네요.

男1 昨日このノートパソコンを買いました。私が好きなデザインであるうえにセールもしていたので安く買いました。
男2 わぁ、いいですね。ノートパソコン、どうですか？
男1 機能が多様なだけでなく、速度も速いです。いいものを買いました。
男2 私も一つ欲しいですね。

• 기능 機能　• 속도 速度

18-4 P. 202

1 音声を聞いて質問に答えてください。

男 장을 봤어요?
女 네. 집에 먹을 것이 없는 데다가 내일 손님도 오시기로 해서요.
男 그런데 우유는 왜 또 샀어요? 집에 있잖아요.
女 그래요? 집에 있는 줄 몰랐어요.

男 이미 샀으니까 그냥 먹어요. 다음부터 장을 보기 전에 사야 할 물건을 메모하는 게 좋겠어요. 물건을 살 때 미리 계획을 세우면 돈을 아낄 수 있을 뿐만 아니라 장 보는 시간도 줄일 수 있어요.

女 네, 그래야겠네요. 사실 돈을 많이 쓰는 것 같아서 좀 걱정이었거든요.

男 買い物しましたか？

女 はい。家に食べるものがないうえに明日お客さんがくることになったので。

男 ところで牛乳をなんでまた買ったんですか？　家にあるじゃないですか。

女 え？　家にあるとは思いませんでした。

男 もう買ったんだから仕方ありません。今度から買い物する前に買う物をメモするのがいいですね。買い物するとき、事前に計画をたてれば節約できるだけでなく買い物の時間も短縮できます。

女 ええ、そうしますね。実はお金を使い過ぎているようで心配だったんですよ。

18-5　P. 202

2 音声を聞いて空欄に当てはまる語句を書くか、（　）内の適切なほうをを選んでください。

女 이번 달 생활비가 또 모자랄 것 같아요. 이렇게 돈이 부족한 줄 몰랐어요.

男 요즘 물가가 오른 데다 나가는 돈도 많으니까 그런 거 아닐까요? 생활비를 줄일 수 있는 방법을 생각해 보세요. 보통 어디에 돈을 제일 많이 써요?

女 아무래도 월세가 많이 나가죠. 그리고 식비도 많이 쓰는 것 같아요.

男 월세는 어쩔 수 없는 것 같고요. 외식을 많이 하는 편이에요?

女 일주일에 서너 번 해요. 요즘 날씨가 너무 더워서 요리하기 싫어요. 그리고 제가 먹는 걸 좋아해서 많이 사서 먹어요.

男 그러면 외식을 좀 줄여 보세요. 밖에서 먹는 게 사실 비싸잖아요.

女 아무래도 그래야겠어요.

女 今月の生活費がまた足りないようです。こんなにお金が足りないとは思いませんでした。

男 最近物価が上がっているうえに支出も多いからじゃないですか？　生活費を節約する方法を考えてみてください。いつもどこにお金を一番多く使いますか？

女 やっぱり家賃が多くかかりますよね。それから食費にも多く使っていると思います。

男 家賃はしかたがないと思います。外食をよくするほうですか？

女 1週間に3、4回します。最近とても暑いので料理したくありません。それに私は食べるのが好きですからよく外食します。

男 それでは外食を少し減らしてみてください。外で食べるのは実際、お金がかかるじゃないですか。

女 やはりそうしなきゃなりませんね。

19 제가 자주 가던 떡볶이 가게예요　私がよく行っていたトッポッキ屋さんです

19-1　P. 207

ユラさんとスンユンさんの会話を聞いて答えてください。

女 승윤 씨, 이 근처에 제가 졸업한 초등학교가 있어요. 한번 가 볼래요?

男 좋아요. 어딘데요?

女 이쪽요. 어, 여기는 제가 자주 가던 떡볶이 가게예요. 아직도 있네요. 떡볶이를 먹고 나서 커피 우유를 먹던 기억이 나네요.

男 어릴 때 저희 엄마는 커피 우유를 못 먹게 하셨어요. 저도 커피 우유를 참 좋아했는데……. 그때 생각이 나네요.

女 スンユンさん、この近くに私が卒業した小学校があります。一度行ってみましょうか？

男 いいですね。どこですか？

女 こちらです。ああ、ここは私がよく行ったトッポッキ屋さんです。まだありますね。トッポッキを食べてからコーヒー牛乳を飲んだことを思い出します。

男 子どものとき、うちの母はコーヒー牛乳を飲ませてくれませんでした。私もコーヒー牛乳がとても好きでしたが……。当時のことを思い出しますね。

19-4　P. 212

1 音声を聞いて質問に答えてください。

女 에릭 씨, 많이 기다렸지요? 기다리게 해서 미안해요.

男 아니에요. 저도 조금 전에 왔어요. 그런데 무슨 일 있었

어요?

女 차를 타고 오는데 앞에서 사고가 나서 길이 너무 막혔어요. 그런데 휴대 전화 배터리가 별로 없어서 전화를 못 했어요. 미안해요.

男 그래요? 저도 자주 다니던 길인데 운전할 때 조심해야겠네요.

女 네. 사고는 예고가 없으니까요.

女 エリックさん、ずいぶん待ったでしょう？ お待たせしてすみません。

男 いいえ、私も少し前に来ました。でも、何かありましたか？

女 自動車で来たのですが、前で事故があってとても渋滞しました。それなのに携帯電話のバッテリーがほとんどなかったので電話できませんでした。すみません。

男 そうですか。私もよく通る道なので運転に気をつけないと。

女 ええ、事故には予告がありませんからね。

19-5 P. 212

2 音声を聞いて空欄に当てはまる語句を書いてください。

男 안나 씨 고향에 오니까 정말 좋네요. 날씨도 좋고 경치도 아름다워서 기분까지 좋아지네요.

女 저도 오랜만에 고향에 와서 기분이 좋아요. 오늘은 제가 우리 고향을 안내해 줄게요.

男 정말 기대돼요.

女 여기는 제가 어렸을 때 자주 오던 공원이에요. 여기에 혼자 와서 음악을 들으면서 쉬었어요. 그리고 친구들하고 같이 와서 이야기를 하면서 산책도 했어요.

男 좋았겠어요. 여기 사람들은 여유로워 보여요.

女 네. 한국 사람들은 뭔가 항상 급하게 해야 하는 것 같아요. 하지만 우리 고향 사람들은 그렇지 않아요.

男 하하. 한국에서도 모든 사람이 그런 것은 아니에요.

男 アンナさんの故郷に来てとてもよかったです。天気もいいし、景色も美しいので気分までよくなりますね。

女 私も久しぶりに故郷に来たので、気持ちがいいです。今日は私がうちの故郷を案内しますね。

男 本当に楽しみです。

女 ここは私が子どものころよく来た公園です。ここに一人で来て音楽を聴きながらのんびりしました。それから友達と一緒に来ておしゃべりしながら散歩もしました。

男 楽しかったでしょうね。ここの人々はのんびりして見えます。

女 はい。韓国の人々はなんだかいつも急いでいないといけないように思います。でも私の故郷の人々はそうじゃありません。

男 ははは。韓国でもみんながそういうわけじゃないですよ。

20 좀 더 열심히 공부했어야 했는데 もっと一生懸命勉強しなきゃいけなかったのに

20-1 P. 217

スンユンさんとユラさんの会話を聞いて答えてください。

男 유라 씨, 시험 잘 봤어요?

女 아니요. 회사 일 때문에 공부를 많이 못했거든요. 좀 더 열심히 공부했어야 했는데.

男 저도 잘 못 봤어요. 어제 영화 보지 말고 공부할걸 그랬어요. 어제 제가 좋아하는 감독의 영화가 개봉해서 그 영화를 봤거든요.

女 우리 이제부터 열심히 공부하기로 해요. 다음 시험도 있으니까 힘내요.

男 ユラさん、試験はうまくいきましたか？

女 いいえ、会社の仕事のせいで充分に勉強できなかったんですよ。もっと頑張って勉強しなきゃならなかったんですが。

男 私もうまくいきませんでした。昨日映画を見ないで勉強すればよかったです。昨日私の好きな監督の映画が公開されたので、その映画を見たんです。

女 私たちこれから頑張って勉強することにしましょう。次の試験もあるから頑張りましょう。

20-4 P. 222

1 音声を聞いて質問に答えてください。

男 2주 전에 산 휴대 전화가 또 고장 났어요.

女 지난주에도 고장 나서 수리를 받았잖아요.

男 네, 맞아요. 세일해서 싸게 샀는데 벌써 두 번이나 고장 났어요. 사지 말걸 그랬어요.

女 서비스 센터에 이야기하면 새 제품으로 바꿔 주지 않을

까요?

男 사실 처음에는 휴대 전화가 갑자기 고장 나서 수리를 받은 건데요. 이번에는 제가 휴대 전화를 바닥에 한 번 떨어뜨렸거든요. 아마 그래서 고장이 난 것 같아요. 좀 조심했어야 했는데.

女 한 번 떨어뜨렸는데 고장이 나요? 아닐 거예요. 저는 휴대 전화를 자주 떨어뜨리는데요?

男 암튼 또 서비스 센터에 가야 해요. 정말 짜증이 나네요.

男 2 週間前に買った携帯電話がまた壊れました。

女 先週も壊れて修理してもらったじゃないですか。

男 はい、そうです。セールで安く買ったけど、もう 2 回も壊れました。買わなきゃよかったです。

女 サービスセンターに言えば新しい物に変えてくれないでしょうか？

男 実は、最初は携帯電話が突然壊れて修理してもらったんです。今回は私が携帯電話を床に一度落としたんですよ。たぶんそれで壊れたと思います。気をつけなきゃいけなかったんです。

女 一度落として壊れたんですか？　それが原因じゃないですよ。私は携帯電話をよく落としますけど？

男 いずれにしろまたサービスセンターに行かなくちゃなりません。本当にいやになります。

20-5 P. 222

3 音声を聞いて空欄に当てはまる語句を書いてください。

男 안나 씨는 지금까지 살면서 제일 후회하는 일이 뭐예요?

女 후회하는 일요? 고등학교 때, 제가 하고 싶은 일을 열심히 안 찾아본 것이 가장 후회돼요. 부모님께서 공부를 잘 못해도 괜찮으니까 하고 싶은 일을 찾아보라고 하셨는데 그 말을 듣지 않았어요.

男 고등학생 때는 누구나 부모님 말씀을 잘 안 듣잖아요. 저도 그랬는데요, 뭘. 그때 부모님 말씀을 잘 들을걸 그랬어요.

女 과거로 갈 수 있으면 고등학교 때로 가고 싶네요.

男 저도요. 고등학교 때는 후회되는 일도 있지만 재미있는 일도 많았거든요.

男 アンナさんは今までで一番後悔していることは何ですか？

女 後悔していることですか？高校のとき、自分がやりたいことを真面目に探さなかったことを一番後悔しています。両親は、勉強はできなくてもいいからやりたいことを見つけろと言っていたのですが、言うことを聞かなかったんです。

男 高校のときはみんな親の言うことを聞かないじゃないですか。私もそうでしたよ。当時、親の言うことをちゃんと聞いておけばよかったです。

女 過去に戻れるなら高校のときに戻りたいですね。

男 私もです。高校のときは後悔することもありますが、楽しいこともたくさんありましたね。

答えと訳

初級 おさらい

文法の整理 _ P. 14

1 는 / 를 / 을
를
도
에 / 에
에서 / 가

2 (1) 추운데 / 사는데
더운데 / 만드는데
무서운데 / 노는데
귀여운데 / 아는데
아름다운데 / 먼데
매운데 / 힘든데
(2) 걸어서 / 걸을래요?
들어서 / 들을래요?
물어서 / 물을래요?

1 이해하기 어려운 것도 있는 것 같다 理解するのが難しいこともあるようだ

導入 P. 21

1 찬물을 마시는 한국인들을 보고 놀랐습니다.
冷たい水を飲む韓国人を見て驚きました。

2 <解答は省略>

文法 P. 22~23

①スンユン：最近とても寒い。だから外で運動ができない。友達がインターネット動画を見ながら運動する方法を教えてくれた。人々に人気の高い動画だった。それで昨日私も一度やってみたが、汗もたくさんかいたし面白かった。
②ユラ：私の趣味は料理だ。だから最近は料理の作り方を紹介するテレビ番組をよく見る。昨日はテレビにタイ料理が出てきた。本当においしそうだった。今週末に友達を家に招待してタイ料理を作って食べるつもりだ。友達に喜んでもらいたい。

1 (1) × (→내 친구는) 私の友人は外国の会社に勤めている。
(2) × (→보고 싶다) このごろすごく家族に会いたい。
(3) ○ 私は来年故郷に帰るつもりだ。

2 例 私は気分が浮かないときは音楽を聞く。
(1) 민호는 그림을 잘 그린다.
ミノは絵がうまい。
(2) 나는 지난 주말에 새 휴대 전화를 샀다.
私は先週末に新しい携帯電話を買った。
(3) 토요일에는 사람이 많아서 마트가 복잡하다.
土曜日は人が多くてマートが混んでいる。

①ジウン：ミノさん、ノートパソコンを変えましたね？
ミノ：はい、前のノートパソコンは持ち運ぶのが重くて。
ジウン：そうですか？ このノートパソコンは使いやすいですか？
ミノ：はい、小さいし軽くていいです。
②スンユン：ギリシャ神話を今読んでいるのですが、主人公も多くて内容も複雑で読みづらいですね。
ミノ：私は高校のときに読んでみました。この本は絵がなくて理解するのがちょっと難しいと思います。
スンユン：理解しやすい本はありますか？
ミノ：はい、僕が教えますよ。少々お待ちください。

3 (1) × (→가기) 夜、一人で家に帰るのが怖かった。
(2) × (→보기) その映画館は映画を見るのによい。
(3) ○ ソウルで気に入る家を見つけるのは難しい。

4 例 A どうして引っ越したんですか？
B 家が遠くて学校に通うのに不便なので。
(1) A 왜 이사했어요?
どうして引っ越したんですか？
B 집이 너무 커서 청소하기 불편해서요.
家が大きすぎて掃除するのに不便なので。
(2) A 왜 이사했어요?
どうして引っ越したんですか？
B 집이 좁아서 친구하고 살기 불편해서요.
家が狭くて友達と暮らすのに不便なので。
(3) A 왜 이사했어요?
どうして引っ越したんですか？
B 아파트라서 강아지를 키우기 불편해서요.
アパートなので子犬を飼うのに不便なので。

リーディング練習 P. 24~25

1 外国人たちにとって韓国は旅行するのによいところだ。外国人たちが韓国へ旅行しにくる理由は「韓国が安全だから」が多い。

ある国では、人々は夜になると外に出かけない。そして店もすべて閉店する。ところが韓国には24時間営業するレストランもあり、夜遅くまでショッピングして遊べるところもある。そのため、夜遅く手軽に買い物もできるし、手軽に外食もできる。

そして韓国人たちは、コーヒーショップやレストランでノートパソコンやかばんを椅子に置いて注文しに行ったり、トイレに行ったりする。盗まれることが多くないからだ。このような様子を見ると、外国人たちはびっくりする。

このように韓国は外国人たちが旅行する場合に良いことが多い。しかし不便な点もある。

(1) ③ 夜になると人々が外に出ない。
(2) 외국인들은 한국이 안전해서 여행을 옵니다.
外国人たちは韓国が安全なので旅行に来ます。
(3) ③ 韓国を旅行するときに不便な点
(4) <解答は省略>

やってみよう P. 26~27

1 (1) 길을 몰라서 버스를 타기 무서웠습니다.
道が分からなくてバスに乗るのが怖かったです。
(2) 버스 정류장 위치를 몰라서 버스를 잘 안 탑니다.
バス停の位置が分からないのであまりバスに乗りません。
(3) 버스 정류장 위치도 알 수 있고 버스가 오는 시간도 알 수 있습니다.
バス停の位置も分かるし、バスが来る時間も分かります。

2 (1) (×) ソウル市では外国人に旅行案内の本をくれる。
(2) (○) この本には病院と薬局で使う韓国語の表現がある。
(3) (○) 韓国は町ごとにゴミを捨てる日が違う。

3 (1) <예시> 한국은 인터넷이 빨라서 스마트폰과 컴퓨터를 사용하기 편리합니다. 그리고 대중교통을 이용하기 편리해서 먼 곳까지 쉽게 갈 수 있습니다. 또 음식이나 물건을 배달해 주는 문화가 있어서 편하고, 24시간 문을 여는 식당이 많아서 밤늦게까지 놀기 좋습니다.
<解答例>韓国はインターネットが速くてスマートフォンとパソコンを使いやすいです。そして公共交通機関を利用するのに便利で遠い所まで簡単に行くことができます。また、食べ物や品物を配達してくれる文化があって楽だし、24時間営業している食堂が多くので夜遅くまで遊ぶのにいいです。
(2) <解答は省略>

4 5 <解答は省略>

今日の日記 P. 28

5月30日
朝、漢江（ハンガン）で運動をした。漢江は運動するのにいい場所だ。それで多くの人が運動しによく漢江に行く。漢江公園でスンユンとバスケットボールもして自転車にも乗った。運動が終わってラーメンも食べた。 ラーメンが熱くて食べにくかった。僕とスンユンは来週末にも漢江に行くことにした。次は漢江のプールで泳ぐつもりだ。

❷ 먹다 → 먹었다　❸ 먹었기 → 먹기
❹ 저랑 → 나랑　❺ 건다 → 것이다

理解度チェック P. 29

2 ・私は本を読むのが好きだ。昨日この本を読んだのだが面白かった。
・このショッピングモールは混雑していないので、見て回りやすい。
좋아한다 / 재미있었다 / 구경하기

2 회사에 다닌 지 2년이 됐어요 会社に勤めて2年になりました

導入 P. 31

1 2년 다녔습니다.
2年勤めました。

2 <解答は省略>

文法 P. 32~33

1 スンユン：ユラさん、先週末、何しましたか？
ユラ：高校のときの友達に会いました。友達と会えなくなって5年になりましたが、会えて本当にうれしかったです。
スンユン：本当にうれしかったでしょうね。じゃあ、お昼を食べに行きましょうか？
ユラ：ごめんなさい。朝食を食べたばかりなので、おなかがすいていません。

2スンユン：ユラさん。週末、昼食を一緒に食べましょうか？　私が中華料理を作ります。

ユラ：いいですね。スンユンさん、料理教室に通ってどれくらいたちましたか？

スンユン：料理を習ってから6か月くらいになりました。

ユラ：わぁ、長く習っていますね。私も一度習ってみたいです。

1 (1) ○ ごはんを食べてから4時間たちました。

(2) ×（→만든 지）この料理を作ってから30分たちました。

(3) ×（→간 지）ジヌさんが日本に行って1か月になりました。

2 例 A 韓国語を習ってどれくらいになりましたか？

B 7か月くらいになりました。

(1) A 이 책을 읽은 지 얼마나 됐어요?

この本を読んでどれくらいになりましたか？

B 일주일쯤 됐어요.

一週間ほどになりました。

(2) A 운동을 시작한 지 얼마나 됐어요?

運動を始めてどれくらいになりましたか？

B 3년이 됐어요.

3年になりました。

(3) A 두 사람이 사귄 지 얼마나 됐어요?

二人が付き合ってどれくらいになりましたか？

B 1년 6개월이 됐어요.

1年6か月になりました。

1ジウン：ミノさん、日曜日をどう過ごすつもりですか？

ミノ：このごろ天気がいいので、公園に遊びに行くつもりです。一緒に行きますか？

ジウン：いいですよ。私も外に出かけたかったです。

ミノ：それじゃあ、日曜日に一緒にランチを食べて、公園で自転車に乗りましょう。

2ジウン：ミノさん、今度のユラの誕生日パーティーに行きますよね？

ミノ：はい、会社が終わってすぐ行きます。ジウンさん、どんなプレゼントをするつもりですか？

ジウン：私は本をプレゼントするつもりです。一緒にプレゼントを買いに行きましょうか？

ミノ：いいですね。私もユラさんのプレゼントを買いに行くつもりでした。

3 (1) ○ 私は明日家で休むつもりです。

(2) ×（→운동할）私は来週運動するつもりです。

(3) ×（→갈）私は週末、友達とピクニックに行くつもりだよ。

4 例 A 大学卒業後に何をするつもりですか？

B 外国の会社に就職するつもりです。

(1) A 대학교 졸업 후에 뭘 할 거예요?

大学卒業後に何をするつもりですか？

B 대학원에 진학할 생각이에요.

大学院に進学するつもりです。

(2) A 대학교 졸업 후에 뭘 할 거예요?

大学卒業後に何をするつもりですか？

B 친구하고 사업을 시작할 생각이에요.

友達とビジネスを始めるつもりです。

(3) A 대학교 졸업 후에 뭘 할 거예요?

大学卒業後に何をするつもりですか？

B 아르바이트를 하면서 취직 준비를 할 생각이에요.

アルバイトをしながら就職準備をするつもりです。

リーディング練習 P. 34~35

1 　私はアメリカから来たエレナです。韓国に来て1年になりました。私は韓国の化粧品に関心があるので、韓国に留学しました。

　私は時間があれば、韓国ドラマを見ながら一生懸命勉強しています。ドラマを見ると、韓国語の勉強もできるし韓国の芸能人たちのお化粧の仕方も学ぶことができるので、一石二鳥です。

　最近、自分が化粧する姿を動画で撮影しています。この動画を多くの人々に見てもらいながら韓国語と英語でお化粧の仕方を紹介するつもりです。このように目標を立てたら、韓国語の勉強が一層楽しくなりました。

　皆さんも韓国語を勉強する時に目標を立ててください。そうすると韓国語の勉強がさらに楽しくなると思います。

(1) ③ エレナさんは韓国の化粧品に関心があって韓国に来た。

(2) 한국어 공부도 할 수 있고 한국 연예인들의 화장법도 배울 수 있어서 좋습니다.

韓国語の勉強もできるし、韓国の芸能人のお化粧の仕方も学ぶことができるのでいいです。

(3) ② お化粧する方法を紹介する内容。

(4) <解答は省略>

やってみよう P. 36~37

1 (1) 여자 친구하고 만난 지 3년이 됐습니다.
ガールフレンドと付き合って3年になります。
(2) 내년 11월에 결혼할 생각입니다.
来年の11月に結婚するつもりです。
(3) 돈을 더 모아서 집을 구해야 돼서 그때 결혼하려고 합니다.
お金をもっと貯めて家を探さなければならないので、その時結婚しようと思います。

2 (1) 여행 책을 보러
男性は今、旅行の本を見に書店に行こうとしている。
(2) 일본어를 배우고 있어서
男性は最近、日本語を習っているので日本に行ってみたくなった。

3 4 5 <解答は省略>

今日の日記 P. 38

1月20日
今日会社の仕事を終えてプールに行った。会社に勤めて3年になるが、近ごろ、特に仕事のせいでストレスが多い。それで水泳を習うことにした。最近は退勤して家に帰る前に毎日プールに行く。もう水泳を習って1か月たった。まだへただが、水泳をするとストレスがすごく解消されるようだ。そして毎日運動をするから体調もよくなった。これからずっと、水泳も頑張って、時間があるたびに自転車にも乗るつもりだ。

❷ 세 년이 됐는데 → 삼 년이(3년이) 됐는데
❸ 배우는 지 → 배운 지
❹ 타는 생각이다 → 탈 생각이다

理解度チェック P. 39

2 A キャサリンさん、韓国に住んでどのくらいになりますか？
B 私は韓国に来て5年になります。アンナさんは韓国語の勉強が終わったら何をするんですか？
A 故郷に帰って就職するつもりです。

온 지 / 취직할 생각이에요

3 짐이 많아 가지고 힘들었어요 荷物が多くて大変でした

導入 P. 41

1 지은 씨가 이사를 도와줘서 고마워합니다.
ジウンさんが引越しを手伝ってくれて感謝しています。

2 <解答は省略>

文法 P. 42~43

1 スンユン：ユラさん、ごめんなさい。道が混んでいて遅れました。
ユラ：大丈夫です。私も少し前に来ました。
スンユン：ところで先週の集まりになんで来なかったんですか？
ユラ：急に用事ができて行けませんでした。

2 スンユン：なんでこんなに食べていないんですか？まずいですか？
ユラ：いいえ、おなかがいっぱいであまり食べられません。
スンユン：ところでユラさん、この服はどうして持ってきたんですか？
ユラ：寒いからです。

1 (1) ×(→와 가지고)雨が降っているので外出したくないです。
(2) ○ 故障したパソコンを直して使うつもりです。
(3) ○ 私はつらくて山頂まで行けなそうです。

2 例 A どうしてごはんを食べないんですか？
B さっき食べまして。

(1) A 왜 도서관에 가요?
なぜ図書館に行くんですか？
B 시험이 있어 가지고요.
試験がありまして。
(2) A 왜 여기에 있어요?
なぜここにいるんですか？
B 친구가 안 나와 가지고요.
友達が出てこないんです。
(3) A 왜 이렇게 오래 걸렸어요?
どうしてこんなに長くかかったんですか？
B 화장실에 사람이 많아 가지고요.
トイレに人が多くて。

1 ユラ：スンユンさん、本当にありがとうございます。スンユンさんが手伝ってくれたおかげで、ドイツ語の実力がすごく伸びました。
スンユン：はは、ユラさんが頑張ったから当然の結果ですよ。
ユラ：これからもよろしくお願いします。私ももっと一生懸命勉強します。
2ミノ：ジウンさん、食べ物は口に合いましたか？
ジウン：はい、ミノさんのおかげでおいしく食べました。
ミノ：ところで昨日、アンナさんの家にはちゃんと訪ねて行きましたか？
ジウン：はい、ミノさんが教えてくれたおかげで無事にたどり着きました。ありがとう。

3 (1) ×（→(때문에)スオンさんのせいでつらいです。
(2) ○ ヤントさんのおかげで映画を楽しく見ました。
(3) ×（→잘했어요）キャサリンさんが手伝ってくれたおかげで発表がうまくできました。

4 例 A ユラさんが教えてくれたおかげで、宿題を無事に終えました。ありがとう。
B お役に立てて私もうれしいです。
(1) A 유라 씨가 가르쳐 준 덕분에 숙제를 잘 끝냈어요. 고마워요.
ユラさんが教えてくれたおかげで、宿題を無事に終えました。ありがとう。
B 도움이 되어서 저도 기뻐요.
お役に立てて私もうれしいです。
(2) A 유라 씨가 설명해 준 덕분에 숙제를 잘 끝냈어요. 고마워요.
ユラさんが説明してくれたおかげで、宿題を無事に終えました。ありがとう。
B 도움이 되어서 저도 기뻐요.
お役に立てて私もうれしいです。
(3) A 유라 씨가 책을 빌려준 덕분에 숙제를 잘 끝냈어요. 고마워요.
ユラさんが本を貸してくれたおかげで、宿題を無事に終えました。ありがとう。
B 도움이 되어서 저도 기뻐요.
お役に立てて私もうれしいです。

リーディング練習 P. 44~45

1 スンユンさんへ
スンユンさん、アンナです。
先週、私の引っ越しを手伝ってくれて本当にありがとうございました。引っ越しは初めてで、荷物も多くて大変でしたが、助かりました。それから、スンユンさんがとてもたくさん働いてくれたので、申し訳なかったです。スンユンさんのおかげで家を見つける方法も知ることができました。ありがとう。スンユンさん、今週、わが家に招待したいのですが、来れますよね？
私が焼肉を準備して、キムチチゲもおいしく作りますね。韓国料理の腕がとても上がりました。私の料理を楽しみにしてください。
ーアンナ

(1) ③ スンユンさんはアンナさんが引っ越すのを手伝った。
(2) (안나 씨는 승윤 씨에게) 고마운 마음을 표현하고 싶어 합니다.（アンナさんはスンユンさんに）感謝の気持ちを表したいと思っている。
(3) ③ スンユンさんを家に招待しようと
(4) <解答は省略>

やってみよう P. 46~47

1 (1) 구두 / 모자
靴と帽子を買った。
(2) 가방 / 너무 비싸서
キャサリンさんは、かばんが高すぎて買えなかった。

2 (1) 여의도
女性は週末、汝矣島に遊びに行くつもりだ。
(2) 여의도에 있는 맛있는 식당
女性は男性が汝矣島にあるおいしい食堂をよく知っているだろうと思って電話した。

3 4 5 <解答は省略>

今日の日記 P. 48

2月15日
午後、友達に会って映画を見た。友達はホラー映画が好きだが、私が嫌いでコメディー映画を見た。映画の主人公はカッコよくて面白い人だった。私もその人のようにカッコよくて面白い人になりたい。映画を見た後、友達と夕食を食べた。食事をしながら友達と映画について話した。今日は友達が一緒にいてくれたおかげで、楽しい一日を過ごした。

❷ 싫어하 가지고 → 싫어해 가지고
❸ 있어 주는 덕분에 → 있어 준 덕분에
❹ 재미없는 → 재미있는

理解度チェック P. 49

2 A 給料をもらったら何をするつもりですか？
B お金を貯めて旅行に行くつもりです。
A そうですか。私はジウンさんにプレゼントをしたいです。これまで、ジウンさんのおかげで仕事がうまくできました。

모아 가지고 / 지은 씨 덕분에

4 밝은 색 옷을 안 입는 편이에요 明るい色の服を着ないほうです

導入 P. 51

1 까만색, 하얀색, 회색 옷을 많이 입습니다.
黒、白、灰色の服をよく着ます。

2 <解答は省略>

文法 P. 52~53

1ジウン：また映画見に行くの？
ユラ：うん、私は映画をよく見に行くほうなの。映画を見るのが好きで、週に一度くらい行く。
ジウン：私はミュージカルをたくさん見るほうなんだけど。
ユラ：そう？　私もミュージカルを一度見たいな。今度一緒に見に行こう。

2スンユン：ユラさん、学校に通ってたとき、読書サークルだったんですか？ 本をたくさん読んだでしょうね。
ユラ：はい、本を読んで想像するのが好きでした。私は学生のとき、ちょっと静かなほうでした。
スンユン：僕はスキーサークルでした。運動が好きなほうですので。
ユラ：そうですか。私もスキーをするのが好きなんですが、今度スキー場に一緒に行きましょうか？

1 (1) ×（→추운）今日はちょっと寒いほうです。
(2) ○ 私は子どものころ、背が高いほうでした。
(3) ○ ソジュンさんは英語が上手なほうです。

2 例 A ふだん、友達とどこで会いますか？
B 明洞で会うほうです。

(1) A 짠 음식을 좋아해요?
塩辛い食べ物が好きですか？
B 짜게 먹는 편이에요.
しょっぱく（して）食べるほうです。

(2) A 운동화를 자주 신어요?
運動靴をよく履きますか？
B 자주 신는 편이에요.
よく履くほうです。

(3) A 이 마트는 과일이 싸요?
このマートは果物が安いですか？
B 아주 싼 편이에요.
とても安いほうです。

1ソジュン：今日スケートしに行こうか？　市庁前にスケート場がある。
スンユン：あそこは外だから寒いだろう。寒いから室内スケート場に行こう。
ソジュン：じゃ、蚕室（チャムシル）にあるスケート場に行こうか？
スンユン：いいよ。道がすごく混んでいるから地下鉄に乗って行こう。

2スンユン：アンナさんの誕生日プレゼントを買わなければならないのですが、ちょっと手伝ってください。
ユラ：アンナさんはお化粧するのが好きなので、化粧品をプレゼントしたらどうですか？
スンユン：それがいいですね。ところで何を買えばいいんですか？
ユラ：口紅はどうですか？　アンナさんはピンク色がよく似合うので、ピンク色の口紅をプレゼントしてください。

3 (1) ×（→시끄러운데）すごくうるさいんですが、静かにしてください。
(2) ○ この食堂は高すぎるんですが、別の食堂に行きましょう。
(3) ○ 明日からデパートのセールなんですが、一緒に買い物しに行きましょうか？

4 例 A 明日、登山に行きましょうか？
B 明日は仕事が多いので、また今度行きましょう。

(1) A 내일 등산하러 갈까요?
明日、登山に行きましょうか？
B 내일은 약속이 있는데 다음에 가요.
明日は約束があるので、また今度行きましょう。

(2) A 내일 등산하러 갈까요?
明日、登山に行きましょうか？
B 내일은 날씨가 더운데 다음에 가요.
明日は暑いから、また今度行きましょう。

(3) A 내일 등산하러 갈까요?
明日、登山に行きましょうか？
B 내일은 학교에 가야 되는데 다음에 가요.
明日は学校に行かなければならないから、今度行きましょう。

リーディング練習 P. 54~55

タイトル：自分の性格を変えたいです
こんにちは。私はソウルに住む会社員です。私には最近悩みがあります。会社に入って6か月ほどたちますが、会社生活が少しつらいです。私は人と付き合うときにとても時間がかかるほうです。いったん親しくなれば、長く付き合えますが、初対面だととても緊張して上手に話せません。でも、私と一緒に入社した同期は、知り合いも多く、他人ともすぐに親しくなるほうです。そのため、私の会社の人はみんなこの同期のことが好きです。他人とすぐに親しくなれるこの同期が本当にうらやましいです。私は会社の仕事で知らない人と頻繁に会わなければなりません。そのため会社に出勤すると、自分の性格のせいでとてもストレスを感じます。どうすれば私も初対面の人とすぐに親しくなれるでしょうか？　自分のこのような性格にとても悩んでいるのですが、良い方法があれば教えてください。

1 (1) ② この人は自分の性格を直したくてこの文を書いた。
(2) 동기는 발이 넓고 사람들과도 쉽게 친해지는 편이어서 동기를 부러워합니다. 同期は顔が広くてみんなともすぐ親しくなるほうなので、同期をうらやましがっています。
(3) <解答は省略>　(4) <解答は省略>

やってみよう P. 56~57

1 (1) 라디오는 다른 일을 하면서 들을 수 있어서 자주 듣습니다.
ラジオは他のことをしながら聞くことができるので、よく聞きます。
(2) 고등학생 때부터 라디오를 많이 들었습니다.
高校生のときからラジオをよく聞いていました。
(3) 운전할 때 라디오를 듣습니다.
運転するときにラジオを聞きます。

2 (1) 새로운 걸 경험할 때
女性は新しいことを経験するとき、気分がいい。
(2) 변화를 별로 안 좋아하는
男性はあまり好きではない自分の性格がもどかしいときがある。

3 4 5 <解答は省略>

今日の日記 P. 58

8月12日
私はカフェで時間を過ごすのが好きなほうだ。最近暑いので、人々がカフェで時間をたくさん過ごすほうだ。「今日は退屈だからカフェに遊びに行こう」。友達からこのように電話が来た。それで友達とコーヒーを飲みにカフェに行った。今日行ったカフェは、写真を撮るときれいに写真が撮れて有名になった所だ。「ここ、本当にきれいだから写真を撮って」。友達がこう言った。私は写真を撮るのがうまいほうなので、友達をきれいに撮ってあげた。最近はこのように写真をきれいに撮れるカフェが人気が高いほうだ。

❷ 보낸 편이다 → 보내는 편이다
❸ 심심하는데 → 심심한데
❹ 많는 편이다 → 많은 편이다

理解度チェック P. 59

2 A 今日は授業もないので、一緒に遊園地に遊びに行きませんか？
B 遊園地はチケットが高いほうですよ。遊園地ではなく映画館に行きましょう。

없는데 / 비싼 편이에요

5 물건을 확인하자마자 반품하는 게 좋아요 品物を確認したらすぐ返品したほうがいいです

導入 P. 61

1 보통 일주일 안에 물건을 회사로 보내야 됩니다.
通常、一週間以内に品物を会社に送らなければなりません。

2 <解答は省略>

文法 P. 62~63

1 ミノ：ジウンさん、映画が始まるまで時間が少し残っていますけど、お茶を飲みに行きましょうか？
ジウン：今日、お昼を早く食べてとてもおなかがすいているので、まずはごはんを食べましょう。
ミノ：そうですね。ごはんを食べてから映画を見に行きましょう。
ジウン：では、お茶は映画を見てから飲みに行きましょう。

②ユラ：ジウン、ソファーは買った？
ジウン：いや、インターネットで調べているんだけど、まだ買ってない。直接見てから買いたくて。
ユラ：それじゃあ急いで買わずに引っ越してから買うのはどう？
ジウン：それがいいね。今度ソファーを見に行くとき、一緒に行ってくれるよね？

1 (1) ○ 品物をお会計してから包装してさしあげます。
(2) ×（→읽고 나서）この本を全部読んでから新しい本を借ります。
(3) ×（→자고 나서）病気の子どもが、寝てから気分がとても良くなりました。

2 例 A いつごはんを食べますか？
B 宿題をしてから食べます。
(1) A 언제 밥을 먹을 거예요?
いつご飯を食べますか？
B 짐을 다 싸고 나서 먹을 거예요.
荷物を全部まとめてから食べます。
(2) A 언제 밥을 먹을 거예요?
いつご飯を食べますか？
B 부모님하고 통화하고 나서 먹을 거예요.
両親と通話してから食べます。
(3) A 언제 밥을 먹을 거예요?
いつご飯を食べますか？
B 친구한테 메일을 보내고 나서 먹을 거예요.
友達にメールを送ってから食べます。

①ミノ：ユラさん、お昼を食べてすぐに仕事するんですか？
ユラ：今日の午後までに書かなければならない報告書がありまして。
ミノ：それでも、ちょっと消化させてから仕事するのはどうですか？　コーヒーを一杯飲んでから仕事してください。
ユラ：会議が終わったらすぐメールで報告書を送ることにしたんですけど、まだ送れてなくて。
②ミノ：ジウンさん、旅行は楽しかったですか？
ジウン：はい、本当に面白かったです。でも、空港に到着するなり会社に出勤して少し疲れています。
ミノ：あ、空港からまっすぐ出勤したんですか？　本当に疲れそうですね。
ジウン：はい、だから今日は退勤してすぐ家に帰ろうと思います。

3 (1) ○ 料理を作ってすぐに食べました。
(2) ×（→일어나자마자）朝起きるやいなや水を飲みました。
(3) ○ 明日は仕事が終わったらすぐ家に帰るつもりです。

4 例 A この携帯電話をもう買いましたか？
B 昨日、携帯電話が出るやいなや（発売されるやいなや）買いました。
(1) A 언제 약을 먹었어요?
いつ薬を飲みましたか？
B 밥을 다 먹자마자 먹었어요.
ごはんを食べ終わってすぐ飲みました。
(2) A 집에 가서 뭐 했어요?
家に帰って何をしましたか？
B 집에 가자마자 컴퓨터를 켰어요.
家に帰るやいなやパソコンの電源を入れました。
(3) A 언제 화장품을 발랐어요?
いつ化粧品を塗りましたか？
B 세수하자마자 발랐어요.
顔を洗うやいなや塗りました。

リーディング練習 P. 64~65

タイトル：サイズが合わないので交換したいです。
作成者：アンナ　日付：1.30.
先週、このサイトで靴を買った者です。昨日、靴を受け取ってすぐに履いてみたのですが、サイズが小さいです。ワンサイズ大きいものに交換したいのですが、どうすればよいでしょうか？
作成者：管理者　日付：1.31.
ご不便をおかけして申し訳ありません。お客さまがご注文されたブラックは品切れでして、交換できかねます。申し訳ありませんが、他の色に交換するか、返金させていただくことになると思います。現在ご購入いただける色は、白と青です。サイトで他の色の靴をご覧になってから、カスタマーセンターにご連絡くだされば交換いたします。返金をご希望ならば、送料5000ウォンと製品を一緒に宅配便でお送りください。私どもがその宅配便を確認してから返金いたします。

1 (1) ② 靴を大きいサイズに交換したくてこの文を書いた。
(2) 배송료 5000원과 제품을(신발을) 함께 택배로 보내야 됩니다.
配送料5000ウォンと製品を一緒に宅配便で送らなければなりません。

(3) <解答は省略>　(4) <解答は省略>

やってみよう P. 66~67

1 (1) ② 電子レンジをもらってすぐに捨てたので
(2) 전자레인지를 고치러 서비스 센터에 갈 생각입니다.
電子レンジを直しにサービスセンターに行くつもりです。

2 <解答は省略>

3 (1) 무겁고 / (너무) 어두워서
男性はコートが重くて、色が（とても）暗くて気に入らない。
(2) (사람들이 쓴) 후기를 읽고 나서
女性はインターネットで品物を買うとき、（人が使った）レビューを読んでから買う。

4 5 <解答は省略>

今日の日記 P. 68

3月7日
私は歌手のララが大好きだ。韓国に来る前はララを知らなかったが、韓国の放送でこの歌手が歌う姿を見てから好きになった。今日はこの歌手のコンサートチケットを販売する日だ。この歌手のコンサートはチケットがすぐに売り切れるので早く買わなければならない。それで販売サイトにログインしてから10時になるのを待った。その時間の間、本当に緊張した。10時になるやいなやチケットを買った。チケットを販売してから10分もたたずに売り切れた。コンサートは来月15日に行う。その日は平日なので、会社が終わったらすぐコンサートに行くつもりだ。早くその日が来てほしい。

❷ 했고 나서 → 하고 나서　❸ 됐자마자 → 되자마자

理解度チェック P. 69

2 A もしもし。ユラ、私、財布を忘れて来たの。私の財布、机の上にある？
B ごめん、私もちょっと外出してるの。家に帰ったらすぐに確認してみるね。
A うん、そうね。ありがとう。確認してから必ず連絡してね。

들어가자마자 / 확인하고 나서

6 스페인어도 할 줄 알아요? スペイン語もできますか？

導入 P. 71

1 스페인에서 공부할 수 있습니다.
スペインで勉強できます。

2 <解答は省略>

文法 P. 72~73

1ミノ：学校に来る途中、映画「また会えて幸せ」の広告を見たんですけど、この映画、見ましたか？
ジウン：はい、先週末に見ましたが、面白くありませんでした。
ミノ：あ、そうですか？
ジウン：あまりにも面白くなくて、映画を見ているうちに寝ました。

2ジウン：スンユンさん、今日ミノさんを見ましたか？
スンユン：はい。さっき食堂に行く途中でちょっと会いました。ところで、なぜですか？
ジウン：勉強していて分からないことがあって聞こうと思いました。
スンユン：知らないことは何ですか？ 私がお手伝いしますよ。

1 (1) ○ スキーを習っていたがやめました。
(2) ×（→읽다가）本を読んでいて、分からなかったら電話してください。
(3) ×（→운동하다가）昨日運動していて、友達から電話が来たので受けました。

2 例 A スンユンさん、ここで何してるんですか？
B 宿題をしているうちに寝てました。

(1) A 승윤 씨, 여기에서 뭐 해요?
スンユンさん、ここで何してるんですか？
B 공부를 하다가 잠이 들었어요.
勉強をしている途中で寝てました。

(2) A 승윤 씨, 여기에서 뭐 해요?
スンユンさん、ここで何してるんですか？
B 일기를 쓰다가 잠이 들었어요.
日記を書いている途中で寝てました。

(3) A 승윤 씨, 여기에서 뭐 해요?
スンユンさん、ここで何してるんですか？
B 단어를 외우다가 잠이 들었어요.
単語を覚えている途中で寝てました。

1ミノ：スンユンさん、今、何してるんですか？
スンユン：料理を作っていました。今日の夕方に友達を家に招待していてですね。ミノさん、パスタ作れますか？

ミノ：アルバイトをしたときに習って、作れます。ちょっとお手伝いしましょうか？

スンユン：はい。私はソースの作り方が分からないので、ちょっと手伝ってください。

②ジウン：ユラ、あなた、運転できるよね？　私たち、今度済州島に行ったら車を借りて旅行しよう。

ユラ：うん、いいよ。運転は私がするね。

ジウン：じゃあ、観光地とおいしい飲食店は私が調べるよ。

ユラ：そうだね。あ、それから私は泳げないんだけど、今度旅行に行ったらちょっと教えて。

3 (1) ×（→보낼）メールを送ることができますか？
(2) ×（→칠）私はギターを弾けます。
(3) ○ スンユンさんはネクタイの締め方が分かりません。

4 例 A どんな外国語ができますか？
B 中国語ができます。

(1) A 어떤 운동을 할 줄 알아요?
どんな運動ができますか？
B 스키를 탈 줄 알아요.
スキーができます。

(2) A 무슨 악기를 연주할 줄 알아요?
どんな楽器を演奏することができますか？
B 바이올린을 켤 줄 알아요.
バイオリンを弾けます。

(3) A 무슨 음식을 만들 줄 알아요?
どんな料理を作ることができますか？
B 김치찌개를 만들 줄 알아요.
キムチチゲを作ることができます。

リーディング練習 P. 74~75

この夏、私は大学生80人とカンボジアの学校に10日間のボランティア活動に行ってきた。私たちは学校を修理するチームとカンボジアの生徒たちを教えるチームに分かれた。

学校を修理するチームは古くなった学校の壁にペンキを塗って、学校周りの掃除を手伝った。最初はやることが多すぎて、目の前が真っ暗になったが、みんなと一緒にやったので、それほど大変ではなかった。生徒たちを教えるチームは、カンボジアの生徒たちに、午前は英語、午後は韓国語を教えた。楽器の演奏ができる大学生はカンボジアの生徒たちに楽器の演奏方法と韓国の歌を教えた。

ボランティア活動に行く前は心配事も多かったが、自分にとって本当に有意義な時間になった。別れのときに挨拶しながら涙を流す生徒もいた。私はカンボジア語ができなかったので、生徒たちとあまり語り合えなかった。それが少し残念だった。次回、ボランティア活動をするときはもう少し準備してから行きたい。

1 (1) ③ 学生たちにカンボジアの歌を教えてあげた。
(2) 캄보디아 말을 할 줄 몰라서 학생들과 이야기를 많이 할 수 없어서 아쉬웠습니다.
カンボジア語ができなくて、学生たちと話をたくさんできなくて残念でした。
(3) <解答は省略>　(4) <解答は省略>

やってみよう P. 76~77

1 (1) 컴퓨터를 할 줄 알아야 됩니다.
パソコンができなければなりません。
(2) 인터넷이 빠른 곳에서 하는 것이 좋습니다.
インターネットが速い所でするのがいいです。

2 (1) 와이파이 아이디를 찾고 나서 비밀번호를 입력하면 연결할 수 있습니다.
Wi-FiのIDを探してからパスワードを入力すると、接続できます。
(2) 속담의 뜻을 찾아봐야 돼서 인터넷을 연결해야 됩니다.
ことわざの意味を探さなければならないので、インターネットに接続しなければなりません。

3 4 5 <解答は省略>

今日の日記 P. 78

4月6日

天気が良くて公園で友達と自転車に乗った。私は自転車に乗れるが、友達は自転車に乗れないので、私が教えてあげた。最初は友達がうまく乗れなかったが、ずっと練習したらすごくよくなった。ところが、友達に自転車を教えていたら、へたをして手をちょっとけがした。友達も自転車に乗っていて転んで、足をちょっとけがした。それで私たちは自転車に乗るのをやめてチキンを注文して食べた。私は携帯電話で食べ物を注文する仕方を知らなくて、友達が注文してくれた。少しけがしたが、運動をしてから食べるチキンが本当においしかった。

❷ 가르쳤다가 → 가르치다가　❸ 타겠다가 → 타다가
❹ 주문하는 줄 몰라서 → 주문할 줄 몰라서

理解度チェック P. 79

2 Ⓐ アンナさん、バイオリンは弾けますか？
Ⓑ はい、でもうまくできません。学校に通っていたときに習っていて、やめました。

켤 줄 알아요 / 배우다가

7 저기에 걸려 있는 원피스 어때? あそこに掛かっているワンピースはどう？

導入 P. 81

1 다른 가게 옷이 더 예쁜 것 같아서 이 가게에서 옷을 안 사려고 했습니다.
他の店の服のほうがかわいいと思って、この店で服を買わないでおこうと思いました。

2 <解答は省略>

文法 P. 82~83

1ユラ：スンユンさん、今どの辺ですか？
スンユン：渋滞していて少し遅れそうです。車がずっと止まっています。
ユラ：そうですか？　じゃあコーヒーショップで座っています。着いたら電話してください。
スンユン：ごめんなさい。すぐに行きます。少しだけ待っていてください。

2ユラ：ジウン、私の机の上に置かれている箱見える？
ジウン：うん、見える。これ置いて（忘れて）行ったの？
ユラ：うん。悪いんだけど、スンユンさんにそれを渡してもらえる？ たぶん今家の前に来ていると思う。
ジウン：わかった。これだけ渡せばいいよね？ 心配しないで。

1 (1) ×（→열려）教室の窓が開いています。
(2) ×（→누워）子犬がベッドに寝そべっています。
(3) ×（→입고）ミノさんが赤いTシャツを着ています。

2 例 Ⓐ 友達はどこにいますか？
Ⓑ あそこのドアの前に集まっています。

(1) Ⓐ 계란이 어디에 있어요?
卵はどこにありますか？
Ⓑ 냉장고 안에 들어 있어요.
冷蔵庫の中に入っています。

(2) Ⓐ 그 그림이 어디에 있어요?
その絵はどこにありますか？
Ⓑ 제 방 벽에 붙어 있어요.
私の部屋の壁に貼ってあります。

(3) Ⓐ 서준 씨가 어디에 있어요?
ソジュンさんはどこにいますか？
Ⓑ 엘리베이터 앞에 앉아 있어요.
エレベーターの前に座っています。

1ジウン：スンユンさん、私ちょっと家に帰らないといけないと思います。
スンユン：どうしたんですか？　映画のチケットを予約しておいたのですが。
ジウン：エアコンをつけたまま出てきたみたいです。
スンユン：あ、そうなんですか？ じゃあ行ってきてください。待ってますね。

2ユラ：今日とても寒いのに、どうして窓を開けておいたの？
ジウン：魚を焼いて、窓を開けておいたの。すごくにおうから。
ユラ：あ、もう夕食を全部作っておいたの？ おなかがすいてたんだ、ありがとう。
ジウン：私が一生懸命料理したから、おいしく食べてね。

3 (1) ×（→입혀）私が赤ちゃんに服を着せておきます。
(2) ○ 外に出るときは火を消しておいてでかけないといけない。
(3) ○ ジウンさんが来る前にチキンを注文しておきました。

4 例 Ⓐ 友達が家に遊びに来ますか？
Ⓑ はい。それで料理を作っておきました。

(1) Ⓐ 친구들이 집에 놀러 와요?
友達が家に遊びに来ますか？
Ⓑ 네, 그래서 청소를 해 놓았어요.
はい。それで掃除をしておきました。

(2) Ⓐ 친구들이 집에 놀러 와요?
友達が家に遊びに来ますか？
Ⓑ 네, 그래서 과일을 사 놓았어요.
はい。それで果物を買っておきました。

(3) Ⓐ 친구들이 집에 놀러 와요?
友達が家に遊びに来ますか？
Ⓑ 네, 그래서 피자를 시켜 놓았어요.
はい。それでピザを頼んでおきました。

リーディング練習 P. 84~85

最近、私は毎週末、レザークラフトを習いに行っている。私も以前は他の人たちのように高価なかばんが欲しいと思っていた。

ところがある日、私はこんなことを思った。

「お店に置かれている高価なかばんより自分だけのたった一つのかばんのほうが特別じゃないだろうか？」

そこで自分が欲しいかばんを作れるところを探した。最初、先生が事前に切ってくれてある皮を縫って財布を作った。財布は作るのが割と簡単だった。財布ができた後、財布に名前を書いておいた。自分の名前が書かれている財布を見たら、本当に気分が良かった。

今度は皮のかばんを作っている。自分で直接選んだ皮を切って作るかばんなので、さらに特別な気分だ。このかばんは私がしばらく使ったらぜひ娘に譲りたい。娘のクローゼットに掛かっているかばんを想像すると今からうれしくなる。

1 (1) ④ 財布を作るのは、先生が革を切っておいたのであまり難しくなかった。

(2) 나한테만 있는 단 하나의 가방을 갖고 싶어서 가죽 공예를 배웁니다.

私にだけある（自分だけが持っている）たった一つのかばんが欲しくてレザークラフトを学びます。

(3) <解答は省略>　(4) <解答は省略>

やってみよう P. 86~87

1 (1) 회사에서 여행 갈 때 같이 입을 티셔츠를 맞추려고 합니다.

会社で旅行に行く時一緒に着るTシャツを合わせようと思います。

(2) 좀 웃기는 말들을 많이 씁니다.

面白い言葉をたくさん書きます。

2 <解答は省略>

3 (1) 고양이를 좋아하는 사람들이 모여서 물건을 사고파는 벼룩시장을 합니다.

ネコが好きな人たちが集まって物を売り買いするフリーマーケットをします。

(2) (시간이 있을 때 만들어 놓은) 액세서리를 팔 것입니다.

（時間のある時に作っておいた）アクセサリーを売るつもりです。

(3) 혼자서 장사를 하는 게 자신이 없어서 남자한테 부탁을 했습니다.

一人で商売をすることに自信がなくて、男性に頼みました。

4 5 <解答は省略>

今日の日記 P. 88

5月11日

外出した後、家に帰ったが、誰かが家にいて、出て行ったみたいだった。

窓を閉めて出掛けたが、開いていた。誰かが開けたようだった。

また、誰かがテレビもつけっぱなしにしていた。

そして、小さな箱にアクセサリーが入っていたのだが、そのアクセサリーも箱の外に落ちていた。

とても怖くて警察に電話をしようとしたが、部屋の中で音がした。

行ってみると、ネコ一匹が家に入ってきていた。

すべて、ネコが家の中を歩き回りながらやったことだった。

家に泥棒が入ってきたのではなくてよかった。

❷ 켰 놓았다 → 켜 놓았다

❸ 들러 있었는데 → 들어 있었는데

❹ 들어오 있었다 → 들어와 있었다

理解度チェック P. 89

2 A ユラさん、今日うちに遊びに来てください。私がおいしい料理を作っておきました。

B わあ、本当ですか？　でも私、図書館にちょっと行かなければならないんです。先に家に帰っていてください。すぐに行きますね。

만들어 놓았어요 / 가 있어요

8 승무원이 되려면 어떻게 해야 될까요? 乗務員になるにはどうすればいいでしょうか？

導入 P. 91

1 외국어 하나는 할 줄 알아야 되고, 운동도 열심히 해야 됩니다.

外国語一つはできないといけないし、運動も頑張らないといけません。

2 <解答は省略>

文法 P. 92~93

1 ユラ：週末も休まず勉強するんですか？

スンユン：中国語を学んでいるんですが、授業を受けようとすると週末しか時間がなくて。

ユラ：わあ、すごいですね。中国語を学んで何がしたいんですか？

スンユン：中国に交換学生として行きたいです。交換学生として行くには中国語の点数が必要なので、勉強しています。
②ミノ：今度北京に行こうと思うのですが。中国に行くにはビザが必要ですか？
スンユン：はい、中国に行くときビザが必要です。
ミノ：ビザを申請するにはどんな書類が必要ですか？
スンユン：パスポートとパスポートの写真などが必要です。直接申し込むか、旅行会社で申し込むことができます。

1 (1) ○ 歌手になるには歌が上手でなければなりません。
(2) ×（→먹으려면）ピザを食べるには電話で注文する必要があります。
(3) ×（→들으려면）公共の場所で音楽を聞くにはイヤホンが必要です。

2 例 A 社長に会いたいです。
B 社長に会うには2階の事務室に行ってください。
(1) A 사진을 예쁘게 찍고 싶어요.
写真をきれいに撮りたいです。
B 사진을 예쁘게 찍으려면 남산에 가 보세요.
写真をきれいに撮ろうと思ったら南山に行ってみてください。
(2) A 싸고 좋은 가방을 사고 싶어요.
安くていいかばんを買いたいです。
B 싸고 좋은 가방을 사려면 동대문 시장에 가세요.
安くていいかばんを買おうと思ったら東大門市場に行ってください。
(3) A 박 선생님을 만나고 싶어요.
パク先生に会いたいです。
B 박 선생님을 만나려면 먼저 선생님께 전화해 보세요.
パク先生に会うためにはまず先生に電話してみてください。

①ユラ：ジウン、あなたが紹介してくれた日本語の塾はインターネットで登録できる？
ジウン：ううん、あの塾は直接行かないと登録できないの。
ユラ：日本語が上手になるにはどうすればいいの？
ジウン：単語をたくさん覚えないと日本語が上手になれないよ。私と一緒に勉強してみよう。
②スンユン：ジウンさん、薬は飲みましたか？ 風邪は少しよくなりましたか？
ジウン：いいえ、薬局に行かないと薬を買えないんですが、時間がありませんでした。もうすぐ旅行に行くんですが、心配です。
スンユン：旅行に行く前に早く治らないと楽しく旅行できませんよ。
ジウン：そうなんです。今日は家に帰って薬を飲んで少し休みます。

3 (1) ×（→해야）私は化粧をしないと外に出られません。
(2) ○ 天気が良くなければ登山に行くことができません。
(3) ×（→있어야）入場券がないと劇場に入れません。

4 例 A どうすれば資格を取ることができますか？
B 試験がよくできてこそ資格を取ることができます。
(1) A 어떻게 하면 건강해질 수 있어요?
どうしたら健康になれますか？
B 물을 많이 마셔야 건강해질 수 있어요.
水をたくさん飲んでこそ健康になれます。
(2) A 어떻게 하면 아나운서가 될 수 있어요?
どうすればアナウンサーになれますか？
B 발음이 좋아야 아나운서가 될 수 있어요.
発音が良くないとアナウンサーになれません。
(3) A 어떻게 하면 시험을 잘 볼 수 있어요?
どうすれば試験がよくできますか？
B 책을 많이 읽어야 시험을 잘 볼 수 있어요.
本をたくさん読まないと試験がよくできません。

リーディング練習 P. 94~95

面接用のスーツを無料でお貸しします。
就活中のみなさん！
就活で大変ですよね？
面接を受けるために必須のスーツ。「泣く泣く無理して」買ったこともありますよね？
買うとなったらお金がかかるスーツ、これからは買わずにレンタルをご利用ください。
私たちの市では就活中の方々にスーツを無料でお貸しします。
皆さんの先輩たちが合格したときに着たスーツで、皆さんもぜひ合格の夢をつかんでください。
・申し込み資格：市に在住の20～35歳の男女
・申し込み方法：1.ホームページで会員加入後、ご自身のサイズを入力

2.来店3日前までに来店時間を予約
・貸出期間：1着／4日
＊来店時には身分証明書をお持ちにならないと借りられません。

1 (1) ④ スーツが必要な人は誰でもスーツを借りられる
(2) 신분증을 가지고 가야 됩니다.
身分証明書を持っていかなければなりません。
(3) <解答は省略> (4) <解答は省略>

やってみよう P. 96~97

1 (1) 요리사 자격증을 따려고 요리 학원에 다닙니다.
調理師の資格を取るために料理学校に通っています。
(2) 나이 들어서 자기 일을 하려면 자격증이 있어야 돼서 자격증 공부를 합니다.
年を取って自分の仕事をしようと思ったら資格がなければならないので、資格の勉強をします。

2 <解答は省略>

3 (1) 신뢰감을 주는 것
銀行の面接を受けるときは、信頼感を与えることが重要だ。
(2) 남색 / 깔끔한
女性は男性に藍色のスーツとさっぱりとしたヘアスタイルを推薦した。

4 5 <解答は省略>

今日の日記 P. 98

6月21日
私の町には大きな図書館がある。この図書館に行くには、20分くらい歩かなければならない。歩いて行くのが少し大変だが、この図書館には私が好きな映画の資料がたくさんあるのでよく行く。この図書館は身分証明書がないと入れない。図書館で昔の映画を見るには、一日前には予約をしなければならない。昔の映画を見たがる人が多くて、予約をするのが難しいほうだ。 今日は音楽映画を見た。映画を見て本当に感動した。 私は映画を見るとストレスが解消される。来週もまた予約することにした。

❷ 있아야 → 있어야　❸ 보으려면 → 보려면
❹ 보아 → 봐야

理解度チェック P. 99

2 A お母さん、テレビが見たいです。
B 宿題した？ 宿題をしないとテレビは見られないよ。
A 宿題は帰ってきてすぐに全部しました。
B そうなのね。でもテレビを見るなら後ろの方に来て座りなさい。

숙제를 해야 / 텔레비전을 보려면

9 정말 큰일 날 뻔했어 本当に大ごとになるところだった

導入 P. 101

1 유에스비(USB)를 집에 놓고 와서 발표를 못 할 뻔했습니다.
USBを家に置いて来たので発表できないところでした。

2 <解答は省略>

文法 P. 102~103

1 ジウン：歩いていて転んでひざをけがしました。痛くて病院に行かなければなりません。
ミノ：かなりけがをしましたね。
ジウン：はい。携帯電話を見ながら歩いていたんですが、これからは気をつけないといけません。
ミノ：私も歩きながら携帯電話をよく見るほうなので、気をつけないといけませんね。

2 スンユン：これまで忙しくて運動ができなかったのですが、これからまた運動を始めなくてはと思っています。
ミノ：私もそうです。最近ずっと座っているので、消化もよくありません。
スンユン：そうなんです。もう少し勤勉だったらいいんですが、それが難しいですね。
ミノ：それからコーヒーも少し減らさないといけませんね。コーヒーをたくさん飲むからよく眠れません。

1 (1) ○ スンユンさんに直接聞かなければと思います。
(2) ○ 私もその作家の本を読まなければと思います。
(3) × (→켜야겠어요) 暑すぎて扇風機をつけなければなりません。

2 例 A インターネットショッピングをしないようにします。
B 私もです。
(1) A 커피를 끊어야겠어요.
コーヒーをやめなければなりません。
B 저도요.
私もです。
(2) A 매일 단어를 30개 외워야겠어요.
毎日単語を30個覚えなければなりません。

Ⓑ 저도요.
私もです。

(3) Ⓐ 가까운 곳은 걸어서 다녀야겠어요.
近いところは歩いて通わなければなりません。

Ⓑ 저도요.
私もです。

①スンユン：自転車に乗って学校に行っていたんですけど、事故が起こるところでした。
ユラ：けがしてませんか？ どうしてそうなったんですか？
スンユン：私が横を見ながら乗っていました。それでバスにぶつかりそうになりました。
ユラ：本当に大変なことになるところでしたね。これからはもっと気をつけてください。

②スンユン：ミノさん、昨日のサッカーの試合はどうなりましたか？
ミノ：うちのチームが勝つところでしたが、最後に負けました。
スンユン：本当ですか？ 次は必ず勝てると思います。
ミノ：あ、忘れるところでしたが、明日うちにきますか？友達とゲームをすることにしました。

3 (1) ×（→뻔했어요）階段で転んで足をけがするところでした。
(2) ×（→만날）バスに乗り間違えて友達に会えないところでした。
(3) ○ 今日は遅く起きて授業に遅れそうになりました。

4 ㊡ Ⓐ その映画はどうでしたか？
Ⓑ とても悲しくて涙を流すところでした。

(1) Ⓐ 등산 잘 했어요?
山登りは上手くいきましたか？
Ⓑ 너무 힘들어서 쓰러질 뻔했어요.
とても大変で倒れそうになりました。

(2) Ⓐ 어제 기차를 잘 탔어요?
昨日、汽車に無事に乗りましたか？
Ⓑ 늦어서 기차를 못 탈 뻔했어요.
遅れて電車に乗れないところでした。

(3) Ⓐ 약속 시간을 잘 지켰어요?
約束の時間をちゃんと守りましたか？
Ⓑ 잠이 들어서 약속을 어길 뻔했어요.
眠ってしまって約束を破るところでした。

リーディング練習 P. 104~105

韓国語を学んでいるとき、失敗した経験は誰にでも1度くらいはあるだろう。そしてその失敗を考えると今でも顔が赤くなる人もいるだろう。

そういう失敗の経験が私にもある。私は韓国語の聞き取りが一番苦手だ。だから韓国でアルバイトをしたときによく失敗をした。ある日、お客さんが「冷たいお水をください」と言った。ところが私はこれが「しょっぱいお水をください」と聞こえた。そこで塩が入っている水をお客さんに出しそうになった。一緒に働いていた韓国人が教えてくれて失敗はしなかったが、とても恥ずかしかった。

外国語を学ぶ場合、失敗を恥ずかしがらないことが本当に大事だ。失敗を恥ずかしがると外国語は上達しない。しかし失敗すると自信をなくしてしまう。私は失敗した後「外国人だから失敗もするさ」「失敗しながら学ばなければ」と思っていた。これからもそう思いながら韓国語を頑張って勉強しよう。そうすれば韓国人と会ったときにもっと気楽に会話できると思う。

1 (1)① この人はお客さんに塩辛い水を差し上げた。
(2) 실수를 부끄러워하지 않는 것입니다.
間違いを恥ずかしがらないことです。
(3) <解答は省略>　(4) <解答は省略>

やってみよう P. 106~107

1 (1) 땅콩 알레르기
エリックさんにはピーナッツアレルギーがあるので、食べ物を食べるときに気をつけなければなりません。
(2) 재료 표시
アレルギーのある人は、食べ物に入った材料の表示をよく見るべきです。

2 <解答は省略>

3 (1) 술 마시고 집에 가다가 휴대 전화를 잃어버려서 연락이 안 됐습니다.
お酒を飲んで家に帰る途中で携帯電話をなくしてしまって連絡が取れませんでした。
(2) 인터넷으로 휴대 전화 위치를 알 수 있게 해 놓을 것입니다.
インターネットで携帯電話の位置が分かるようにしておくつもりです。

4 5 <解答は省略>

今日の日記 P. 108

7月15日

今日、韓国語能力試験を受けに大学に行った。2か月前に試験を申し込まなければならないのに、それを忘れて申し込みできないところだった。しかし、アンナさんが教えてくれて申し込んでおいた。昨夜からとても緊張していて遅く寝たので、朝起きられないところだった。しかし、アンナさんの電話のおかげで7時に起きて準備することができた。早く準備をしたがバスを乗り間違えて試験の時間に遅れそうになった。試験を受けたが試験がとても難しかった。その中でも聞き取りが一番難しかった。聞き取りの練習をしなかったことが悔やまれる。これからはニュースを毎日聞かなければならない。

❷ 일어날 뻔했다 → 못 일어날 뻔했다

❸ 늦었을 뻔했다 → 늦을 뻔했다

❹ 드러야겠다 → 들어야겠다

理解度チェック P. 109

2 A 先週空港に行きましたが、道がとても混んでいて飛行機に乗れないところでした。
B 私も来週、空港に行かなければならないので、早く出なければなりません。

탈 뻔했어요 / 나가야겠어요

10 친구들이 그 빵이 맛있다고 했어요 友達が、あのパンがおいしいと言っていました

導入 P. 111

1 유라 씨가 경주에 가면 꼭 한복을 입고 사진을 찍으라고 해서 한복을 입어 보고 싶어 합니다.
ユラさんが、慶州に行ったら必ず韓服を着て写真を撮るようにと言うので、韓服を着てみたいと思っています。

2 <解答は省略>

文法 P. 112~113

1ジウン：ミノさん、夕食を食べに行きましょう。
ミノ：はい、いいですよ。ところでユラさんは一緒に行かないんですか？
ジウン：ユラは今日友達の誕生日なので友達と一緒にごはんを食べるそうです。
ミノ：では、大学路に新しくできたタッカルビ屋さんに行きましょう。友達がそこのタッカルビがおいしいと言っていました。

2スンユン：エリックさんが送った宅配、受け取りましたよね？ それはエリックさんの故郷で有名なお菓子だそうです。
ミノ：はい、今日の午後に受け取りました。
スンユン：そしてエリックさんと電話で話したんですが、来週末に来るそうです。そのときに一緒に会いましょう。
ミノ：そうしましょう。そのときはエリックさんが好きなサムギョプサルを食べに行きましょう。私がごちそうします。

1 (1) ×（→재미없다고）その映画はつまらないそうです。
(2) ○ ミノさんとスンユンさんが 週末に会うそうです。
(3) ×（→푼다고）ユラさんは辛い食べ物を食べながらストレスを解消するそうです。

2 例 A 友達が何と言いましたか？
B その仕事がとても大変だったと言いました。

(1) A 친구가 뭐라고 했어요?
友達が何と言いましたか？
B 오늘 너무 바빴다고 했어요.
今日はとても忙しかったと言いました。

(2) A 친구가 뭐라고 했어요?
友達が何と言いましたか？
B 떡볶이를 안 좋아한다고 했어요.
トッポッキが好きじゃないと言いました。

(3) A 친구가 뭐라고 했어요?
友達が何と言いましたか？
B 중국에 여행을 가려면 비자가 필요하다고 했어요.
私は中国に旅行に行くにはビザが必要だと言いました。

1スンユン：僕たち今行ったら遅れると思うんですけど。大丈夫でしょうか？
ジウン：大丈夫だと思います。ユラが8時までに来てと言いました。
スンユン：あ、そうなんですか？ じゃあユラさんの家に行く前に何か買うのはどうですか？
ジウン：そうですね。マートでちょっと果物を買ってから、ユラに電話しましょう。ユラが、家の近くに来たら電話してと言いました。

2ジウン：ユラ、バナナ食べる？ 朝食を食べなくてちょっとおなかがすいてるわ。
ユラ：バナナじゃなくて他のものを食べるのはどう？ ニュースで空腹時にバナナを食べるなと言ってたわ。

ジウン：そうなの？　お母さんがバナナは体にいいっておっしゃっていたけど。
ユラ：バナナだけを食べるのは健康によくないそうよ。他の食べ物と一緒に食べろって言ってたわ。

3 (1) ○ 友達が自分の物に触るなと言いました。
(2) ×（→걸으라고 했어요）お医者さんが毎日30分ずつ歩くように言いました。
(3) ×（→사용하지 말라고 하셨어요）先生が授業の時間には携帯電話を使わないようにとおっしゃいました。

4 例 A お母さんが何とおっしゃいましたか？
B 家に帰ったらすぐに宿題をしろとおっしゃいました。

(1) A 어머니께서 뭐라고 하셨어요?
お母さんが何とおっしゃいましたか？
B 밤늦게까지 게임하지 말라고 하셨어요.
夜遅くまでゲームをするなとおっしゃいました。
(2) A 어머니께서 뭐라고 하셨어요?
お母さんが何とおっしゃいましたか？
B 마트에서 돼지고기를 사 오라고 하셨어요.
マートで豚肉を買ってくるようにおっしゃいました。
(3) A 어머니께서 뭐라고 하셨어요?
お母さんが何とおっしゃいましたか？
B 집에 들어오면 바로 손을 씻으라고 하셨어요.
家に帰ったらすぐ手を洗うように言いました。

リーディング練習 P. 114~115

今日はスンユンさんと一緒に景福宮に行ってきた。景福宮は朝鮮時代、最初に建てられた宮だ。景福宮に入ると、突然スンユンさんが私に、その道を歩いてはならないと言うのでびっくりした。宮へ入る道は３つあるのだが、そのうち真ん中の道は王が通る道だという。昔、一般の人々はその道を歩いてはならなかったそうだ。そこで私たちは右側の道を歩いて入って行った。

紅葉と一緒に見る景福宮は本当に美しかった。私はその中でも大きな池の上にある慶会楼が一番よかった。慶会楼は外国からお客さんが来たときにパーティーを開く場所だそうだ。入ってみたかったけれど、今は入れないそうで、ちょっと残念だった。ソウルには景福宮の他にさらに４つの宮があるそうだ。韓国にいる間にぜひ他の宮にも行ってみたい。

1 (1) ④ 慶会楼に入るには予約をしなければならない。
(2) 가운데 길은 왕이 걷는 길이라서 보통 사람들이 걸으면 안 돼서 그 길로 걷지 말라고 했습니다.
真ん中の道は王が歩く道なので、普通の人が歩いてはいけないので、その道を歩かないようにと言いました。
(3) <解答は省略>
(4) <解答は省略>

やってみよう P. 116~117

1 (1) 긴 바지랑 스카프를 준비해야 됩니다.
長いズボンとスカーフを用意しなければなりません。
(2) 불교 국가에서는 짧은 반바지를 입거나 어깨가 보이는 옷을 입으면 입장이 안 되는 곳이 있어서 그것들을 가져가라고 했습니다.
仏教国家では短い半ズボンをはいたり肩が見える服を着ると入場できない所があるので、それらを持っていけと言いました。

2 <解答は省略>

3 (1) 한강 / 불꽃놀이 축제를 해서
今日、漢江で花火大会があって道が混むそうです。
(2) 잘 보인다고
男性の友達の家では花火がよく見えるそうです。

4 5 <解答は省略>

今日の日記 P. 118

7月20日
スペインに留学に行った友達からメールが来た。友達はスペインの生活が本当に面白いと言った。最初は友達がいなくて寂しかったが、今は友達ともたくさん付き合っていると言った。私に、来月学校の休みになったらスペインに遊びに来いと言った。私がスペインに行ったら、お祭りに連れて行くつもりと言った。友達が面白いと言うから私もスペインに行きたくなった。スペインの祭りの中ではトマト祭りが一番有名だそうだ。来月スペインに行ったら、ぜひ友達と行ってみよう。

❷ 사귀었는다고 했다 → 사귀었다고 했다
❸ 놀러 오다고 했다 → 놀러 오라고 했다
❹ 데려갈 거다고 했다 → 데려갈 거라고 했다

理解度チェック P. 119

2 A お母さんが部屋の掃除をしろと言った。早く掃除しよう。
B どうしていつも僕たちだけが掃除するの？ お兄

ちゃんはいつ帰るの？
A 電話したんだけど、すぐに帰って来ると言ってた。だから先に掃除を始めよう。

하라고 하셨어 / 온다고 했어

復習 1 P. 121~125

ジウン：ミノさん、今週末は何をしますか？
ミノ：明洞に行くつもりです。明洞に有名なカルグクスのお店があるんですが。それを食べに行こうと思います。一緒に行きますか？
ジウン：ええ、いいですね。
ミノ：ジウンさんは明洞によく行きますか？
ジウン：いいえ、明洞に行ってから3年くらいたったと思います。久しぶりに行くからわくわくしますね。
ミノ：それじゃあ、日曜日の午前中に会いしましょう。
ジウン：はい、日曜日に会いましょう。

⋮

ジウン：今まで忙しくて明洞に来られなかったんですが、本当にすごく変わりましたね。
ミノ：明洞はお店がしょっちゅう変わります。だから来るたびに違う感じです。おなかがすいたからまずごはんを食べるのはどうですか？
ジウン：ええ、いいですね。
ミノ：ここが明洞で有名な食堂です。カルグクスが本当においしいんです。
ジウン：あ、私も知ってます。でも、前はここでごはんを食べるには１時間くらい待たなければなりませんでした。待たずに食べられるでしょうか？
ミノ：はい。僕が昨日、予約しておきました。日曜日だから人が多いだろうと思って。
ジウン：本当ですか？ ありがとう。ミノさんのおかげで待たなくてもいいですね。
ミノ：いえいえ。別に難しいことでもないですよ。
ジウン：あ、それからユラも来ると言いました。私たち、先に入りましょう。
ミノ：そうなんですか？ スンユンさんにも来いと言ったんだけど……。久しぶりにみんなで集まるんですね。
ユラ：ジウン、来たよ。ここ、久しぶりに来たわ。
スンユン：僕も来ました。
ジウン：いらっしゃい。
ミノ：みんな集まったから注文しましょうか？　何食べますか？
ユラ：当然カルグクスですよ。少し肌寒いので温かいものが食べたいです。
スンユン：久しぶりにみんなで一緒にごはんを食べるからいいですね。ごはんを食べてから何をするんですか？
ジウン：買い物しに行きます。私は服と帽子を買うつもりです。
ミノ：そうなんですか？　いいですね。一緒に行きましょう。
ユラ：ごはんを食べてすぐに買い物しに行くの？やっぱりあなたはすごいわ！
ジウン：ごはんを食べたから、元気を出して買い物しなくちゃ。
ユラ：はは、そうね。私も元気出さないと。

⋮

ジウン：ユラ、この帽子、すごくかわいいよね？
ユラ：うん。一度かぶってみて。
ジウン：どう？　私によく似合う？
ユラ：うーん、悪くないね。ちょっと待って。あそこにかかっているあの帽子はどう？
ジウン：いいね。どう？
スンユン：ジウンさんは帽子がよく似合いますね。
ジウン：ありがとう。
ジウン：本当にかわいいものがすごくたくさん。
ユラ：だよね？　やっぱり明洞はショッピングしやすい所だな。
ミノ：ところで、ちょっと休んだらだめですか？足がとても痛いです。
ユラ：私たち、あまりにも自分たちのことばかり考えていましたね。ちょっと休んでください。少し休めば、もっと元気を出して見物することができますよね。
ジウン：コーヒーを飲みながら休みましょうか？
スンユン：はい、いいですね。
ジウン：明洞に来たら外国に来たような感じがします。
スンユン：外国人もたくさん来る場所だからそうなんだと思います。
ミノ：そうなんです。外国人の間でも明洞は有名なほうです。

ジウン：アンナさんもここによく来ると言ってました。
ユラ：あ、私は来週から明洞で会社の広報イベントをします。スンユンさん、中国語話せますか？来て、ちょっと私を手伝ってください。
スンユン：中国語ですか？　僕、中国語はあまりできませんが。日本語は少しできます。
ユラ：大丈夫です。日本語を話す人も必要です。ちょっと手伝ってください。
スンユン：はい、分かりました。手伝います。
ミノ：では、もう家に帰りましょうか？
ユラ：はい。明日また出勤しないといけないし、イベントの準備もしないといけないので。
ジウン：あまりにも長く歩いたので足が痛いですね。早く帰って休まなければなりません。
スンユン：ところで、ここは建物が独特ですね。
ミノ：ここは明洞芸術劇場です。ここでいい演劇をたくさんするそうです。私の友達が、明洞に行ったらこの劇場に必ず行ってみろと言ってました。
ジウン：私もここに来たことがあります。私は演劇をよく見るほうなので。
スンユン：僕はここに初めて来ました。演劇を見る機会があまりないので。
ジウン：それなら、今度、演劇を見にここに一緒に来ましょう。
ミノ：いいですね。来月、ここでいい公演をするんですけど、みんなで一緒に見に来ましょうか？
ユラ：いい考えですね。では、私がチケットを予約しておきます。
スンユン：そうですか。ありがとう。

[ジウンさんの日記]
5月7日　日曜日
今日久しぶりに友達と明洞に行った。3年前に友達と明洞に行ったときも楽しく遊んでいい思い出として残っているが、久しぶりに行くから本当にわくわくした。明洞はショッピングしやすいところなので、人が本当に多かった。明洞で友達と一緒においしいカルグクスを食べた。そして、店を見物しながら私によく似合う帽子も買った。今日は友達のおかげで明洞で楽しい時間を過ごした。友達がいなかったら、こんなにいい時間を過ごせないところだった。来月は、友達と公演を見に明洞芸術劇場に行くことにした。私にこんなにいい友達がいて本当に幸せだ。

1 자주 가지 않습니다. 명동에 가 본 지 3년쯤 되었습니다.
しょちゅう行きません。明洞に行ってから3年くらいになりました。

2 일요일이니까 사람이 많을 것 같아서 예약을 해 놓았습니다.
日曜日だから人が多いだろうと思って予約をしておきました。

3 쇼핑하러 가기로 했습니다.
買い物に行くことにしました。

4 좋은 연극을 많이 하는 곳입니다.
いい演劇をたくさんするところです。

5 친구들과 재미있게 놀아서 좋은 기억으로 남아 있습니다.
友達と楽しく遊んだのでいい記憶として残っています。

11 에스엔에스(SNS)를 안 하거든요 SNSをしないんですよ

導入 P. 127

1 다른 사람들이 유라 씨에 대해 너무 많이 아는 게 부담이 되어서 안 합니다.
他人がユラさんのことを知りすぎることが負担になるのでしません。

2 <解答は省略>

文法 P. 128~129

1 ミノ：ジウンさん、明日の約束時間を2時に変えることはできますか？　急に用事ができたんです。
ジウン：そうなんですか？　2時、大丈夫です。どこで会いましょうか？
ミノ：江南駅の近くはどうですか？　仕事が江南駅の近くで終わるんですよ。
ジウン：ええ、いいですよ。江南駅にある書店で会いましょう。私も買わなければならない本があるんです。

2 ユラ：ミノさん、なんでこんなに少食なんですか？
ミノ：僕は辛いものが苦手なんです。辛い食べ物を食べるとおなかがちょっと痛いです。
ユラ：そうなんですか？　知りませんでした。私はあまり辛くなかったんですよ。
ミノ：大丈夫です。他の食べ物は全部おいしかったです。

1 (1) ×（→재미있거든요）韓国ドラマが面白いんですよ。
(2) ×（→듣거든요）時間があるとき、音楽をよく聞くんです。
(3) ○ スオンさんは人気があります。勉強で頭がいいんですよ。

2 例 A この場所を本当によく知っていますね。
B 以前、私がここに住んでいたんです。
(1) A 좀 피곤해 보이네요.
ちょっと疲れて見えますね。
B 머리가 좀 아프거든요.
頭がちょっと痛いんです。
(2) A 피아노를 잘 치네요.
ピアノが上手ですね。
B 어릴 때부터 배웠거든요.
幼いころから習っていたんです。
(3) A 집에 과자가 많네요.
家にお菓子が多いですね。
B 동생이 과자를 좋아하거든요.
弟がお菓子が好きなんですよ。

1スンユン：ジウンさん、韓国語を教える仕事は大変じゃないですか？
ジウン：大変ではあるけどやりがいがあります。一日も欠席せずに出てくる学生たちがいるんです。
スンユン：わあ、すごいですね。私も韓国語を教えてみたいとは思うのですが、自信がありません。
ジウン：スンユンさんは外国語を習った経験があるから、うまくできると思います。
2ユラ：このワンピースどう？　かわいいでしょ？
ジウン：うん、でも、かわいいことはかわいいけど、ちょっと短くて不便そう。
ユラ：あ、そうだよね。ショッピングするのは面白くはあるけど、会社で着る服を選ぶのは難しいな。
ジウン：ちょっと休んでから、他の店に行ってもっとかわいいものを探してみようよ。

3 (1) ×（→차갑기는 하지만）アイスクリームが冷たいことは冷たいけど、おいしいですね。
(2) ×（→좋아하기는 하지만）お酒が好きではありますが、あまり飲みません。
(3) ○ 幼いとき中国語を習ったことはありますが、へたです。

4 例 A ミノさんはお肉を食べないんですか？
B 食べはしますが、あまり好きではありません。
(1) A 그 옷 안 사요?
その服、買わないんですか？
B 잘 어울리기는 하지만 비싸요.
よく似合ってはいますが、高いです。
(2) A 요즘 많이 힘들어요?
最近とても大変ですか？
B 일이 많기는 하지만 힘들지 않아요.
仕事が多いことは多いですが、大変ではありません。
(3) A 저 사람과 많이 친해요?
あの人ととても親しいですか？
B 알기는 하지만 친하지 않아요.
知ってはいますが親しくないです。

リーディング練習 P. 130~131

友だちと一緒にハンバーガーを食べに行った。
列に並んで食べるハンバーガー屋だ。おいしくはあるが少し塩辛い。
#ハンバーガー #おいしい店
♡いいね50個
→アル345　ここ、どこですか？ ハンバーガー大好きなんです。
→名店好き　おいしそうです。私も行ってみるつもりです。

私はSNSをよくやる。最初は、他人が自分のアップした文を読んでコメントに反応してくれるのがうれしかった。そして他の人たちがSNSにアップした文を見て、知らなかったことを知ることができるので楽しかった。

ところが、過ぎたるは及ばざるがごとしと言うように、最近はSNS中毒でしんどい。SNSが面白いとは思っても毎日はやっていなかったのに、最近は毎日やらないととても不安だ。毎朝目を覚ますとすぐ、最初にSNSを確認して、自分の文についたコメントを読む。自分の文に「いいね」が少ないとストレスを感じる。どうしたらSNS中毒を治せるだろうか？

1 (1) ④ SNS中毒になって、これを毎日やらないと不安だ。
(2) 에스엔에스에 올린 글에 '좋아요' 수가 적으면 스트

레스를 받습니다.
SNSに投稿した文に「いいね」の数が少ないと、ストレスを受けます。

(3) <解答は省略>　(4) <解答は省略>

やってみよう P. 132~133

1 (1) 분위기가 좋고 음식도 맛있어서 새로 생긴 식당에 가고 싶어 합니다.
雰囲気が良くて食べ物もおいしいから、新しくできた食堂に行きたいと思います。

(2) 음식이 비싸지 않고 편하게 식사할 수 있는 식당을 좋아합니다.
食べ物が高くなく、気楽に食事できる食堂が好きです。

2 <解答は省略>

3 (1) 사진을 찍으면 예뻐서 사람들이 이곳에 많이 옵니다.
写真を撮るときれいなので、人々がここにたくさん来ます。

(2) 좋아하는 방송 프로그램에 이곳이 나와서 와 보고 싶었습니다.
好きな番組にここが出てきて来てみたかったです。

4 5 <解答は省略>

今日の日記 P. 134

9月12日
今日、友達からこんなメールが来た。
ジウンさん、お元気ですか？ 私はウンジュです。久しぶりに連絡しますね。最近、私に大きな出来事がありました。会社を辞めたんです。そして、勉強を始めました。少し不安ではありますが、それでも頑張ってみようと思います。私は人々に運動を教えることを学んでいます。私は運動も好きで、幼いころから先生が夢だったんです。初めてする勉強が少し難しくはありますが、面白いです。いつか時間があれば、私たち会って話しましょう。では、お元気で。
友達のメールを読んでから私も考えてみた。
私の夢は何だろう？

❷ 불안한기는 하지만 → 불안하기는 하지만
❸ 꿈이였거든요 → 꿈이었거든요
❹ 어려워기는 하지만 → 어렵기는 하지만

理解度チェック P. 135

2 A ジウンさん、その携帯電話は替え時になったと思います。音が出ませんね。
B 音が出ないことは出ないのですが、私にとっては大切な携帯電話です。
A 大切な携帯電話ですか？　なぜですか？
B 私が初月給でこの携帯電話を買ったんですよ。

안 나오기는 하지만 / 샀거든요

12 이번 주에 한번 모이자고 해 今週一度集まろうと言ってよ

導入 P. 137

1 등산 동호회 친구들하고 모일 생각입니다.
登山同好会の友達と集まるつもりです。

2 <解答は省略>

文法 P. 138~139

1 ジウン：今週末、忙しいですか？　ユラが漢江に行って遊ぼうと言ってました。一緒に行きましょう。
ミノ：そうなんですか？　私も行きたいのですが、たまった仕事がちょっとありまして。
ジウン：ユラが漢江でチキンも食べて自転車にも乗ろうと言っていたんですが。すごく忙しいなら仕方ないですね。
ミノ：来週は大丈夫だと思うんですが。ユラさんに、来週末に行こうと言ってはだめでしょうか？

2 ジウン：ミノさん、私は今日の集まりに行けそうにありません。風邪がひどくて、病院で外出もするなと言われたんです。
ミノ：すごくつらいですか？　今日、スンユンさんがおいしいものを食べようと言ってたんですよ。
ジウン：ごめんなさい。体調がとても悪いです。また今度会いましょう。
ミノ：じゃあ、友達に、今日会うのをやめようと言いますね。ジウンさんの風邪が治ったら会いましょう。

1 (1) ×（→**마시지 말자고**）お姉さんがお酒を飲むのはやめようと言いました。
(2) ○ 兄が一緒にケーキを作ろうと言いました。
(3) ×（→**궁금하다고**）友達がその映画の内容が気になると言いました。

2 例 A アンナさんが何と言いましたか？
B 明日の集まりに一緒に行こうと言いました。

(1) A 안나 씨가 뭐라고 했어요?

アンナさんが何と言いましたか？

B 같이 모여서 공부하자고 했어요.
一緒に集まって勉強しようと言いました。

(2) A 안나 씨가 뭐라고 했어요?
アンナさんが何と言いましたか？
B 날씨가 추우니까 창문을 닫자고 했어요.
寒いから窓を閉めようと言いました。

(3) A 안나 씨가 뭐라고 했어요?
アンナさんが何と言いましたか？
B 같이 일본 음식 만드는 방법을 배우자고 했어요.
一緒に日本料理の作り方を学ぼうと言いました。

1スンユン：兄さん、さっきお母さんから僕に電話があったよ。
ソジュン：そう？　お母さんがどうしてお前に電話したんだ？
スンユン：兄さんが電話に出ないって言ってた。兄さんに何かあったのかと聞いてた。
ソジュン：さっき忙しくて電話に出られなかったんだよ。僕が電話するよ。他に話はなかったよな？
スンユン：あ、家におかずがまだたくさんあるかと言ってた。なければ持って来ると言ってた。

2ユラ：スンユンさん、まだ風邪はすっかり治ってはいませんか？　昨日授業に来なかったので友達が心配してました。私に、スンユンさんは大丈夫かと聞きました。それから、授業にいつ来るのかと聞きました。
スンユン：もう大丈夫です。風邪がとてもひどくて、３日間家にいました。
ユラ：本当につらかったでしょうね。よくなってよかったです。

3 (1) ×（했느냐고）週末に何をしたかと言いました。
(2) ×（좋으냐고）明日天気がいいかと言いました。
(3) ○ アンナさんが、トッポッキが辛いかと尋ねました。

4 例 A キャサリンさんが何と言いましたか？
B 家に帰って何を食べるのかと尋ねました。

(1) A 캐서린 씨가 뭐라고 했어요?
キャサリンさんが何と言いましたか？
B 공부가 힘드냐고 물었어요.
勉強が大変かと聞きました。

(2) A 캐서린 씨가 뭐라고 했어요?
キャサリンさんが何と言いましたか？
B 감기가 다 나았느냐고 물었어요.
風邪がすっかり治ったかと聞きました。

(3) A 캐서린 씨가 뭐라고 했어요?
キャサリンさんが何と言いましたか？
B 저 영화가 무서우냐고 물었어요.
あの映画が怖いかと尋ねました。

リーディング練習 P. 140~141

外国人たちが韓国人に会うと一番よくする質問は何だろうか？

私は日本に留学したのだが、日本の友達から韓国の男性は絶対に軍隊に行かなければならないのかとよく聞かれた。外国人たちは韓国の軍隊問題について気になるようだ。そして韓国人は日本語を学ぶと上手になるほうだが、その理由が何なのかとよく聞かれた。そういうとき、私は日本語と韓国語の語順が似ていて、発音が似ている単語が多いから学びやすいようだと答えた。

私も韓国に来た外国人に会うと聞いてみたいことがある。まず、なぜ韓国語を勉強するのかと聞きたいし、韓国語を学ぶとき、何が一番難しいか聞きたい。そしてお互いに言葉を教え合おうと言ってみたい。

最近、技術が発達して通訳プログラムがたくさん作られている。しかし、私は人間と直接コミュニケーションすることに意味があると思っている。だから外国語の勉強をもっと頑張るつもりだ。

1 (1) ④ 日本語と韓国語の似ている点から日本語が上手な韓国人が多い。
(2) 왜 한국어를 공부합니까(공부해요)? / 한국어를 공부할 때 무엇이 가장 어렵습니까(어려워요)?
なぜ韓国語を勉強するのですか？／韓国語を勉強するとき、何が一番難しいですか？
(3) <解答は省略>　(4) <解答は省略>

やってみよう P. 142~143

1 (1) ④ 男性が注文した料理と違う料理が出てきた。
(2) ② 店主に注文したメニューを確認する。

2 <解答は省略>

3 (1) 같이 가자고
男性は女性に、来週開かれるマッドフェスティバルに一緒に行こうと言った。
(2) 다음 주에 시간이 있느냐고
女性はユラさんに電話して、来週時間があるかと尋ねるつもりだ。

4 5 <解答は省略>

今日の日記 P. 144

10月3日
アンナさんが午後に韓国語の勉強を一緒にしようと言った。それで私たちは図書館で会って一緒に勉強をした。勉強が終わって、アンナさんは、おなかがすいていないかと言いながら、一緒にごはんを食べようと言った。しかし、私は今日約束があって、今度食べたらどうかと言った。アンナさんに申し訳なかったが、ずっと前にした約束だったので仕方なかった。アンナさんは心の広い友人なので私を理解してくれた。明日は私が先にアンナさんに電話をして、一緒に夕食を食べられるか聞いてみなくては。

❷ 안 고프으냐고 하면서 → 안 고프냐고 하면서
❸ 먹으자고 했다 → 먹자고 했다
❹ 있으냐고 물어봐야겠다 → 있느냐고 물어봐야겠다

理解度チェック P. 145

2 A さっきお姉さんと電話しましたよね？　お姉さんは何と言ってましたか？
B 明日3人で一緒に夕食を食べようと言いました。
A そうですか？　いいですね。何を食べましょうか？
B 私は全部好きです。お姉さんに、どんな料理が好きか聞いてみますね。

저녁 먹자고 / 어떤 음식이 좋으냐고

13 합격하기 위해서 열심히 공부했지요 合格するために一生懸命勉強しましたよ

導入 P. 147

1 대학 시험에 합격할 수 있는 공부 방법에 대해 생각해 볼 것입니다.
大学試験に合格できる勉強方法について考えてみるつもりだ。

2 <解答は省略>

文法 P. 148~149

①ミノ：最近しょっちゅう体調がすぐれません。
ジウン：運動しないんですか？　運動しないといけません。私も健康を守るために毎日運動しています。
ミノ：これからは私も自分の健康のために毎日運動しようと思います。
ジウン：健康は健康なときに守らなければなりません。
②ミノ：これをもらってください。ジウンさんのために準備しました。
ジウン：何の本ですか？
ミノ：ジウンさんはこの作家が好きじゃないですか。それで買いました。
ジウン：私のためにですか？　本当にありがとうございます。

1 (1) ×（→위한 선물이에요）これはお姉さんのためのプレゼントです。
(2) ○ 両親のために旅行を予約しました。
(3) ○ あの人たちは国のために熱心に努力したサッカー選手たちです。

2 例 A なぜここに来たのですか？
B 韓国語を学ぶために来ました。

(1) A 왜 여기에 왔어요?
なぜここに来たのですか？
B 대학교에 입학하기 위해 왔어요.
大学に入学するために来ました。

(2) A 왜 여기에 왔어요?
なぜここに来たのですか？
B 한국 친구를 사귀기 위해 왔어요.
韓国の友達と付き合うために来ました。

(3) A 왜 여기에 왔어요?
なぜここに来たのですか？
B 환경 문제를 조사하기 위해 왔어요.
環境問題を調査するために来ました。

①ジウン：スンユンさん、よく聞こえないんですけど。後ろまでよく聞こえるように大きく話してください。
スンユン：はい、分かりました。今はよく聞こえますよね？　私は韓国文化についての発表を担当しました。皆さんがよく理解できるように最善を尽くして発表します。そして、他の学生たちが集中できるように、少しだけ静かにしてくださるとありがたいです。
②スンユン：皆さん、写真を撮るために集まってください。
ユラ：後ろの背景が写真に写るように撮ってください。
ジウン：そして、写真に私たちみんなが写っていたらうれしいです。
スンユン：はい。それでは二列に並んでください。さあ、撮りますよ。「キムチ」と言ってください。

3 (1) ×（→먹게）パンを食べるために牛乳をちょっとください。

(2) ○ 家を整理するためにかばんを片付けてください。

(3) ○ 赤ちゃんが起きないように部屋に静かに入った。

4 例 風邪をひかないように暖かい服を着てください。

(1) 잠을 자게 음악을 끄세요.
眠れるように音楽を消してください。

(2) 영화에 집중하게 조용히 해 주세요.
映画に集中するように静かにしてください。

(3) 약속에 늦지 않게 지하철을 타세요.
約束に遅れないように地下鉄に乗ってください。

リーディング練習 P. 150~151

皆さんは成功したいですか？ この世で成功したくない人はたぶんいないでしょう。では成功しようとするなら、どうすべきでしょうか？ 私は今日、成功する方法についてお話します。

成功する方法はいろいろあると思います。しかし私が皆さんにお話ししたい成功の方法は、ずばり計画と実践です。

成功したある野球選手は「19歳で英語を完璧にする」「20歳で希望のチームに入る」このように、どの年齢で何を成し遂げるかを計画し、その計画を実践するために毎日最善を尽くして訓練したそうです。ある有名な事業家は5分たりとも浪費しないように一日のなかでやるべきことを非常に細かく計画したそうです。そして自分の目標を詳細に書いた紙を部屋に貼って、その目標を忘れないように毎日見ながら練習したという歌手もいます。

自分がやることを計画して、それを実践することは非常に重要です。しかし、まずやるべきことがあります。自分の目標を立てることです。目標を立てられなければ未来を計画することはできませんし、計画を実践することもできません。自分が望む未来を考えて目標を立ててみてください。そしてその目標を実現するために未来を計画し、最善を尽くして実践してみてください。ここまで私の発表を聞いてくださってありがとうございます。

1 (1) ① 성공
成功の方法

② 나이
年齢で成すべきことを計画しておいて訓練した。

③ 5분
5分も無駄にしないように、すべきことを計画した。

④ (자신의) 목표
（自分の）目標を書いておいて、毎日見ながら練習した。

⑤ 이루기 위해(서)
まず目標を立てて、これを成し遂げるために未来を計画し、実践しなければならない。

(2) <解答は省略>

やってみよう P. 152~153

1 (1) ④ ドイツではサッカーの試合を見ながら選手たちを応援する。

(2) ① 즐거운 한국 생활
私の楽しい韓国生活

② 4층
韓国の病院のエレベーターには4階がない。

③ 응원 ④ 빨간색
韓国の人たちはサッカーの試合を応援するとき、赤色の服を着て街に集まる。

⑤ 열심히 살기 위해(서)
熱情的な韓国人のように私も一生懸命に生きるために努力している。

2 3 4 <解答は省略>

今日の日記 P. 154

10月16日

今日の昼に家族と外食をした。今日が祖母の誕生日なので、誕生日を祝うために集まったのだ。両親は祖母に新しい携帯電話をプレゼントした。私は祖母が携帯電話をうまく使えるように使い方を教えた。祖母は大喜びだった。ところが、年を取ると新しいことを学ぶのが難しいようだ。家に帰った後、祖母は私に携帯電話の使い方をもう一度尋ねた。私は祖母が理解できるようにもう一度説明してあげた。そして、使い方を大きく書いて祖母の部屋に貼っておいた。私がいないときも祖母が使用法を分かるようにするための方法だった。

❷ 이해하실 수 있기 → 이해하실 수 있게

❸ 아실 수 있게 하기 위해 → 아실 수 있게 하기 위한

理解度チェック P. 155

2 A 子どもが寝ています。起きないように静かに入ってきてください。

B 分かりました。うちの娘のためにプレゼントを買ってきたんですが、明日あげないといけませんね。

깨지 않게 / 우리 딸을 위해서

14 몇 시에 시작하는지 알아요? 何時に始まるか知っていますか？

導入 P. 157

1 저녁 6시에 합니다.
夕方6時にします。

2 <解答は省略>

文法 P. 158~159

①ジウン：最近、アンナさんに会えなくなってからかなりたったね。どう過ごしてるのか知ってる？
ユラ：実は、私も連絡しなくなってからかなりたった。まだ韓国にいるのかな？
ジウン：どうかな。私が連絡してみるね。韓国にいたら一度会おうって言おうか？
ユラ：うん。いつ時間が大丈夫か聞いてみて。
②ミノ：明日結婚式に行かなければならないのに、そこまでどうやって行くのかよく分かりません。
ジウン：インターネットで探せばどうやって行くのか分かりますよ。そして、時間がどのくらいかかるのか分かります。
ミノ：そうなんですか？　ありがとう。インターネットで探してみます。

1 (1) × (→바쁜지) 友達がなぜ忙しいのか分かりません。
(2) ○ さっき弟／妹がなぜ電話をしたのか分かりません。
(3) ○ リナさんがどこに引っ越すのか知っていますか？

2 例 A いつ集まるか知っていますか？
B 金曜日の午後5時に集まります。

(1) A 누가 오는지 알아요?
誰が来るか知っていますか？
B 에릭 씨하고 안나 씨가 와요.
エリックさんとアンナさんが来ます。

(2) A 어디에서 만나는지 알아요?
どこで会うか知っていますか？
B 항상 모이는 카페에서 만나요.
いつも集まるカフェで会います。

(3) A 승윤 씨가 왜 안 오는지 알아요?
スンユンさんがなぜ来ないか分かりますか？
B 승윤 씨는 다른 약속이 있다고 해요.
スンユンさんは別の約束があるそうです。

①ジウン：遅れてごめんなさい。部長が急に仕事をさせたので。
ミノ：大丈夫です。まだスンユンさんも来てません。少し遅れるそうです。
ジウン：ソジュンさんは？
ミノ：ソジュンさんは今向かっているそうです。
②ミノ：明日ジウンさんが好きな歌手の公演があるそうです。
ジウン：本当ですか？　どこでやるんですか？
ミノ：市庁広場で5時に始まるそうです。無料だそうです。
ジウン：そうなんですか？　明日必ず行ってみます。教えてくれてありがとう。

3 (1) × (→온대) 明日、雪が降るそうだよ。
(2) ○ この映画は本当に面白いそうです。
(3) ○ 友達が交通事故で足をけがして入院したそうです。

4 例 A ヤントさんが何と言いましたか？
B 明日まで宿題のため忙しいそうです。

(1) A 얀토 씨가 뭐라고 했어요?
ヤントさんが何と言いましたか？
B 사랑하는 사람이 생겼대요.
愛する人ができたそうです。

(2) A 얀토 씨가 뭐라고 했어요?
ヤントさんが何と言いましたか？
B 감기에 걸려서 몸이 안 좋대요.
風邪をひいて体調がよくないそうです。

(3) A 얀토 씨가 뭐라고 했어요?
ヤントさんが何と言いましたか？
B 지금 친구들하고 여행을 간대요.
今、友達と旅行に行くそうです。

リーディング練習 P. 160~161

「今度、飲み会の代わりに何をするのか知ってますか？　みんなで一緒に公演を見に行くんですって」

数日前、うちの課のミナさんがこう言った。夕方飲み会をする代わりに公演を見るなんて本当にうれしい。公演はとても好きだが見る機会があまりないからだ。

ついに今日、公演を見に行った。同僚たちとおしゃべりしながら公演が始まるのを待った。公演はにぎやかなサムルノリで始まった。「フンブとノルブのお話」だから、よく知っている内容だったが、歌と踊りによるものなので、より楽しかった。俳優たちの演技も上手で、歌もよかった。だからすでに知っている物語だったが、退屈しなかった。

この公演は舞台も華やかだった。特にフンブが金持ちになる場面では舞台がさらに華やかになった。そして最後は観客たちが舞台に上がって俳優たちと一緒に踊って楽しめる時間もあった。

公演を見ながら笑って楽しむとストレスがすっかり消えていく感じがした。これからたまには飲み会の代わりに公演を見れたらうれしい。

1 (1) ④ この公演は、この人にはなじみのあるお話だったが、退屈ではなかった。

(2) ① 사물놀이
一番初め、サムルノリで始まった。

② 노래(춤) ③ 춤(노래)
「フンブとノルブの物語」が歌(踊り)と踊り(歌)で表現された。

④ 무대
公演の最後には観客たちが舞台に上がって俳優たちと一緒に楽しんだ。

(3) 스트레스가 싹 사라지는 느낌이 들었습니다.
ストレスがすっかりなくなる感じがしました。

(4) <解答は省略>

やってみよう P. 162~163

1 (1) ③ この映画の内容は、父が娘を捜す話だ。

(2) ④ 男性と一緒に見るために映画のチケットを買っておく。

2 (1) 재미있고 / 따라서 부르기 쉬워서
歌の歌詞が面白くて歌をまねして歌いやすいから好きです。

(2) ③ 韓国のアイドル歌手は、歌手になるために多くの努力をする。

3 4 <解答は省略>

今日の日記 P. 164

8月10日
暑すぎてカフェに行って宿題をした。宿題をしていると授業を終えた友達がカフェに入ってきた。友達は私を見てこう言った。

「ここにいたんだ。後でスンユンさんとごはんを食べることにしたんだけど、あなたも一緒に行こうよ。スンユンさんも授業が終わってからここに来るんだって」

それで私たちはスンユンさんを待った。

しばらくしてスンユンさんからこんなメッセージが来た。「ユラさんが病気なんだって」。

そして、スンユンさんはカフェに来なかった。連絡をしたけど電話にも出ないし、メッセージも読んでない。スンユンさんの授業が終わる時間がいつなのか分からなくて、ずっと待っていて、家に帰った。今もスンユンさんがなぜ来なかったのか分からない。何があったのだろうか? 心配だ。

❷ 아픈대 → 아프대
❸ 언제있는지 몰라서 → 언제인지 몰라서
❹ 안 오지 모른다 → 안 왔는지 모른다

理解度チェック P. 165

2 A 私たち、明日何時に会うか分かりますか?
B アンナさんに聞いてみたんですが、6時に集まるそうです。
A 分かりました。ありがとう。

만나는지 알아요 / 모인대요

15 요즘 바쁜가 봐요 最近忙しいみたいですね

導入 P. 167

1 일도 많은데 영어 공부도 해야 돼서 바쁩니다. 그리고 건강을 위해 운동도 해야 돼서 바쁩니다.
仕事も多いのに英語の勉強もしなければならなくて忙しいです。そして、健康のために運動もしなければならないので忙しいです。

2 <解答は省略>

文法 P. 168~169

1 ジウン:この歌手は誰ですか? 声が本当にいいですね。
ミノ:この歌手を知らないみたいですね。
ジウン:名前は聞いたことがあるような気がしますが、歌は初めて聞きます。有名みたいですね。
ミノ:最近有名になった歌手です。海外でも人気が高いそうです。

2 スンユン:最近すごく忙しかったみたいだね。部屋がめちゃくちゃだな。週末だから外に出て運動しようよ。
ソジュン:僕はこのままもっと寝るよ(たまった睡眠

をとるよ)。

スンユン：すごく疲れてるみたいだね。それでもちょっと運動をしないと。

ソジュン：嫌だ。すごく疲れてるんだ。それに、こうやって週末にたまった睡眠をとってこそ来週の月曜日には疲れないんだ。

1 (1) ×（→오나 봐요）今、外で雪が降っているようです。

(2) ○ ミノさんは友達が多いようですね。

(3) ×（→도서관에 가요）私は今図書館に行きます。

2 例 おなかがとても痛いです。昨日、何か変なものを食べたみたいです。

(1) 사람들 표정이 안 좋아요. 영화가 재미없나 봐요.
みんなの表情がよくないです。映画が面白くないみたいです。

(2) 승윤 씨가 건강해 보여요. 운동을 열심히 하나 봐요.
スンユンさんが元気そうです。運動を頑張ってるみたいですね。

(3) 캐서린 씨가 발표를 잘했어요. 준비를 많이 했나 봐요.
キャサリンさんが発表を上手にしました。準備をたくさんしたようですね。

1 ミノ：ジウンさん、来ましたよ。遅れるかと思って心配しましたが、遅れてないですね。

ジウン：私も今来ました。ところでどうして傘を持ってきたんですか？　今日雨が降ると言ってました？

ミノ：いいえ。雨が降るかと思って持ってきました。曇っているから。

ジウン：ミノさんはまえもって準備をきちんとするほうですね。

2 ジウン：明日面接があるのですが、うまくいかないのではないかと心配です。

スンユン：これまで一生懸命準備したからうまくできると思います。

ジウン：私は心配性なほうなので。ミスするのではないかととても心配ですよ。

スンユン：あまり心配しないでください。ジウンさんならうまくできます。

3 (1) ×（→걱정이에요）試験を受けられないのではないかと心配です。

(2) ○ メールが届いていないかと思って、もう一度送りました。

(3) ○ 私が買ったプレゼントを弟が気に入らないのではと心配です。

4 例 A それは、なぜ持っていくんですか？
B 後で雨が降るかと思って傘を持っていくんです。

(1) A 그건 왜 가지고 가요?
それは、なぜ持っていくんですか？
B 길을 잃을까 봐 지도를 가지고 가는 거예요.
道に迷うかと思って地図を持っていくんです。

(2) A 그건 왜 가지고 가요?
それは、なぜ持っていくんですか？
B 추울까 봐 옷을 하나 더 가지고 가는 거예요.
寒いかと思って服をもう一つ持っていくんです。

(3) A 그건 왜 가지고 가요?
それは、なぜ持っていくんですか？
B 휴대 전화가 꺼질까 봐 배터리를 하나 더 가지고 가는 거예요.
携帯電話が切れるかと思ってバッテリーをもう一つ持って行くんです。

リーディング練習 P. 170~171

夜早く寝て、朝早く起きる人を「朝型人間」という。この表現は日本のある作家が書いた本に出てくる言葉だ。これと反対に遅く寝て遅く起きる人を「夜型人間」という。

この言葉が流行したころ、朝型人間にならなければ成功できないと考える人が多かった。そして当時、朝型人間とうつ病の関係についての研究もあった。この研究で、夜型の女性たちと比べると、朝型の女性たちがうつ病になる可能性が低いという結果が出た。その理由は朝早く起きて日差しをたくさん浴びるからだという。

このような研究のせいで、朝型人間にならなければいけないような印象を受けるかもしれない。そして夜型人間を見ると「あの人は怠け者みたいだ」、このように言われるかもしれない。しかし夜型人間が必ずしも成功できないとか、うつ病になりやすいわけではない。つまり成功できないかもしれない、うつ病になるかもしれないからといって、自分に合わない生活をする必要はないのだ。

寝たり起きたりする時間が重要なのではない。自分で時間をどのように使うべきなのかを理解し、各自が自分の生活スタイルに合わせて生活することのほうが重要だ。

1 (1) 밤에 일찍 자고 아침에 일찍 일어나는 사람입니다.
夜早く寝て朝早く起きる人です。

(2) 아침에 일찍 일어나서 햇빛을 많이 받기 때문입니다.

朝早く起きて日差しをたくさん浴びるからです。

(3) ③

自分の生活スタイルに合わせて生活することが重要だ。

(4) <解答は省略>

やってみよう P. 172~173

1 (1) 한국어 / 잘 못할까 봐(서)

男は韓国語で発表をするが、うまくできないのではないかと思って心配になる。

(2) 내용 / 발음

女性は男性の発表を聞いて、内容もいいし発音もいいと言った。

2 (1) ① 幼いときから良い習慣を身につけなければならない。

(2) ② さまざまな良い習慣について話す。

3 4 5 <解答は省略>

今日の日記 P. 174

10月27日

最近、私の友達がつらそうだ。表情が憂鬱で悩みが多いように見える。

昨日の集まりに来ても、ずっと誰かと通話しているようだった。

何があったのか聞きたいが、友達が話したがらないようなので、聞けなかった。友達がつらいのではないだろうかと心配になる。

しかし、どういうことなのか分からなくて、助ける方法がない。私に言いにくい大変なことが起きたようだ。それとも、私が心配するかと思って言わないようだ。

友達は何かあったら話す性格だから、少し待ってみよう。

❷ 힘들을까 봐 → 힘들까 봐

❸ 생겼은가 보다 → 생겼나 보다

❹ 걱정하는까 봐 → 걱정할까 봐

❺ 말하지 않나 봤다 → 말하지 않나 보다

理解度チェック P. 175

2 A スンユンさんがまだ来てないみたいです。

B スンユンさんはさっき来ました。エリックさんが、集まりで読む本を持って向かっているのですが、一人で持つのに重いのではないかと思って手伝いに行きました。

왔나 봐요 / 무거울까 봐

16 바빠도 만나 봐 忙しくても会ってみて

導入 P. 177

1 유라 씨한테 첫눈에 반했다고 말했습니다.

ユラさんに一目ぼれしたと言いました。

2 <解答は省略>

文法 P. 178~179

1 ユラ：スンユンさんは 幼いころどんな子でしたか？

スンユン：僕はつらくてもただ一生懸命やる子でした。

ユラ：今みたいにですか？　スンユンさんはどんなに体調が悪くても、いつも一生懸命勉強していると思います。他の友達がみんな遊んでも、一人で勉強していましたよね？

スンユン：はは。そうですね。

2 ソジュン：先輩、この書類はいつまでに準備しないといけないでしょうか？

先輩：遅くても明日の会議の前までに整理しなければなりません。

ソジュン：分かりました。早く作成して会議の前にお見せします。

先輩：時間があまりなくても、丁寧にしなければなりませんよ。

1 (1) ○ 私の友達はたくさん食べても太らないそうです。

(2) ○ 私はいくらうるさくてもちゃんと集中できます。

(3) ○ この本は難しくて、読み続けても内容がよく分かりません。

2 例 A 明日旅行に行くんですか？

B はい。雨が降っても行くつもりです。

(1) A 내일 여행 갈 거예요?

明日旅行に行くんですか？

B 네. 날씨가 나빠도 갈 거예요.

はい。天気が悪くても行くつもりです。

(2) A 내일 여행 갈 거예요?

明日旅行に行くんですか？

B 네. 무슨 일이 있어도 갈 거예요.

はい。何があっても行くつもりです。

(3) A 내일 여행 갈 거예요?

明日旅行に行くんですか？

B 네. 친구들이 못 가도 갈 거예요.

はい。友達が行けなくても行くつもりです。

①ジウン：私の友達は毎日約束に遅れるのに、家から早く出掛けません。
ソジュン：そうなんです。そういう友達が必ず一人はいると思います。私の友達の中にもいるんですよ。
ジウン：時間があまりないのに急がないんです。とてももどかしいです。
ソジュン：私の友達もそうです。
②ユラ：一生懸命勉強しているのに、ドイツ語の実力が伸びないみたい。
ジウン：あなた、ドイツ語うまいじゃない。
ユラ：ううん。うまくなるにはまだまだだよ。毎日練習しているのに、進まない気がする（元の場所だと思う）。
ジウン：他の人とドイツ語で話す機会がなくてそう感じるんだと思う。

3 (1) ×（→오는데도）ユラさんは雪がたくさん降っているのに外出した。
(2) ○ ちょっと前にごはんを食べたのに、またおなかがすきました。
(3) ×（→바쁘신데도）お忙しいのにこの場にご出席いただきありがとうございます。

4 ㊀ この本は難しいです。何度も読んだのに理解できません。
(1) 이 영화는 정말 재미있어요. 네 번 봤는데도 또 보고 싶어요.
この映画は本当に面白いです。4回見たのにまた見たいです。
(2) 이 노래 가사는 어려워요. 여러 번 불렀는데도 못 외우겠어요.
この歌の歌詞は難しいです。何度も歌ったのに覚えられなさそうです。
(3) 다이어트는 힘들어요. 열심히 운동하는데도 안 날씬해져요.
ダイエットは大変です。一生懸命運動しているのにスリムになりません。

リーディング練習 P. 180~181

以前、新聞でロボットが料理するレストランについて読んだことがある。このレストランは調理師の代わりにロボットが工場のように食べ物を作るという。それでもこのレストランにはお客さんがたくさん来るそうだ。韓国人は料理に心がこもっていないとおいしくないと考えるのに、ロボットが料理をしてもおいしいのだろうか？ 心がこもっていなくてもおいしいのだろうか？

技術の発達とともに、このようにロボットは私たちの日常生活の中に多く入り込んでいる。ロボット掃除機が家の掃除をしてくれているし、工場で物を作るのもロボットがやっている。心の病気を持つ子どもたちを治療するために作られたロボットもあるそうだ。

これから先、どんなロボットが出てくるだろうか？ 私の気持ちを代わりに告白してくれるロボットも作られるのではないか？　このように多くのロボットが作られて、人間の仕事をロボットがやるようになると、この世の中はどのように変わるだろうか？　私たちの生活が本当に便利になるかもしれないし、映画のようにロボットのせいでいろいろな問題が起こるかもしれない。ロボットについて考えて、ロボットと共に生きていける方法を準備しておかなければならないだろう。

1 (1) ③ 日常生活でロボットがいろいろな役割をしている。
(2) ① 음식을 만드는(요리하는) 로봇
食べ物を作る（料理する）ロボット
② 집 청소를 해 주는 로봇
家の掃除をしてくれるロボット
③ 공장에서 물건을 만드는 로봇
工場で物を作るロボット
④ 마음에 병이 있는 아이들을 치료하는 로봇
心の病気がある子どもたちを治療するロボット
(3) <解答は省略>

やってみよう P. 182~183

1 (1) ① 운동
男性はどんなに大変でも朝必ず運動をする。
② 아침밥
女性はどんなに疲れていても必ず朝食を食べる。
(2) ③ 男性は、本をたくさん読んでこそ頭が良くなると思っている。

2 <解答は省略>

3 (1) 로봇 강아지
女性はロボット犬が出てくるニュースを見た。
(2) 집안일
女性は家事を手伝ってくれるロボットがあればいいと思っている。
(3) 따뜻한 마음

男性は技術が発展しても人の温かい心を失わなければいいと思っている。

4 5 <解答は省略>

今日の日記 P. 184

12月23日
ちょっと寒くて朝から雪が降った。私は雪が降って気分が良くなった。
それでスオンさんに、外が少し寒くても明洞に出かけて遊ぼうと言った。
スオンさんの故郷は冬になっても雪が降らないので、スオンさんは雪を見たことがないそうだ。
私たちは明洞を見物しながら遊んだ。雪が降って混雑するのに人が本当に多かった。
スオンさんは雪を見て浮かれて、寒いのに家に帰ろうとしなかった。
私たちは雪を見ながら夕方まで楽しい時間を過ごした。

❷ 되었도 → 되어도　❸ 복잡하는데도 → 복잡한데도
❹ 춥운데도 → 추운데도

理解度チェック P. 185

2 A 約束に遅れそうだよ。早く行こう。
B いや、ゆっくり行っても大丈夫だよ。まだ時間がある。
A 君は約束時間に遅れているのに、心配にならないの？ 早く行こう。

가도 / 늦는데도

17 오늘 개교기념일이잖아요 今日は開校記念日じゃないですか

導入 P. 187

1 오늘은 개교기념일이라서 학교에 안 갑니다.
今日は開校記念日なので学校に行きません。

2 <解答は省略>

文法 P. 188～189

1ジウン：ミノさん、明日来るんですか？
ミノ：明日ですか？ 明日は何の日ですか？
ジウン：私たちが集まる日じゃないですか。集まって友達と映画を見ることにしたじゃないですか。
ミノ：ああ、そうですね。最近忙しくてうっかりしてました。

2ミノ：小腹がすきましたね。
ジウン：え？ ちょっと前にごはんを食べたじゃないですか。
ミノ：はは、僕はもともとたくさん食べるじゃないですか。さっきごはんを食べたのに、また何か食べたいんです。アイスクリームを食べましょうか？
ジウン：ミノさん、昨日おなかが痛いと言ってたじゃないですか。おなかが痛いのに何度も食べていいんですか？

1 (1) ○ 今日は月曜日じゃん。
(2) ×（→아팠잖아요）昨日風邪をひいて具合が悪かったじゃないですか。
(3) ×（→만났잖아요）私たち、去年フランスで会ったじゃないですか。

2 例 A なぜ傘を持ってくるんですか？
B 今、雨が降ってるじゃないですか。

(1) A 왜 짐을 싸요?
どうして荷物をまとめるんですか？
B 내일부터 출장이잖아요.
明日から出張じゃないですか。

(2) A 지금 뭘 준비하고 있어요?
今何を準備していますか？
B 30분 후에 회의를 하기로 했잖아요.
30分後に会議をすることにしたじゃないですか。

(3) A 유라 씨는 어디에 있어요?
ユラさんはどこにいますか？
B 유라 씨는 오늘부터 휴가라서 여행을 갔잖아요.
ユラさんは今日からお休みなので、旅行に行ったじゃないですか。

1スンユン：ミノさん？ ここにはどういう用ですか？
ミノ：え？ スンユンさん！ 友達とごはんを食べに来ました。スンユンさんは？
スンユン：そうなんですか？ 僕はこの近くに住んでいます。こんなふうに会うとは思いませんでした。
ミノ：僕はスンユンさんがここに住んでいるとは知りませんでした。こうやって会えてうれしいです。

2ユラ：昨日、会社に新入社員が入ってきたの。日本人なのに韓国語が上手で、最初は韓国人かと思った。
ジウン：本当？ 最近、韓国語を熱心に勉強する外国人が多いみたい。ところで、あなたの会社で外国人も採用するとは知らなかった。
ユラ：今回初めて採用されたんだって。

3 (1) ×（→바쁜）スオンさんが忙しいとは知りませんでした。
(2) ○ 私はジヌさんが学生だと思いました。
(3) ○ ヤントさんがアンナさんを知っているとは思いませんでした。

4 例 A キャサリンさんが、韓国語がこんなに上手だとは知りませんでした。
B これまで一生懸命勉強しました。
(1) A 캐서린 씨가 결혼한 줄 몰랐어요.
キャサリンさんが結婚しているとは知りませんでした。
B 작년 12월에 결혼했어요.
昨年12月に結婚しました。
(2) A 캐서린 씨가 김치를 좋아하는 줄 몰랐어요.
キャサリンさんが、キムチが好きだとは知りませんでした。
B 김치를 아주 좋아해요.
キムチが大好きです。
(3) A 캐서린 씨가 피아노를 이렇게 잘 치는 줄 몰랐어요.
キャサリンさんがピアノをこんなに上手に弾くとは知りませんでした。
B 어릴 때부터 피아노를 배웠어요.
幼いころからピアノを習っていました。

リーディング練習 P. 190~191

ユラさん、アンナです。こういう手書きの手紙は久しぶりです。
私は今、ポーランドに旅行で来ています。旅行すると、その地で友達や家族に必ず手紙を書くので、今日は急にユラさんのことを思い出しました。今日ってユラさんの誕生日ですよね。私が覚えているなんて意外でしょう？
だから今日はユラさんについていろいろ思い出します。私が韓国にいたとき、ずいぶん助けてくれたじゃないですか。最初はユラさんがこんなに温かい人とは思いませんでした。ユラさんと親しくなって一緒にあちこち遊びに行くようになって、本当に楽しかったです。
今日は突然当時のことが思い出されます。一緒に旅行もしたじゃないですか。今度ポーランドに一緒に来ましょう。私は来月韓国に戻ります。韓国に着いたら連絡しますね。これからもずっと仲良くしましょう。誕生日おめでとう。 ーアンナ

1 (1) ④ アンナさんはユラさんにたくさん助けてもらった。
(2) (여행을 간 곳에서) 친구나 가족한테 편지를 씁니다.
(旅行に行った場所で) 友達や家族に手紙を書きます。
(3) 따뜻한 사람이라고 생각합니다.
温かい人だと思っています。
(4) <解答は省略>

2 <解答は省略>

やってみよう P. 192~193

1 (1) 일 년
今日は二人が付き合って一年になる日だ。
(2) 꽃
男性は女性のために花を用意した。
(3) 선물
女性は男性のためにプレゼントを用意した。

2 (1) 결혼기념일
明日は女の両親の結婚記念日だ。
(2) 꽃 / 영화표
女性は毎年、両親に花と映画のチケットをプレゼントした。
(3) 부모님과 멀리 떨어져 있어서
女性は今年、他のプレゼントをしたかったが、両親と遠く離れていて難しい。

3 4 5 <解答は省略>

今日の日記 P. 194

10月6日
今日はポーランドのワルシャワを旅行した。本当に美しい都市だった。
ワルシャワを見物していたら、友人のユラさんが急に思い浮かんだ。
一人で旅行をたくさんしたので寂しくなかったが、友達が思い出されるとは思わなかった。
それでユラさんに手紙を書いた。韓国語の勉強を頑張っているから、韓国語の実力がとても上達したと思ったが、韓国語で手紙を書くことがこんなに難しいとは思わなかった。
後でユラさんがこの手紙を読んで、ありがとうと言ったら、こう言うだろう。
「私たち、友達じゃないですか」

いい友達がいるのは本当に幸せなことだ。

❷ 어렵운 줄 몰랐다 → 어려운 줄 몰랐다

❸ 친구이잖아요 → 친구잖아요

理解度チェック P. 195

2 A 傘をなぜ持って来なかったんですか？
B 朝、晴れていて、午後に雨が降るとは思いませんでした。
A キャサリンさんに傘を借りてください。キャサリンさんはいつも傘を持ち歩いているじゃないですか。

올 줄 몰랐어요 / 갖고 다니잖아요

18 기능이 다양할 뿐만 아니라 속도도 빨라요 機能が多様なだけでなく速度も速いです

導入 P. 197

1 노트북을 샀습니다.
ノートパソコンを買いました。

2 <解答は省略>

文法 P. 198~199

①スンユン：“韓国”と言えば、真っ先に何が思い浮かびますか？　おそらく多くの人が“キムチ”を考えるでしょう。キムチは健康に良いだけでなくおいしいです。また、韓国だけでなく他の国でも人気が高いです。今日、私はこの“キムチ”について発表します。

②スンユン：ユラさんは服を買うとき、何を大事だと考えますか？

ユラ：デザインだけでなく価格も考えます。デザインがきれいでも高すぎるといけないからです。

スンユン：その通りです。しかし、価格が安いだけでなく、品質も良い服を見つけるのは難しいです。

1 (1) ×（→클 뿐만 아니라）私の弟は背が高いだけでなくスリムです。

(2) ○ その歌手はカッコいいだけでなく歌も上手だ。

(3) ○ 今日の集まりに、ユノさんだけでなくミノさんも来ました。

2 例 私が住んでいる家は家賃が安いだけでなく会社から近くていいです。

(1) 유라 씨는 잘 웃을 뿐만 아니라 친절해서 친구가 많아요.
ユラさんはよく笑うだけでなく、親切で友達が多いです。

(2) 저 식당은 서비스가 좋을 뿐만 아니라 음식도 맛있어서 자주 가요.
あの食堂はサービスがいいだけでなく、食べ物もおいしいのでよく行きます。

(3) 이 배우는 연기를 잘할 뿐만 아니라 목소리도 좋아서 인기가 있어요.
この俳優は演技が上手なだけでなく、声も良くて人気があります。

①ユラ：ジウン、このミュージカル見に行こうよ。内容もいいし、有名な俳優が主人公だって。

ジウン：いいね。この俳優、私も知ってる。演技も上手だし、魅力があって人気があるよね。

ユラ：うん。だから、売り切れる前に早く予約しよう。

②ジウン：私は今度、アナウンサー試験を受けようと思います。

ミノ：ジウンさんは声もきれいなうえに話も上手だから、アナウンサーになれると思います。

ジウン：そう言ってくれてありがとうございます。実はとても緊張しています。最近ちょっと忙しいうえに家に用事もできて、準備する時間があまりなかったんです。

3 (1) ○ この家は部屋が広いうえに位置も良いです。

(2) ○ この会社は給料が少ないうえに仕事もとても多いです。

(3) ×（→먹은 데다가）さっき昼食を急いで食べたうえにたくさん食べました。

4 例 ここは景色もいいうえにきれいですね。

(1) 여기는 사람이 많은 데다가 교통도 안 좋네요.
ここは人が多いうえに交通もよくないですね。

(2) 이 책은 내용이 재미있는 데다가 디자인도 예쁘네요.
この本は内容が面白いうえにデザインもきれいですね。

(3) 그 연예인은 춤을 잘 추는 데다가 얼굴도 잘생겼네요.
その芸能人はダンスが上手なうえに顔もハンサムですね。

リーディング練習 P. 200~201

最近韓国では家族のいない一人暮らしの「単身世帯」が増加している。経済的な理由で結婚が遅くなる人々が増えているうえに、結婚に対する考えが変わるに伴い、結婚をしない人も増えて、単身世帯の数が増加しているのだ。

このように一人暮らしの人が増えるなか、それに合った生活用品が人気を呼んでいる。食品の場合、食品を少しずつ分けて販売する商品が増えているのだが、一人暮らしの人の食事に合わせて少量の食品をパッケージしたわけだ。食べ物だけでなく、単身世帯のための洗濯機や冷蔵庫など、一人用に使いやすい製品も出てきている。今や消費の形態も「家族」のための消費から「自分」のための消費へ変わってきている。

今でも単身世帯の数が多いが、20~30年後には単身世帯がさらに増えるだろう。こうして一人暮らしの人が増加すると、今のように単身世帯のためにさまざまな生活用品が作られるだけでなく、社会的に多くの変化が起こるだろう。

1 (1) 가족 없이 혼자 사는 사람들입니다.
家族なしで一人で暮らす人たちです。
(2) ④ 結婚を遅くしたり、しない人が多くなって
(3) ③ 単身世帯の増加に伴う社会的変化
(4) <解答は省略>

やってみよう P. 202~203

1 (1) 먹을 것 / 장
女性は家に食べる物がなく、明日お客さんも来ることにしていたので買い物をした。
(2) ④ 男性は女性に、物を買う前に計画を立てなければならないと言った。

2 (1) 생활비
女性は今月の生活費が足りなくて心配している。
(2) 월세
女性は毎月の家賃と食費にお金をたくさん使うほうだ。
(3) 줄이라고
男性は女性に、外食を減らすように言った。

3 4 5 <解答は省略>

今日の日記 P. 204

10月15日

最近、会社の仕事でとても大変なだけでなく、家にも用事が多くて忙しい。

昨日も忙しくて夕食を急いで食べたうえに水もあまり飲まなかった。

ところが、夕食を食べた後、急におなかが痛くなった。

おなかがとても痛くて病院を訪ねたが、家の近くの病院はすべて閉まっていたうえに、薬局も開いている所がなかった。それで119番に電話をした。

みんなは普通、119を火災が起こったときに通報する電話番号だと思っている。けれど、119は火事が起こったときだけでなく、病気のときにも電話できる。病気のときに119に電話すれば、近くの病院を教えてくれる。

119のおかげで開いている病院を訪れ、治療を受けた。大変なことになるところだったが、幸いだった。

❷ 먹는 데다가 → 먹은 데다가
❸ 닫을 데다가 → 닫은 데다가

理解度チェック P. 205

2 A いらっしゃいませ。何をお見せしましょうか？
B 価格が安いだけでなく、デザインもいいエアコンを見せてください。
A このエアコンがいいですよ。品質もいいうえにデザインもきれいです。値段も高くないほうです。

저렴할 뿐만 아니라 / 좋은 데다가

19 제가 자주 가던 떡볶이 가게예요 私がよく行っていたトッポッキ屋さんです

導入 P. 207

1 유라 씨가 초등학교 때 자주 가던 떡볶이 가게 앞에 있습니다.
ユラさんが小学生のころよく行っていたトッポッキ屋さんの前にいます。

2 <解答は省略>

文法 P. 208~209

1 ミノ：ルームメイトが毎晩音楽を大きな音で聞いて眠れなくします。
スンユン：音を少し小さくしてくれと言ってみましたか？
ミノ：言ったのですが、むだです。
スンユン：それでももう一度言って、そうできないようにしてください。でなければ、イヤホンをして聞くようにしてください。

2 ジウン：子どものころ、うちの母はあめを食べないようにさせたの。歯が傷むから食べてはいけないと言った。

ユラ：うちの母もあめを食べさせないようにしたけど、私はそのまま食べてた。おいしいじゃん。
ジウン：うちの母は一人旅も行かせないようにしたの。私は将来、自分の娘にはそんなふうにはしないつもり。
ユラ：はは、でもお母さんがあなたを愛しているからそうしたんじゃない。

1 (1) ○ お姉さんがその服を着られないようにしました。
(2) ○ 先生が私に宿題をさせました。
(3) ×（→추게 했어요）幼いころ、お母さんが（私を）おじいさんの前で踊らせました。

2 例 A とてもうるさいです。
B 子どもたちが騒げないようにしてください。
(1) A 아이가 너무 피곤해해요.
子どもがとても疲れています。
B 일찍 자게 하세요.
早く寝かせてください。
(2) A 혼자 청소하기 힘들어요.
一人で掃除するのは大変です。
B 동생한테 하게 하세요.
弟にやらせてください。
(3) A 오빠가 기침을 많이 해요.
お兄さんがせきをたくさんします。
B 따뜻한 차를 마시게 하세요.
温かいお茶を飲ませてください。

1ユラ：ミノさん、ここを見てください。これは子どものころ私がよく読んでいた本ですが、まだあるんですね。
ミノ：私もこの話が好きだったんです……。寝る前に母が読んでくれた本でした。
ユラ：久しぶりにこの本を見ると、昔のことを思い出しますね。
2スンユン：ミノさん。ここにあった新聞、見ませんでしたか？
ミノ：この新聞ですか？　ごみかと思いました。捨てようとしたんですが……。
スンユン：僕が読んでいたんです。まだ読み終わっていません。読んでから捨てますね。それから、それは私が飲んでいたコーヒーです。飲み終わった後に私が片づけます。
ミノ：ごめんなさい。飲み終わったのかと思いました。

3 (1) ○ これは朝食べていたパンです。
(2) ○ ここは私がよく来ていたコーヒーショップです。
(3) ○ 私の友達は活発で人気が高かった子だった。

4 例 A これは私が好きだった歌です。
B 本当にいいですね。
(1) A 여기는 제가 살던 곳이에요.
ここは私が住んでいた所です。
B 아름답네요.
美しいですね。
(2) A 이곳이 제가 자주 옷을 사던 가게예요.
ここが、私がよく服を買っていたお店です。
B 예쁜 옷이 많네요.
かわいい服が多いですね。
(3) A 사진 속 이 사람은 저랑 같이 다니던 후배예요.
写真の中のこの人は、私と一緒に通っていた後輩です。
B 저도 아는 사람이네요.
私も知っている人ですね。

リーディング練習 P. 210~211

ある寒い冬、腹を減らしたトラが歩き回りながら食べる物を探していた。そのときトラはすぐそばを通り過ぎたウサギを見つけた。ウサギはトラに捕まった。ウサギはとても怖かったが、慌てずにこう言った。

「トラさん、おいしい魚をたくさん食べさせてあげます。私は一匹ですが、魚はたくさんいます」

トラはウサギの言葉を聞くことにした。ウサギはトラを近くの湖に連れて行ってこう言った。

「この湖には魚がたくさんいます。湖にしっぽを入れて待てば、魚がしっぽをつつくでしょう。そのとき魚を捕まえれば食べられます」

欲が出てきたトラは固く凍った湖にしっぽを入れて、魚がつつくのを待つことにした。長い時間が過ぎて、トラはしっぽが重くなったのを感じ、しっぽを引き上げようとした。ところがあまりに寒かったので、トラのしっぽも水の中で固く凍っていた。トラはしっぽが凍ったために動けなかった。

ウサギは笑いながらこう言った。

「トラさん、寒い湖でずっとお元気で」

1 (1) ④ トラは湖にしっぽを入れて長い間いた。
(2) <예시> 욕심이 많습니다. 똑똑하지 않습니다.
<解答例>欲張りです。賢くありません。
(3) <解答は省略>

2 <解答は省略>

やってみよう P. 212~213

1 (1) 앞에서 사고가 나서 길이 너무 막혀서
前で事故が起きて道がとても混んでいたので遅れました。
(2) 휴대 전화 배터리가 별로 없어서
携帯電話のバッテリーがあまりなくて電話ができませんでした。
(3) 운전할 때 조심해야겠다고
運転するときは気をつけないとと思いました。

2 (1) 자주 오던 공원
今、二人は、女性が幼いころよく来ていた公園にいる。
(2) 음악을 들으면서 / 이야기를 하면서 / 산책
女性は幼いとき、ここに一人で来ると音楽を聞きながら休んで、友達と一緒に来ると友達と話をしながら散歩をした。
(3) 여유로워
男性は、ここの人たちは余裕があるように見えると言った。

3 4 5 <解答は省略>

今日の日記 P. 214

11月27日
私の妹は優しくて、私の言うことをよく聞くほうだ。ところが、妹は物を整理する癖がある。それで、私がし終えていないことも整理しておくときがある。
今朝も妹は私が食べていたパンを片づけ、私が読んでいた本も本棚にまた差しておいた。そうさせないようにしても、妹は引き続き整理をする。
夕方、果物が食べたくて妹に果物を買ってこさせた。妹の整理する習慣のせいで時々大変なときもあるが、このように私の話をよく聞いてくれるときも多い。
果物を食べながら幼いころ、妹と私が一緒によく聞いていた歌を聞いた。
久しぶりにその歌を妹と一緒に聞いたら、昔のことをたくさん思い出した。

❷ 못 해게 해도 → 못 하게 해도
❸ 사 왔게 했다 → 사 오게 했다
❹ 듣는 → 듣던

理解度チェック P. 215

2 A うちの店にお客さんがたくさん来るようにする方法はないでしょうか？
B 以前、私がよく行っていた飲食店ではこんなふうにしていました。
A どんなふうにですか？ 話してください。

오게 하는 / 가던

20 좀 더 열심히 공부했어야 했는데 もっと一生懸命勉強しなきゃいけなかったのに

導入 P. 217

1 회사 일 때문에 공부를 많이 못해서 시험을 잘 못 봤습니다.
会社の仕事のせいで勉強をたくさんできなくて、試験がよくできませんでした。

2 <解答は省略>

文法 P. 218~219

1 ミノ：昨日のパーティー、楽しかったな。友達もたくさん来て、おいしい食べ物も多かったです。
スンユン：そうなんですか？ 私も行けばよかったですね。
ミノ：なんで来なかったんですか？ 来たらよかったと思います。
スンユン：課題のせいで行けませんでした。課題をあらかじめしておけばよかったです。

2 スンユン：兄さん、最近どうしたの？ ユラさんのせい？
ソジュン：ただちょっとつらいんだ。あのとき告白しなければよかった。告白しなかったら、ユラさんとこんなにぎこちなくないと思うんだ。
スンユン：ユラさんも兄さんを嫌いなわけではないと思うよ。
ソジュン：それでも、もう少し考えてから話せばよかったな。

1 (1) ×（→만들걸）ケーキを作ればよかったです。
(2) ○ 部屋をもっときれいに掃除すればよかったです。
(3) ×（→그랬어요）頭がとても痛いのに薬を飲めばよかったです。

2 例 A このレストランは今日休みですね。前もって電話すればよかったです。
B そうですね。
(1) A 길이 막히네요. 지하철을 탈걸 그랬어요.
道が混んでますね。地下鉄に乗ればよかったです。

B 그러게요.
そうですね。

(2) A 날씨가 춥네요. 두꺼운 옷을 입을걸 그랬어요.
寒いですね。厚い服を着ればよかったです。
B 그러게요.
そうですね。

(3) A 영화가 재미없네요. 다른 영화를 볼걸 그랬어요.
映画がつまらないですね。別の映画を見ればよかったです。
B 그러게요.
そうですね。

1 ミノ：昨日、道で友達に会ったのですが、あいさつができませんでした。あいさつをしなきゃいけなかったのに……。
スンユン：どうしてあいさつしなかったんですか？
ミノ：友達とちょっと誤解があって、けんかしたんです。けんかしてはいけなかったのに。
スンユン：友達も後悔してると思いますよ。先に連絡してみてください。

2 ジウン：この前ソジュンさんに会ったんだけど、すごくつらそうだったよ。あなたもソジュンさんが嫌いなわけじゃないじゃない。
ユラ：うん。あの時は私に余裕がなかったの。あの時、断るべきじゃなかったのに……。
ジウン：じゃあ、あなたが先に付き合おうと言って。
ユラ：そんなことできるわけないよ（どうやってそんなことをするの？）。もっと考えてから言うべきだったのに。

3 (1) ×（→먹었어야）ごはんをたくさん食べるべきだったのに。
(2) ○ その品物をもっと高く売るべきだったのに。
(3) ○ 友達みんなで一緒に紅葉を見に行くべきだったのに。

4 例 A 面接はうまくいきましたか？
B いいえ、うまくいきませんでした。もっとちゃんと準備すべきだったのに……。

(1) A 면접 잘 봤어요?
面接はうまくいきましたか？
B 아니요, 잘 못 봤어요. 더 열심히 연습했어야 했는데…….
いいえ、うまくいきませんでした。もっと一生懸命練習すべきだったのに……。

(2) A 면접 잘 봤어요?
面接はうまくいきましたか？
B 아니요, 잘 못 봤어요. 평소에 신문을 많이 읽었어야 했는데…….
いいえ、うまくいきませんでした。ふだん新聞をたくさん読むべきだったのに……。

(3) A 면접 잘 봤어요?
面接はうまくいきましたか？
B 아니요, 잘 못 봤어요. 대답할 때 자신 있게 말했어야 했는데…….
いいえ、うまくいきませんでした。答えるとき、自信を持って言うべきだったのに……。

リーディング練習 P. 220~221

私は先週、車の事故に遭って入院した。
出勤時間に遅れそうだと思って急いで運転していたら、事故に遭って死ぬところだった。
もう少し気をつけるべきだったのに……。あの事故を思い出すと、今でも怖くて胸がどきどきする。
事故の後、病院にいる間、自分の人生について考え直してみた。
そこで死ぬ前にやるべきことを書いてみた。

<死ぬ前にやるべきこと>
1.毎日両親と30分以上会話をする。
2.愛する人たちに愛していると言う。
3.一人旅をしてみる。
4.外国で1か月間、一人で生活してみる。
5.困っている人々のためにボランティア活動をする。

これを書きながら決心した。私は今後、後悔することがないように、人生をもっと大切に思って生きていこう。「もっと一生懸命に生きればよかった」。こんなふうに言って後悔したくない。

1 (1) ④ この人は事故の後、両親と毎日話さなければならないと思った。
(2) 후회하는 일 없게 인생을 더 소중하게 생각하면서 살 것이라고 했습니다.
後悔することがないように、人生をもっと大切に思って生きていくと言いました。
(3) <解答は省略>

やってみよう P. 222~223

答えと訳

1 (1) ① 휴대 전화
男性の携帯電話が故障した。
② 서비스 센터
女性は男性に、サービスセンターに行って話してみるように言った。
(2) ③ 男性は携帯電話を床に落としたことがある。

2 <解答は省略>

3 (1) 지금까지 살면서 제일 후회하는 일
二人は今まで生きてきて一番後悔することについて話している。
(2) 안 찾아봐서(찾아보지 않아서)
女性は高校のとき、やりたいことを一生懸命探さなくて後悔している。
(3) 안 들어서(듣지 않아서)
男性は高校時代、両親の言うことを聞かなくて後悔している。

4 5 <解答は省略>

今日の日記 P. 224

10月1日
今日はうちの家族が済州島に旅行に行くことにした日だ。
ところが、朝から雨が降った。天気が良かったらよかったのに……。本当に残念だった。
空港に着いたとき、家に財布を置いてきたことに気づいた。
家を出る前にかばんに財布があるか見ればよかった。悔しかった。
家に帰って財布を探して、再び空港へ行くバスに乗った。
ところが、そのバスで初恋の人に会った。そのバスに乗らなければよかったのに……。
別のバスに乗ればよかった。他のバスに乗っていたら、あの人に会わなかっただろう。あの人にまた会うことがないといいな。

❷ 봤을걸 그랬다 → 볼걸 그랬다
❸ 타지 말걸 그랬다 → 탈걸 그랬다

理解度チェック P. 225

2 A その映画は、今日売り切れだそうです。予約すべきだったのに。どうしましょう？
B 仕方がないですね。別の映画を見ます。
A 事前に確認してくればよかったです。

예매했어야 했는데 / 확인하고 올걸 그랬어요

復習 2 P. 227~231

ミノ：ジウンさん、益善洞がどこなのか知ってますか？
ジウン：益善洞ですか？　はい、知ってます。ユラが行こうと言って、行ってみたことがあります。
ミノ：そうなんですか？　どうやって行くのか教えてください。
ジウン：益善洞に行くには、地下鉄の鐘路3街駅で降りて、4番出口へ出ればいいです。
ミノ：益善洞は鐘路にあるんですか？
ジウン：はい。ソウルで最も古い韓屋村なんだそうです。1920年にできたそうです。ところで、益善洞に行くところをみるに、デートがあるようですね。
ミノ：はは、デートではありません。益善洞にかわいいカフェが多いと聞きました。だから、写真を撮ろうと思っています。
ジウン：あ、私はミノさんに彼女ができたんだと思いました。益善洞にはデートをしに行く人が多いんですよ。
ミノ：そうなんですか？　私はジウンさんに一緒に行こうと言うつもりだったんですが。
ジウン：私も一緒に行きたいのですが、最近忙しくて時間がありません。スンユンさんに一緒に行こうと言ってみてください。
ミノ：しょうがないですね。じゃあスンユンさんに連絡してみないとですね。
⋮
ミノ：ここが益善洞です。
スンユン：ここ、本当にきれいですね。デートをする人も多いですし。写真を撮ったらよく撮れると思います。
ミノ：はは、だから私が一度行ってみなくちゃと言ったじゃないですか。
スンユン：そうですよね。来てみるといいですね。でも、道がちょっと狭い気がします。
ミノ：道が狭いのにごちゃごちゃしていないですよね？　ちょっと温かい感じがしませんか？
スンユン：そんな感じがします。ここに、お店以外に人が住んでいる家もありますか？

ミノ：人が住んでいる家も少しあると思いますよ。あっちに行ってみましょう。

スンユン：カフェもユニークですね。ここで何かちょっと飲んで行きましょうか？

ミノ：はい。私がごちそうしますよ。

スンユン：ありがとう。

ミノ：ところで、スンユンさんが気分を悪くするかもしれないから話さなかったんですが。実は、ジウンさんに行こうと言ったんですけど、ジウンさんが忙しいと言ったんです。それでスンユンさんに行こうと言ったんです。

⋮

スンユン：僕も知ってました。知っているのに一緒に来たんです。

ミノ：本当ですか？　はは。ありがとう。

スンユン：ここは、昔のような感じもあるうえに、現代的な感じもありますね。

ミノ：はい。それで最近人気がどんどん高まっているそうです。デートをする人たちだけじゃなく、家族と一緒に来た人たちも多いです。

スンユン：以前、北村韓屋村に行ったことがあるんですよ。あそこは写真を撮るのにいい場所も多いうえに、番組でもよく紹介されて、人が本当に多かったです。 そして人もたくさん暮らしている所でした。益善洞はちょっと小さな韓屋村みたいな感じですね。

ミノ：はい、そうですね。建物も高くなくて、以前僕が住んでいた所を思い出させます。あ、ジウンさんからメッセージが来ました。

スンユン：何て言ってましたか？

ミノ：今日、仕事が早く終わったから、ここに来るそうです。

⋮

ジウン：スンユンさん、ミノさん。だいぶ待ちましたか？　待たせてごめんなさい。

ミノ：ジウンさん、今日は時間がないと言ったじゃないですか。だから来られないと思いました。

ジウン：いくら忙しくても、二人には会わなくちゃ。ここはどうですか？

スンユン：本当にすてきだと思います。僕がよく行っていた街とは違う感じです。ソウルの昔の様子を見ることができて不思議でした。

ジウン：益善洞ならではの感じがあると思います。益善洞の人たちは、街の昔の様子をちゃんと守るために努力したそうです。あ、ここ、ユラも本当に好きだったと思います。ユラも一緒に来たらよかったのに……。

スンユン：もう退勤時間になったと思いますよ。今、電話して、こちらに来られるか聞いてみてください。

ジウン：はい。連絡してみます。

ミノ：じゃあ、店をもう少し見物しに出かけてみましょうか？

スンユン：ここはたくさん見たから、仁寺洞や三清洞の方に行ってみるのはどうでしょうか？

ジウン：それもよさそうです。仁寺洞に韓定食が有名な店を知っています。そこに行って夕食を食べましょう。

ミノ：ええ、いいですね。ユラさんもそちらに来られるか聞いてください。

ジウン：はい。そうしますね。

⋮

ジウン：ユラが来ましたね。ユラ、ここだよ。

ユラ：来ましたよ。待たせてごめんなさい。益善洞の見物はよくできましたか？

ミノ：はい、きれいなカフェとユニークなお店が多かったです。

ユラ：私も少し早く来ればよかったですね。残念です。でも、ここもいいですよ。仁寺洞にも久しぶりに来ます。幼いころは、それでも時々来たんだけど。

ジウン：だよね。仁寺洞に美術館もあって、たまに見物しに来たんだけど。ここもちょっと変わったみたい。

ミノ：昔の姿をよく保っているところは、そんなに多くないみたいです。変わってはまた変わり……。

スンユン：それでも、公園もたくさんできて文化イベントもだんだん多くなるから、もっとよくなる気がします。

ミノ：よくなってはいるけど、昔の姿がなくなるから、思い出もなくなる感じです。ちょっと残念です。

ジウン：さあ、話はやめて、まずは注文しましょう。

スンユン：そうですね。何がおいしいですか？

ジウン：韓定食を注文します。4人前だけ頼めばいいですか？

ユラ：うん。それから、みんなで食べるようにパジョンももう一つ頼もうか？

ミノ：いいですね。おいしそうですね。

1 지하철 종로3가역에서 내려야 합니다.
地下鉄の鍾路３街駅で降りなければなりません。

2 사진을 찍을 것입니다.
写真を撮ります。

3 지은 씨한테 가자고 했는데 지은 씨가 바쁘다고 했기 때문입니다.
ジウンさんに行こうと言ったのですが、ジウンさんが忙しいと言ったためです。

4 데이트를 하는 사람들뿐만 아니라 가족들과 함께 온 사람들이 많습니다.
デートをする人たちだけでなく、家族と一緒に来た人たちが多いです。

5 인사동에 한정식이 유명한 식당으로 갈 것입니다.
仁寺洞に、韓定食が有名な食堂に行きます。

6 (인사동의) 옛날 모습이 없어져서 추억도 없어지는 느낌이 들어서 아쉬워합니다.
（仁寺洞の）昔の様子がなくなって、思い出もなくなる感じがして残念がっています。

文法公式一覧

公式1 ～する、～い、～だ
[動詞] -ㄴ/는다、[形容詞] -다、[名詞] (이)다 ➡1課
一般的に、事件や事実、現在の考えを文章で書く場合は、-아요/어요、예요/이에요ではなく-ㄴ/는다、-다、(이)다を使います。過去のことを書くときは-았/었다、これからのことは-(으)ㄹ 것이다を使います。

公式2 ～すること
[動詞] -기 ➡1課
動詞を名詞形にするときに使います。後ろには主に좋다、나쁘다、쉽다、어렵다などの形容詞が使われることが多いです。会話では-기の後ろに助詞가を入れて-기가の形で使う場合もあります。

公式3 ～してから…になる
[動詞] -(으)ㄴ 지 [名詞] 이/가 되다 ➡2課
動詞の後に付いて、ある行動をしてからどれくらい時間がたったのかを表現するときに使います。이/가 되다の前には時間を表す名詞だけを使います。

公式4 ～するつもりだ
➡2課
動詞の後に付いて、自分がこれからすることについての計画や考えを表現するときに使います。

公式5 ～して、～から、～ので
[動詞] [形容詞] -아/어 가지고 ➡3課
-아서/어서のように、ある事柄の理由や原因、物事の順序を表現するときに使います。-아서/어서を強調した表現で-아/어 갖고のように縮約して使う場合もあります。

公式6 ～するおかげで、～したおかげで、～のおかげで
[動詞] -(으)ㄴ/는 덕분에、[名詞] 덕분에 ➡3課
動詞や名詞の後について、他者の手助けで良い結果を得たことを表す表現です。덕분에と同じ意味である덕택에を使う場合もあります。

公式7 ～するほうだ、～なほうだ
[動詞] -는 편이다、[形容詞] -(으)ㄴ 편이다 ➡4課
動詞や形容詞の後に付いて、“おおむねそういう傾向である”ことを表します。있다/없다には-는 편이다が付きます。

公式8 ～ので、～から
[動詞] -는데，[形容詞] -(으)ㄴ데、[名詞] 인데 ➡4課
あることをする理由や根拠を表すときに使います。また、何かを提案する前に、それを提案する背景や状況を説明するときにも使います。

公式9 ～してから、～し終えて
[動詞] -고 나서 ➡5課
動詞の後に付いて、ある行動を終えた後に別の行動をすることを表します。

公式10 ～したらすぐに、～するやいなや
[動詞] -자마자 ➡5課

動詞の後に付いて、ある事柄が終わってすぐに別の状況が生じることを表します。

公式11 ～していて、～する途中に

［動詞］-다가 ➡6課

動詞の後に付いて、ある行動を止めて他の行動をすることや、ある状態が止まって他の状況が生じたことを表すときに使います。

公式12 ～することができる、～仕方が分かる

［動詞］-(으)ㄹ 줄 알다 ➡6課

動詞の後に付いて、ある事柄をする能力があることや、その事柄をする方法を知っていることを表すときに使います。

公式13 ～している

［動詞］-아/어 있다 ➡7課

自動詞の後に付いて、ある行動が終わった後にその状態が変わらず続いていることを表します。

公式14 ～しておく

［動詞］-아/어 놓다 ➡7課

動詞の後に付いて、ある行動を終えてその状態がずっと維持されていることを表します。

公式15 ～しようとするなら、～するには

［動詞］-(으)려면 ➡8課

動詞の後に付いて、ある行動をする意図と、これから起こることを仮定して表現するときに使います。

公式16 ～してこそ、～(で)こそ

［動詞］［形容詞］-아야/어야 ➡8課

後節の状況になるためには、前節の行為や状況が成り立たなければならないという条件を表します。会話では-아야지/어야지を使うこともあります。また、-아야지만/어야지만の形でその意味を強調するときにも使います。

公式17 ～しなくては

［動詞］-아야겠다/어야겠다 ➡9課

動詞の後に付いて、あることをしようとする意志と推測を表します。

公式18 ～しそうだ、～するところだ

［動詞］-(으)ㄹ 뻔하다 ➡9課

動詞の後に付いて、ある事柄が起こりそうになったが起こらなかったことを表します。「死ぬ」という意味の죽다を使った-아서/어서 죽을 뻔하다は、過去にある状態だったことをおおげさにいうときに使います。

公式19 ～するという、～するそうだ、～だという、～だそうだ、～という

［動詞］-ㄴ/는다고 하다、［形容詞］-다고 하다、［名詞］(이)라고 하다 ➡10課

他者から聞いた現在の事実の内容を伝達する表現です。過去のことを伝えるときは-았다고/었다고 하다の形になります。

公式20 ～しろという、～するなという

［動詞］-(으)라고 하다、［動詞］-지 말라고 하다 ➡10課

動詞の後に付いて、他者から聞いた命令や禁止の内容を伝えたり引用したりする表現です。-지 말라고 하다は否定文に使います。

公式21 ～するんですよ、～なんですよ

［動詞］［形容詞］-거든요 ➡11課

前に述べた内容に対する理由や原因、事実を表す表現です。過去は-았거든요/었거든요で、名詞は(이)거든요の形になります。

公式22 ～することはしますが、～ではありますが

[動詞] [形容詞] -기는 하지만 ➡11課

相手の言葉を認めながらも、それに対して別の考えや意見を提示する表現です。

公式23 ～しようという、～するのはやめようという

[動詞] -자고 하다, [動詞] -지 말자고 하다 ➡12課

-자고 하다は、自分が提案・勧誘したことや、他人から聞いた提案・勧誘を伝える表現です。否定には-지 말자고 하다を使います。

公式24 ～するのかという、～なのかという

[動詞] -느냐고 하다, [形容詞] -(으)냐고 하다 ➡12課

他人から聞いた疑問や質問の内容を伝える表現です。名詞は(이)냐고 하다の形になります。

公式25 ～するために、～のために

[動詞] -기 위해서, [名詞] 을/를 위해서 ➡13課

動詞や名詞の後に付いて、成し遂げようとしている内容や目的を表す表現です。

公式26 ～するように

[動詞] -게 ➡13課

動詞の後に付いて、後節の行為の目的を表す表現です。

公式27 ～するのか知っている／知らない、～なのか知っている／知らない

[動詞] -는지 알다/모르다、[形容詞] -(으)ㄴ지 알다/모르다 ➡14課

ある事実について知っているか尋ねたり答えたりするときに使う表現です。

公式28 ～するそうです、～だそうです

[動詞] -ㄴ/는대요、[形容詞] -대요、[名詞] (이)래요 ➡14課

聞いた話を他者に伝える表現です。

公式29 ～するみたいだ、～みたいだ、～（な）ようだ

[動詞] -나 보다、[形容詞] -(으)ㄴ가 보다 ➡15課

ある事実や状況を見て推測をする表現です。

公式30 ～するかと思って、～(である)かと思って

[動詞] [形容詞] -(으)ㄹ까 봐(서) ➡15課

ある状況についての推測を表す表現ですが、普通、そのような状況になりそうなことを心配する意味で使います。

公式31 ～しても、～ても

[動詞] [形容詞] -아도/어도 ➡16課

前節の事実や仮定が後節の内容と関係ないことや、後節の内容に影響を与えないことを表す表現です。

公式32 ～するのに、～のに

[動詞] -는데도、[形容詞] -(으)ㄴ데도 ➡16課

前節の内容と関係なく後節の状況が起こることを表します。主に、後節の状況が前節で期待していることと違う場合や相反する場合に使われます。이다は인데도、아니다は이/가 아닌데도の形になります。

公式33 **～するじゃないですか、～じゃないですか**

[動詞][形容詞]-잖아요、[名詞](이)잖아요 ➡17課

すでに知っている事柄を確認する表現です。

公式34 **～すると思わなかった／思った、～(だ)と思わなかった／思った**

[動詞]-(으)ㄴ/는/(으)ㄹ、[形容詞]-(으)ㄴ、[名詞] 인 줄 몰랐다/알았다 ➡17課

すでに知ってる事柄や考えていた事柄と違っていることを表す表現であり、ある事実を知らなかったことを表す表現です。

公式35 **～するだけでなく、～(な)だけでなく**

[動詞][形容詞]-(으)ㄹ 뿐만 아니라、[名詞] 뿐만 아니라 ➡18課

前節の内容に後節の内容を加えて伝える表現です。

公式36 **～するうえに、～したうえに、～(な)うえに**

[動詞]-(으)ㄴ/는 데다(가)、[形容詞]-(으)ㄴ 데다(가) ➡18課

前節の内容に後節の内容を加えて伝える表現です。

公式37 **～するようにさせる、～させる**

[動詞]-게 하다 ➡19課

動詞の後に付いて、ある事柄をさせることを表します。似ている表現にV-게 만들다があります。

公式38 **～していた…**

[動詞][形容詞]-던[名詞] ➡19課

後ろに来る名詞を修飾する表現で、過去に始めてまだ終わっていない事柄や、過去に頻繁にしていた事柄について回想するときに使います。

公式39 **～すればよかった、～したらよかった**

[動詞]-(으)ㄹ걸 그랬다 ➡20課

動詞の後に付いて、すでに終わったことに対する後悔を表します。

公式40 **～すべきだったのに、～すればよかったのに、～であるべきだったのに、～だったらよかったのに**

[動詞][形容詞]-았어야/었어야 했는데 ➡20課

すでに終わったことに対する後悔や残念さを表します。-(으)ㄹ걸 그랬다が“あの時ああすればよかったのにしなかった”ことを後悔しているのに対して、-았/었어야 했는데は“あの時しないといけなかったのにしなかった”ことに対する後悔を表します。

語彙索引

「文法」「リーディング練習」「やってみよう」「今日の日記」のページに掲載されている［語彙］の索引です。　※数字はすべて課の番号。

바느질하다	裁縫する	7
바닥	床	20
바닷가	海辺、ビーチ	11
바라보다	眺める	11
바르다	塗る	5
바리스타	バリスタ	8
바보	ばか、まぬけ	19
반바지	半ズボン	10
반응	反応、リアクション	11
발전하다	発展する	12
밤늦다	夜遅い	1
방문	訪問	8
방식	方式	15
배경	背景	13
배송료	送料	5
배터리	バッテリー	15
버릇	癖	15
벌	〜着	8
벼룩시장	フリーマーケット	7
벽	壁	6
변화	変化	4
병	病気	16
보람	やりがい	11
복숭아	桃	9
복장	服装	8
부딪치다	ぶつかる	9
부자	金持ち、裕福な者	14
부족하다	足りない	18
분홍색	ピンク色	4
불교	仏教	10
불이 나다	火が出る、火事になる	18
붙다	付く、張り付く	7
붙이다	貼り付ける	13
비교하다	比較する	15
비밀번호	パスワード	6
비자	ビザ	8
빈속	空腹	10
빌려주다	貸す	3
뽑히다	選ばれる、採用される	17

ㅅ

사고팔다	売買する	7
사라지다	消える、なくなる	4
사물놀이	サムルノリ	14
사업	事業	2
사업가	事業家	13
사용하다	使用する	1
사이트	サイト、ウェブサイト	5
사탕	あめ（飴）	17
사회적	社会的	18
살이 찌다	太る	16
상상력	想像力	14
상자	箱	5
상처	傷	20
상품	商品	16
새	新しい	16
생활비	生活費	18
생활용품	生活用品	18
서너	3、4（さんよん）	18
서두르다	急ぐ	16
서점	書店	2
선택하다	選択する	7
설레다	わくわくする、ときめく	7
설명서	説明書	5
성공하다	成功する	13
세계적	世界的	14
세상	世間、世の中	13
세우다	立てる	2
소금	塩	9
소비	消費	18
소스	ソース	6
소용이 없다	無駄だ	19
소중하다	大切だ	20
소화	消化	5
속담	ことわざ	6
솜씨	腕前	3
수	数	11
수강 신청	受講申請	6
스스로	自ら	15

의견	意見	17
의미 있다	意味がある	6
의사소통	意思疎通	12
이기다	勝つ	9
이루다	成し遂げる、叶える	8
이상	～以上	20
이어폰	イヤホン	8
인상	印象	8
일부러	わざわざ	4
일상생활	日常生活	16
입력하다	入力する	6
입사하다	入社する	4
입에 맞다	口に合う	3
입장권	入場券、チケット	8
입히다	着せる	7

ㅈ

자격	資格	8
자꾸	頻繁に、たびたび	17
자세하다	詳しい	3
자신감	自信	4
자신이 없다	自信がない	7
자유롭다	自由だ	8
작가	作家	13
작성자	作成者	5
작성하다	作成する	16
잘못	誤り、間違い	5
잠이 들다	眠りにつく、寝入る	6
잡다	捕まえる	19
잡히다	捕まる	19
장면	場面、シーン	4
장사	商売	7
재료	材料	9
저렴하다	値段が安い	18
적다	書く、記す	18
전자레인지	電子レンジ	5
전하다	渡す	7
절대로	絶対に、決して	10
정성	まごころ、誠意	16
제자리	元の場所、元の位置	16
제품	製品	5
조금씩	少しずつ	4
조선 시대	朝鮮時代	10
조언하다	助言する	4
종업원	従業員	12
종이	紙	13
주의	注意	9
주의하다	注意する	10
줄이다	減らす	9
중국어	中国語	6
중독	中毒	11
중요성	重要性	15
즐기다	楽しむ	14
증가하다	増加する	18
지갑	財布	7
지나치다	度が過ぎる	11
지난번	この前、このあいだ	5
지다	負ける	9
지도	地図	11
직장인	会社員、勤め人	8
직접	直接	5
진학하다	進学する	2
집중하다	集中する	13
짜증이 나다	いらつく	20
쯤	～くらい、～ほど	2

ㅊ

차이	差、違い	7
참석하다	参列する、出席する	16
찾아가다	訪ねて行く	3
찾아오다	やって来る、訪ねて来る	1
책장	机	19
챙기다	準備する、取りそろえる	17
첫사랑	初恋	20
청소기	掃除機	16
촬영하다	撮影する	2
최선을 다하다	最善を尽くす	13
추억	思い出	11
출연하다	出演する	4
출출하다	小腹が空いている、空腹だ	17

基礎力アップ単語集

韓国語中級前半を中心に、約600語集めました。覚えた単語をチェックしながら、少しずつ語彙を増やしていきましょう。

空間・図形

向かい側、相手方	맞은편
範囲	범위
廊下	복도
特徴	특징
高くなる	높아지다
開ける、取り出す、開く	벌리다
広がる、あく、開く	벌어지다
閉める、閉ざす、ロックする、（ボタンを）かける	잠그다
閉まる、（鍵が）かかる	잠기다
建設する	건설하다
まっすぐだ、正しい	곧다
まるい、まんまるい	동그랗다
浅い	얕다
横（に）	가로
縦（に）	세로

買い物

お釣り、釣り銭	거스름돈
顧客、得意先	고객
購入	구입
国産	국산
冷凍	냉동
売店	매점
紙袋、袋	봉지
商店街、アーケード	상가
有料	유료
渡す、取り出して与える	내주다
売り切れる	매진되다
支払う	지불하다
販売する、売る	판매하다
安い	저렴하다
簡単だ、簡便だ、手軽だ	간편하다
節約する	절약하다

食堂・料理

香ばしい、小気味よい	고소하다
ナムル	나물
甘い、とても甘い、甘ったるい	달콤하다
盛られる、漬けられる	담기다
弁当	도시락
ゆでる	삶다
混ざる	섞이다
量	양
栄養	영양
営業	영업
外食する	외식하다
食べ物、飲食物	음식물
デザート	후식
かき混ぜる	젓다

暮らし

目標	목표
状況	상황
施設	시설
運	운
手続き、手順	절차
情報	정보
注意	주의
テーブル、机	탁자
いつも、普段、平素	평소
希望、望み	희망

コミュニケーション

冗談	농담
迎える	맞다
不足する	부족하다
相談	상담
日常	일상
積極的	적극적
集団	집단
判断する	판단하다
確認する	확인하다
活動	활동
個性	개성
気がかりだ、心配だ	걱정스럽다
孤独	고독
交流	교류
方言、なまり	사투리
誤解	오해
住民	주민
差別	차별

人間関係

感情	감정
怖い、おびえる	겁나다
優しい、思いやりがある	다정하다
永遠に	영원히
叫ぶ	외치다
笑わせる、笑える	웃기다
疑う、怪しむ	의심하다
自信	자신감
プライド、自尊心	자존심
用心深い、控えめだ	조심스럽다
真摯だ、真面目だ	진지하다
一生、生涯	평생
後悔する	후회하다
勇気	용기
衝撃	충격
好奇心	호기심

身体・動作・状態

静かに、黙って、じっと	가만히
筋肉	근육
元気、力、勢い、気	기운
(目が)覚める、(目を)あける	뜨다

黙って、黙々と	말없이
素敵だ、素晴らしい、格好良い	멋지다
笑顔、微笑	미소
状態	상태
身体	신체
眠い	졸리다
(酒に)酔う	취하다
骨	뼈
(手の) 爪	손톱
体重	체중
表情	표정
疲労、疲れ	피로

教育

講義	강의
検索する	검색하다
科目	과목
教材	교재
国語	국어
貸し出す	대출하다
登録する	등록하다
文法	문법
繰り返す、反復する	반복하다
発音	발음
数学	수학
新入生	신입생
優秀だ	우수하다
入試、入学試験	입시
作文	작문
奨学金	장학금
正答、正解	정답
学習	학습
漢字	한자
合格	합격
校長	교장
推薦する	추천하다

調査・研究

可能性	가능성
傾向	경향
科学者	과학자
具体的に	구체적
論理	논리
従って、ゆえに、よって	따라서
文学	문학
発見する	발견하다
発表する	발표하다
翻訳する	번역하다
報告書	보고서
批判する	비판하다
比べる	비하다
実験する	실험하다
研究する	연구하다
資料	자료

専門	전문
正確に	정확히
提出する	제출하다
調査する	조사하다
主題、テーマ	주제
証明する	증명하다
表	표
客観的	객관적
結論	결론
根拠	근거
修正する	수정하다
参考にする	참고하다
統計	통계
平均	평균

芸術

監督	감독
感動	감동
開催	개최
古典	고전
曲	곡
公演場、公演会場	공연장
観客	관객
観覧する	관람하다
素晴らしい、甚だしい	대단하다
舞台	무대
想像する	상상하다
延期される	연기되다
影響	영향
音楽会	음악회
自由だ、自由がある	자유롭다
作品	작품
伝統	전통
弾く	켜다
表現する	표현하다
詩人	시인

趣味・特技

記録	기록
サークル、同好会	동아리
動画	동영상
勝利する、勝つ	승리하다
試合	시합
喜ぶ、気持ちが昂ぶる	신나다
余暇	여가
優勝	우승
叫ぶ	지르다
祭り、祝祭	축제
興味	흥미
資格	자격
皮、革	가죽
高級だ	고급스럽다
勧める、推奨する	권하다
生活用品	생활용품

コート、外套	외투
つける、はめる	차다
皮ふ	피부
香り、匂い	향기
金額	금액
機械	기계
機能	기능
壊れる、割れる、割ける	깨지다
道具	도구
文房具	문방구
発達する	발달하다
見本、例、一覧	보기
役に立たない、無駄だ	소용없다
銀	은
慣れる	익다
定規	자
製品	제품
調節する	조절하다
中古	중고
倉庫	창고
準備する、取りまとめる	챙기다
品質	품질
画面	화면
貯蔵、保存	저장

職業・勤務条件

企業	기업
農業	농업
面接	면접
伺う、お目にかかる	뵈다
役割	역할
申す、知らせる	이르다
条件	조건
勤務	근무
労働者	노동자
比較的、割に	비교적
署名、サイン	서명

仕事

整える、備える	갖추다
(商売の)取り引き、(政治的な)交渉	거래
交替、交代、入れ替わり、入れ代わり	교체
任せる、委ねる、預ける	맡기다
担当する、引き受ける、預かる	맡다
命令する	명령하다
常識	상식
税金	세금
消費者	소비자
収入	수입
実践	실천
覚える、なじむ	익히다

支出	지출
責任	책임
就職、就業	취업
経営	경영
競争	경쟁
苦労	고생
扱う、処理する	다루다
満足する	만족하다
名刺	명함
信用	신용
業務	업무
商売	장사
退職する	퇴직하다

旅行

経験する	겪다
企画	기획
進む、出る	나아가다
増える、伸びる	늘어나다
途中	도중
泊まる、古くなる	묵다
乗車券、(乗り物の) チケット	승차권
予算	예산
予定	예정
温泉	온천
到着する	이르다
見学	견학
団体	단체
連れる	데리다
保険	보험
宿所、宿	숙소
日程	일정

交通

禁止する	금지하다
急に、速く、急いで	급히
運転手さん (敬称)	기사님
倒れる、過ぎる、越える	넘어가다
並ぶ、立ち並ぶ	늘어서다
遅れる	늦어지다
免許	면허
落とし物、紛失物	분실물
急ぐ	서두르다
手段	수단
偶然 (に)、たまたま	우연히
停留所	정거장
ガソリンスタンド	주유소
乗り換える	환승하다
見下ろす	내려다보다
避ける	비키다
深刻だ	심각하다
往復	왕복
停止	정지
初心者	초보자

銀行・郵便物・荷物

その他	기타
用意する、準備する	마련하다
増える、多くなる	많아지다
送る、配送する	배송하다
変更する	변경하다
物事、事物、もの	사물
輸入	수입
郵便ポスト	우체통
以外	이외
提示する、示す	제시하다
担当者	담당자

メッセージ・広告

後、後ほど	나중
聞こえる	들리다
試みる、試す	시도하다
最近	요새
成し遂げる、叶う	이루어지다
掲示板	게시판
緊急	긴급
文書	문서
通信	통신
形式	형식
ありふれている、どこにでもある	흔하다

メディア

強調	강조
警告する	경고하다
公開	공개
管理	관리
記事	기사
独立	독립
メディア、媒体	매체
部署	부서
分野	분야
生放送	생방송
例	예
一般	일반
進む、進行される	진행되다
出版する	출판하다
標準	표준
報道	보도

医療・治療

苦痛だ、苦しい	고통스럽다
救う、（病気を）治す	구하다
あえて、強いて、無理に	굳이
禁煙	금연
悪くなる	나빠지다
当分、当分の間、さしあたり	당분간
対象	대상
インフルエンザ、流行性感冒	독감

丈夫だ、強い、頼もしい	든든하다
命、生命、寿命	목숨
腹痛、食あたり	배탈
傷	상처
だんだん、次第に、ようやく	점차
診察	진찰
見舞い	문병
効果	효과
近代	근대
祈る、祈祷する	기도하다
キリスト教、カトリック	기독교
寄付	기부
奇跡	기적
正しい、まっすぐだ	바르다
仏、仏陀	부처
仏教	불교
時代	시대
寺	절
存在	존재
宗教	종교
楽に、安らかに、気楽に	편히
平和	평화
現代	현대
儒教	유교

環境問題・社会問題

減少	감소
開発	개발
工事	공사
工業	공업
課題	과제
それだけ、それほど	그만큼
肯定的	긍정적
当然だ	당연하다
変化する、変わる	변화하다
否定的	부정적
産業	산업
石油	석유
騒音	소음
惜しむ、大事にする、大切に使う	아끼다
煙	연기
汚染される	오염되다
原因	원인
人口	인구
資源	자원
リサイクル	재활용
現象	현상
環境	환경

政治

選ぶ、人見知りする	가리다
国民	국민
国会	국회

軍隊	군대
権利	권리
議論する、論議する	논의하다
大統領	대통령
代表	대표
挑戦する	도전하다
滅びる、つぶれる	망하다
民族	민족
選挙	선거
義務	의무
立場	입장
政治	정치
制限	제한
主張する	주장하다
指導する	지도하다
参加する	참가하다
投票する	투표하다
候補	후보

法・経済

経済	경제
契機、きっかけ	계기
供給	공급
金融	금융
基礎	기초
貿易	무역
物価	물가
法律	법률
裁判所	법원
需要	수요
危機	위기
資本主義	자본주의
制度	제도
秩序	질서
賛成する	찬성하다
出席する	참석하다
合理的	합리적

事件・事故

泥棒	도둑
怖い、恐ろしい	두렵다
たたく、殴る	때리다
発生する	발생하다
犯罪	범죄
保護	보호
事件	사건
実際	실제
戦争	전쟁
処理	처리
行為	행위
訓練	훈련

生物

きれいだ、美しい	곱다
羽	날개

飛ぶ、飛んでいく	날아가다
虫、昆虫	벌레
生命	생명
羊	양
猿	원숭이
育つ、成長する	자라나다
自然だ	자연스럽다
ネズミ	쥐
殺す、あやめる	죽이다

自然・気候

晴れる	개다
陰、ひかげ	그늘
気候	기후
暑さ、暑気	더위
砂	모래
岩、石	바위
光	빛
消える、なくなる	사라지다
徐々に	서서히
にわか雨、夕立	소나기
森	숲
地震	지진
寒さ、寒気	추위
太陽	태양
海岸	해안
流れる、流れていく	흘러가다
土	흙
頂き、てっぺん	꼭대기
滑る	미끄럽다
湿度	습도
波	파도

家

近く、親しく	가까이
家庭	가정
暖房	난방
冷房、エアコン	냉방
閉じる、閉まる	닫히다
毛布	담요
面倒を見る、世話をする	돌보다
床、縁側	마루
用事	볼일
浴室、風呂場	욕실
（ひと月の）家賃	월세
眠る	잠들다
玄関	현관
個人的	개인적
生む、産む	낳다
争う、競う	다투다
住宅	주택
出身	출신

名詞

明後日	모레

意見	의견
代わり	대신
期待	기대
休息、休み	휴식
語彙	어휘
今年	금년
最初	최초
最善	최선
事情	사정
借金	빚
主人公	주인공
主要	주요
大量	대량
短所	단점
長所	장점
場合	경우
理性	이성

動詞

あわてる、うろたえる	당황하다
維持する	유지하다
祈る	빌다
隠れる、潜む、潜る	숨다
変わる、変化する	달라지다
消える、止まる	꺼지다
協力する	협력하다
(気が)狂う、(気が)おかしくなる	미치다
コピーする、複写する	복사하다
栽培する、育てる	가꾸다
指す、指し示す	가리키다
説得する	설득하다
体験する	체험하다
立つ、立ち上がる	일어서다
近寄る、近づく、近寄っていく	다가가다
疲れる、くたびれる	지치다
包む	싸다
伝達する、伝える	전달하다
取り替える、代える	갈다
なくなる	없어지다
悩む、苦悶する	고민하다
濡れる、浸る	젖다
離す、取り外す、剥がす	떼다
反省する	반성하다
(線を)引く	긋다
引く、引きつける、引きずる	끌다
増やす、広げる	늘리다
震える	떨리다
募集する	모집하다
保存する	보존하다
見送りする	배웅하다
迎える	맞이하다

無視する	무시하다
焼く、燃やす	태우다
やめる、中断する	그만하다
許す、許可する	허락하다
割る、仕分ける	가르다

形容詞・副詞など

いっぱいだ、満ちている	가득하다
驚くべきだ、目覚ましい	놀랍다
同じ、同様	마찬가지
確実だ	확실하다
固い	딱딱하다
完璧だ	완벽하다
貴重だ、尊い、大切だ	귀중하다
基本的	기본적
黒い	검다
厳格だ、厳しい	엄격하다
濃い	짙다
混雑している、混み合う、立て込む	붐비다
正しい	올바르다
単純だ	단순하다
太い	굵다
平凡だ	평범하다
細い	가늘다
柔らかい、薄い	연하다
相変わらず、依然として	여전히
あまり、そのように、さほど	그리
あるいは、または	혹은
案外、なかなか、割合	제법
一度に、いっぺんに、一緒に	한꺼번에
一番、最も	맨
いつか、そのうち、いつだったか	언젠가
一旦、一度、ひとまず	일단
いつの間にか、もはや、もう	어느새
いつも、しょっちゅう、夜も昼も	밤낮
うっかり	깜빡
思い通りに、気ままに、勝手に	마음대로
かなり、ずいぶん	꽤
極めて、この上なく、ひどく	극히
結局	결국
こちらに	이리
こっそり、内緒で、ひそかに	몰래
事実、実際に、実は	사실
実は	실은
終始、ずっと	내내
瞬間、一瞬、とっさ	순간
すぐ、急いで、早く	얼른

すぐ、即時、早速	즉시
すごく、とても、	되게
たいへん、非常に、 すなわち	즉
絶対に	절대로
その上、さらに	게다가
それほど、あまり、大して	그다지
それほど、あれほど、	그토록
そんなに、さほど、 大概、大抵、おおよそ	대개
大体、概ね	대체로
ただ、単に	다만
力いっぱい、精いっぱい、 力の限り、懸命に	힘껏
ちょうど、まさに、 たったいま	막
ついに、最後に、とうとう、 結局	마침내
どうか、ぜひ	제발
どうしたのか、なんとなく、 なぜか	어쩐지
ときどき、たびたび	때때로
突然だ	갑작스럽다
とても、すごく、たいそう	굉장히
とにかく、いずれにせよ、 何はともあれ	어쨌든
どんなに、いくら、 たとえそうであっても	아무리
ならびに、および	및
反面、一方	반면
ひどく、大層、非常に	몹시
再び、またもや、また	또다시
別々に、別れて	따로따로
他に、別に	달리
ほぼ、おおよそ、だいたい	대략
本来、元来、もともと	본래
まさに、本当に、それこそ	그야말로
ますます、よりいっそう、 なおさら	더욱더
また	또한
また、やはり、やっぱり	역시
まっすぐに、直ちに	곧바로
むしろ、かえって、逆に	오히려
むやみに、やたらに、 ぞんざいに	함부로
もし、万一、万が一、仮に	만약
もともと、元来	원래
やっと、ようやく、 かろうじて、せいぜい	겨우
わざわざ、わざと	일부러

●日本語版監修者
佐々木 正徳（ささき まさのり）
北海道生まれ。立教大学外国語教育研究センター教授。北海道大学文学部卒業、九州大学大学院人間環境学府博士後期課程修了。博士（教育学）。九州大学大学院人間環境学研究院助教、長崎外国語大学外国語学部教授を経て、2020年より現職。地域文化研究に長年携わってきた経験をもとに、複言語・複文化主義の観点から韓国語教育に取り組んでいる。

朴永奎（パク・ヨンキュウ）
韓国生まれ。長崎外国語大学外国語学部教授。九州大学大学院人間環境学府博士後期課程修了。博士（教育学）。熊本学園大学外国語学部特任教授を経て、2020年より現職。韓国を主な研究領域として1945年以前の植民地における教員養成や学校行事など、1945年以降の韓国の教育理念などの研究に取り組みながら、韓国語教育に携わっている。

〈日本語版制作〉
本文DTP　平田文普
カバーデザイン　花本浩一
編集協力　河井佳　宋貴淑　木村沙夜香
協力　石田美智代

原著作　Learn and Use Immediately Visang Korean Intermediate 1（Visang Education Inc.）

ご意見・ご感想は下記のURLまでお寄せください。
https://www.jresearch.co.jp/contact/

STEP☆UP 韓国語中級1

令和6年（2024年）5月10日　初版第1刷発行

原著者　キム・ミスク　パク・ソヨン
日本語版監修者　佐々木正徳　朴永奎
発行人　福田富与
発行所　有限会社Ｊリサーチ出版
〒166-0002　東京都杉並区高円寺北2-29-14-705
電　話 03(6808)8801(代)　FAX 03(5364)5310
編集部 03(6808)8806
https://www.jresearch.co.jp
印刷所　株式会社シナノ パブリッシング プレス

ISBN 978-4-86392-614-1

ビサン 韓国語!
master TOPIKで効率的に勉強しましょう

テキストと同じ内容を以下の手順で学習すれば、韓国語がどんどん話せるように!

01 基礎学習

教材ベースの講座

・どのように勉強すればよいですか?
サイト内でコース名を検索してください。
"Korean, you use right after learning"
自分のレベルに合う講義をご覧ください。

・どんな勉強ができますか?
担当の講師がテキストに載っていないことについて詳しい説明をします。
講義ノートも無料でダウンロードできます。

02 追加学習

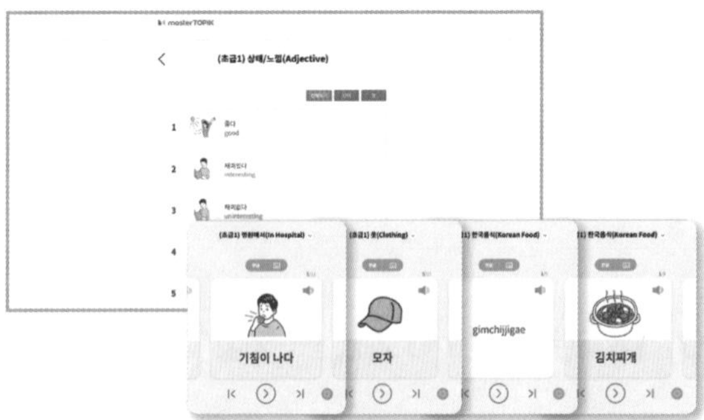

単語カード

・どのように勉強すればよいですか?
サイト内でVOCA CARDからカテゴリーを選んでください。

・どんな勉強ができますか?
実際によく使われる単語です。
カードにイラストがあり、付属の音声で発音も確認できるので、簡単に単語が覚えられます。

03 実践練習

AI SPEAK

・どのように勉強すればよいですか?
サイト内のAI SPEAKから本のカテゴリーを選んでください。

・どんな勉強ができますか?
単語、文、会話と体系的なスピーキング練習ができます。
自分の発音についてネイティブスピーカーと比べてのフィードバックも受けられます。ブラッシュアップしながら、韓国語でどんどん会話をしてみましょう!